藤田雄介 著

建具の手がかり

境界を操作する39の手法

学芸出版社

3章

環境——建具の重なりから生まれる多元的な快適性

4章

ディテール——受け継がれつつ、積み重ねられる工夫 123

5章

再利用 ―― エレメントから空間を変え、広域と結びつく

本書は「一般財団法人住総研」の２０２２年度出版助成を得て出版されたものである。

序

すべては建具である——閉《た》てながらつながる空間モデルへ

仕切りながら、つながる状態

子供の頃の記憶でよく覚えていることがある。通学路で道路に描かれた白線の数々、私にはそれらが道という空間を隔てたりつないだりする境界線に見えていた。1人で学校から帰るときは、その線の上をなぞるように歩いたり、またいだり、避けたり、仮想の境界線と戯れながら家路についた。さまざまな白線は、道の上のもうひとつの道になったり、道を分け隔てる境界線になったり、それは自分の想像力の中で姿を変えた。当時は深く考えていなかったが、思い返すとこの頃から境界の存在を意識していたのかもしれない。

それから20年近く経ち、アトリエ系設計事務所を経て独立した私は実家のマンションの一室を、今後両親が暮らすためにリノベーションする機会をもらった。大した実務経験もなく、わからないことだらけだったため、実務者向けの専門書や雑誌を穴が空くほど読んだり、前職の先輩にアドバイスをもらいながら案を固めた。現場に入ると、毎日のように顔を出して進行を確認した（今考えると相当迷惑だったはずだ）。図面に描いた線が、イメージしている形として現れるのか常に不安だったのだ。

そうして無事にリノベーションした家はでき上がった。毎日現場に通っていたので当たり前だが、ある程度はイメージ通りにできた。ただ、ひとつ図面でイメージしきれていなかった部分があった。それは、玄関と連続してつくったテラスのようなスペースと、寝室の間に設けた木製ガラス戸である（写真1）。この戸は閉じていると、向こう側はしっかり見えるのだが、別の空間として切り離された印象を強く感じた。つながっているのと同時に離れている状態が、建具によって生み出せることを知った瞬間だった。

マンションの一室のリノベーションでは、いかに場所を分節するかがポイントになる。壁と扉で個室をいくつもつくるのでは、場所同士の関係が切れてしまう。光や風も通りにくくなる。そのため関係性を切らずに、つながりを保ちながら個別の居場所ができるようにしたいと考えていた。そこで見つけたのが建具だった。開いて空間を一体化するだけではなく、閉じた状態でも仕切りながらつなげることができると気がついた。そうした効果を生み出す建具は、開き戸でなく引き戸であることが多い。もっともわかりやすい例が障子だろう。障子紙の透過性は、隔てている向こう側からの光を映し出す。常に向こう側の状態が伝わってくる建具である。もちろん開き戸であっても、ドアノブの形状や素材感によって隔てている部屋同士のコミュニケーションを生むものもある（写真2）。また建具の向こう側が居室でない場合、例えば収納扉であっても手に触れる部分の工夫次第で、コミュニケーションが発生する。建具の開閉方法や日本的・西洋的などの括りを超えて、建具の設計次第で単に場所を切断する道具になるか、つなげる道具になるかは異なってくるのだ。

写真1｜翠ヶ丘の住宅（2010、設計:Camp Design inc.）

　その後、手がけることになったマンションや団地の一室のリノベーションでは、建具自体の設計にも注力した。一般的な木製ガラス戸の框の寸法は、見付け60〜70㎜、見込み33〜36㎜程度[1]であるが、見付け寸法を細くすることで建具の透明感が高まる。しかし、細くするだけでは強度が不安なため、見込み寸法を大きくしてさらに中桟を設けた。また通常は、下框だけ戸車を入れるため見付け寸法が太くなるが、ここでは見付けも見込みもすべて45㎜に統一した。そのため、木製建具ではあるが框のプロポーションがアルミサッシのような工業製品の佇まいになった。加えて、框が室内風景を切り取るフレームになり、建具を閉じた状態の印象がより際立つことになった（写真3）。

建具を売ることになった

　リノベーションで建具の設計に興味を抱き試行錯誤をしていた頃に、内装建材のオンラインストアを運営する「TOOLBOX」の現社長・荒川公良さんと知り合う機会があった。荒川さんに、「もし販売できそうなものがあれば見せてください」と声をかけてもらい、売ろうと思えば売れるものとして、先述の45㎜で統一した框による木製ガラス引き戸の写真と、木工作家・西本良太さんに製作してもらっていた無垢材の建具用つまみを持っていった。それを見た荒川さんから、「いいですね、うちで売りませんか？」と予想外の返事をもらった。これらの部品は、リノベーションの中でのアクセントとして特注で製作してもらったものだったが、販売することは考えていなかったため、初めは戸惑った。それから、販売ルートの設計や価格設定、在庫管理の方法など、色々と教わりながら製品化に至った。

写真2｜20世紀を代表する哲学者の1人であるルートヴィッヒ・ヴィトゲンシュタインは、自らも設計に関わった姉の家において、扉の両面で異なる形状のレバーハンドルをデザインしている。これは製品化され現在も購入可能である。

TOOLBOXとの関わりを通して、建具という建築部品を市販化することが、建築家としてどういう意義を持つのかを考えてみた。個人的には、単に設計以外で売上をたてるためにやるのでは（重要なことだが）、長続きしない気がしていた。だが、販売し始めると徐々に売上も増えていき、さらに我々の建具を実際に採用してくれた事例を写真で見る機会もあった。それらを見ると、自分たちの設計したものが他者の設計に入り込んでいる不思議な感触があった。市販化した建具は、それが生まれるキッカケとなった住宅の設計での理念が込められたものである。そのため、建具が別の場所に組み込まれても、その理念は残るのではないだろうか、と考えた。1人の建築家が一生で手がけられる建築は、そこまで多くはない。であれば、自分の建築の理念の分身のような建具が、数千・数万の建築で使われれば、関係する建築の数が一気に増えることになる。建築における多数性は無碍にできないものである。際立った個性による建築作品の一品生産は、個人的に尊重するし目指すところである。しかし、ハウスメーカーのような規模とは言わないまでも、ある一定数の量を派生させることで生み出される価値もある。特にリノベーションだと手がける規模も小さい場合が多い。そうすると、やはり数が多いということが重要になってくるだろう。

オープン部品としての建具

設計と並行して建具を市販化することの意義が、自分の中で整理できたこともあり、建具専門メーカー「戸戸（こと）」を始めることにした（写真4）。戸戸では既製品としてラインナップしている建具やドアノブ・つまみなどの販売に加えて、特注の木製建具の設計・製作も請け負っている。また既製品として販売しているレバーハンドルの機構を用いて、ハンドルの形状を変えたものを特注製作することもある。建具の専門メーカーとして、他の設計者の要望に応じた部品をつくることは、膨大なページ数のカタログからほぼ無作為に選ばざるを得ない現代において、設計者自身が部品をつくれる状況を用意することになる。

建築部品には大きく分けて、オープン部品とクローズド部品がある。前者はさまざまな建築に用いることができる部品を指し、後者は特定の建築のための、広く市販化されていない部品を指す。[2] しかし、オープン部品とクローズド部品は対立する概念というよりも相関関係にあり、生産規模の大小によって入れ替わることがある。例えば、ステンレスシンクは公団住宅の大量供給に合わせて開発された。当時は人造石研ぎ出しの流しが一般的だったが、これだと清潔に保つことが難しく、新しい生活様式としてダイニングキッチンを広めていきたい公団の意図にはそぐわないものだった。

写真3｜日吉の住宅（2011、設計:Camp Design inc.）

そこで、海外ではすでに生産されていたステンレス板によるシンクを導入することになり、公団住宅の供給に合わせて開発された。現在では、ステンレスシンクはもっとも一般化したキッチンの仕様であり、オープン部品の代表格であるが、その始まりは公団住宅という特定の建築のためのクローズドシステムが足がかりとなっていたのである。対して、建具は一般的で伝統的なオープン部品のひとつであり続けている。だが現代では、枠と一体の既製品ドアが用いられることが多く、オープン部品としての建具の効果は薄れてきている。どちらかと言うと、室内建具を販売している大手メーカーそれぞれの仕様になっているので、クローズド化してきている。

また建具のスケールは、例えば引き違い戸の場合には３～４ｍほどの幅になる。このスケールになると空間を大きく規定し、部品を超えた存在になってくる。数多くある建築部品の中でも、内部空間の構成にダイレクトに影響をもたらす部品は珍しい。改めて伝統的な建具で見られた、空間構成に関わる部品としての可能性を見直すこともできるだろう。こうした点も踏まえて、私は建具専門メーカーを運営することに意義を感じた。

写真4｜戸戸 ホームページ[www.koto.tools]。現時点では、戸戸は自社で生産機能を持っておらず自律分散型の生産体制をとっており、製品のデザインと企画・生産者の選定・在庫管理などを行うファブレスメーカーと言える。同様の形で運営している有名な事例として家具メーカーIKEAがある。

建築部品をつくる伝統的な建築家像

私としては、設計活動と並行して建具メーカーを運営することを、新しい建築家のスタイルとは全く考えていない。むしろ、伝統的な建築家像だと考えている。例えば、今から約１００年前のモダニズム黎明期、建築設計と並行して他の活動を行っていた建築家は数多くいた。自身がデザインした家具のメーカーや家具店を運営していたり、出版社を運営していたり、グラフィック・インダストリアルデザイナーの顔も持っていた建築家もいた。その中で、個人的に影響を受けている建築家がいる。戦後のスウェーデンを代表する建築家、シーグルド・レヴェレンツである。

レヴェレンツは日本ではあまり知られていないが、グンナール・アスプルンドが手がけたことで知られている「森の火葬場」の共同設計者である。１９１４年にアスプルンドとの共同設計でコンペに当選し、その後20年間計画を進めたが、途中アスプルンドとの決裂によりプロジェクトを降りることになる（しかし、その後アスプルンドが死去し、レヴェレンツが完成まで関わった）。「森の火葬場」での屈辱的な経験もあり、レヴェレンツは自ら立ち上げていたIDESTAという鋼製建具や金物類の製造・販売を行うメーカーに専念するようになる。[3] IDESTAの製品は、自身の建築でもたびたび使われていただけでなく、スウェーデンの建築家の間でも使用されていた。[4] こうしたレヴェレンツの道のりは、恐れ多くも私自身の活動を建築史につなげられる数少ない糸だと考えている。だが、私がレヴェレンツという建築家に惹かれる最大の理由は、彼が晩年に設計したいくつかの建築にある。レヴェレンツは70歳を過ぎてから、建築設計の世界に本格的に戻ってくる。その後15年ほどの間に「聖マルコ教会」「聖ペトロ教会」や、1916年から半世紀以上関わってきたマルメ東部墓地の「フラワーショップ」など後世に残る重要な建築を完成させる。私が個人的に注目したのが、これらの建築で見られる開口部である。特に「聖ペトロ教会」「フラワーショップ」で見られる、外壁面にガラスをスチールの留め具で押さえているだけの窓が興味深い（写真5）。以前鋼製建具メーカーを運営していた人物とは思えない、簡素かつ特異なディテールである。おそらく、無数の建具の設計に生産者として関わってきたからこそ、たどり着いた境地ではないだろうか。レヴェレンツの特筆すべき功績は、建築設計と部品生産の往復運動の中でしか生まれないであろう、素晴らしい建築と特異な開口部のディテールを残したことにある。

写真5｜レヴェレンツ晩年の作品「フラワー・ショップ」の開口部のディテール。ガラスはコンクリート壁と面合わせで、外側から鋼製プレートで押さえているだけの、簡潔な納め方になっている。

そして私は、レヴェレンツの足跡を今後の自分の道標にしたいと思っている。

建具の矛盾と建具の常態

さて、本書4章［p.134］で自邸を紹介している林昌二は、建具についての短いテキストで重要な指摘をしている。「建具の本質を一言にしていえば、それは『矛盾』です。何かを入れたくもあり、拒みたくもある。どちらも成り立つようにしようとする手段が、建具です。（中略）何もない状態に比べると通過に手間がかかって厄介であり、壁に比べると遮断が不完全で、目ざわりでもあります。つまり、矛盾を解決しようとして中途半端に終わり、新たな矛盾を背負い込むに過ぎない道具でもあるのです」[5]。建具を閉めれば外気を遮ることはできるが、それでは室内は暗く風も通らない。そのため、外気を遮りながら光を入れるために明かり障子が生まれた。さらに、外気と採光の調整のバリエーションを増やすため引き違い戸が考案されたが、これだと建具同士の隙間が生まれるので気密性は劣ることになる。何かを遮り、別の要素とつながろうとするたびに新たな課題が現れる。その数限りない繰り返しが、建具の歴史とも言える。そして、その試行錯誤は現在も続いている。

さらに林のテキストをもうひとつ引用したい。「意外に忘れやすいのが建具の常態の設定です。つまり、その建具は常には閉じているのか、開いているのか、どちらが望ましい姿なのかをあらかじめ誤りなく決めておかなければなりません」[6]。例えば、眺めのいい敷地で景色を最大限取り込もうとすると、木製建具の引き込み戸は都合がいい。引き込んでしまえば、建具がなくなり外部と連続した状態をつくれるからだ。だが現実として、建具を全開にする機会は限られるだろう。もちろん、気候の良いときにすべての建具を開け放した開放感は代え難い。たまに訪れる時間だからなおさらだろう。しかし、同時に開け放していない時間の方が長いのであれば、閉めた状態が理想形となる建具を考える必要もある。

例えば、障子は閉めた状態が基本として考えられている。今では、障子は外部用サッシの室内側に入れられて、二重窓として断熱性を高めつつカーテンに代わりプライバシーを守る建具となっているが、家から和室が消えていくに従って、使われる頻度も減っている。少し時代をさかのぼると、1950年代~70年代の住宅作品では障子を用いたものが多く見られた。50年代は伝統論争の影響もあってか、丹下健三、清家清、菊竹清訓などの住宅作品で印象的に使われていた。70年代では、後続世代にあたる吉村順三、篠原一男、林雅子らによる住宅が思い浮かぶ。この時期は、安保闘争や公害による「都市からの撤退」の機運の影響があったのではないだろうか。都市から距離を取り、住空間を美しく閉じるための道具として障子は適していた。

閉て具と建具

清家清が「私たちは戸障子の開閉を、「あけ、たて」といいます。障子を閉めることは「たてる」というのです。空間に障子を「たて」て家をつくるのです。室内に障子を「たて」、舗設をしてはじめて生活がはじまるからです。「たて具」ということばも、この生活のための空間を構成するための道具という意味を持っているにちがいありません」[7]と書いているように、建具を閉めることを「閉《た》てる」と言っていた時代がかつてあった。そして「建具」も、その昔には「閉《た》て具」と表していたのだ。この字面から、建具は開けた状態ではなく閉めた状態が基本と考えることができる。

そこで本書では「閉て具」としてのあり方を再検討

したい。開けることで、隔てられていた空間が直接的に結びつくことも重要だが、建具は「閉て」た状態においても周辺環境や人や物などあらゆる要素との関係性を編む存在であることに着目する。日本の木造建築は、柱と梁による柱間装置が屋根を支える、開放的な空間であったことは周知のことだ。柱間装置には障子・襖・格子戸・簾戸など、さまざまな種類の建具が季節に応じて入れ替えられてきた。そして、水平に広がるランドスケープのような空間の上に、建具が「閉て」られることで建築に成る。「閉て具」は単に建築の内外を切り離すのではなく、その向こう側に広がる空間との連続性を断たないように工夫されてきた。透過性を持つもの、風を通すもの。その多くは、閉じた状態に重きが置かれている。厳しい環境から人を守るために外部と内部を仕切るが、それだけでは人間的な暮らしができないため、快適さや生活の喜びを感じられる要素を引き入れる。襖においては室内装飾のキャンバスとして空間に彩りを与えていた。林が言うように「何かを入れたくもあり、拒みたくもある。どちらも成り立つようにしようとする手段」なのだ。そこに建具の本質がある。

建具のコモンズ性と触覚性

現代では、造作建具を取り巻く状況は非常に厳しい。そもそも戦後の住宅産業が興隆した時代においても、建具は家の必需品でありながら、ほとんど注目されてこなかった。設計者でも、重視している人は多くないだろう。建具が1枚も使われない建築はないが、一般的な形式のものと異なるオリジナルの建具を自らデザインしようとする設計者は思いのほか少ない。これには、戦後日本の住宅がnLDK型を中心に展開してきたことが関係している。限られた面積の空間に、どれだけの部屋を設けることができるかがプランニングの基本になる。そして、各室はプライバシーを確保するため壁と扉で仕切ることになり、室同士の関係は分節されていく。建具は壁と一体化する、空間を遮断するための道具となってしまったのだ。実際、住居形式と建具の関係は深い。お世話になっている富山の建具屋さんによると、昔は農家住宅で座敷が多かったため、間仕切りにはほぼすべて建具が使われていた。そのため、建具屋・表具屋が本当にたくさんあったという。しかし、戦後に農家住宅がハウスメーカーによるnLDK型の戸建住宅に置き換わっていくと、大手メーカーの既製品が大変な勢いで普及していき、建具屋は一気に減っていった。残念ながら、その傾向は今後より一層拡大していくだろう。

しかし、厳しい状況でも希望はある。私は建具に本来備わっている2つの性質に可能性を見ている。ひとつは建具のコモンズ性である。伝統的な建具のデザインは、どれも最初にデザインした人物が誰か特定できないものばかりである。そして、いつの間にか広く普及し、自由に改変され続けている。つまり、建具のデザインは長い時間の中で育まれコモンズ化しているのだ。もはや伝統的な共有資源のひとつであり、誰かが意匠権を行使することもない（はずである）。完成された建具の形式をもとに、素材を変えたり枠の寸法や桟の組み方を変えたり、さまざまなかたちで様式美が追求されている。建具のデザインはすべての人に開かれている。

もうひとつは建具の触覚性についてである。現代では、多くの人々が液晶に日々触れて生活している。ここ20年ほどの間に生まれた世代は、幼少期から液晶に触れている可能性が高い。そういった環境に反して、手触りに興味を持つ若者も多いという。そして建築においても、触覚の重要性が改めて見直されている。現代のフィンランドを代表する建築家であるユハニ・パッラスマーは、「ドアハンドルは、建物の差し出す握手だ。触覚は私たちを時間と伝統に結びつける。触覚を通して、私たちは数多の世代と握手する」[8]と記している。パッラスマー自身も、レバーハンドルをデザインすることに大きな関心を持っており、レバーハンドルそして建具を通して建築の触覚性にアプローチしている。日本では基本的に引き戸中心の文化だったこともあり、ハンドルの類いの例は少ない。代わりに、襖などの引き手がある。その種類は無数にあるが、ひょうたんや矢や扇や月などをモチーフにした工芸的で装飾的な要素として扱われてきた。素材や仕上げもさまざまで、木だけでなく素銅《すあか》や真鍮、漆などが用いられていた。建具の面材に用いる素材にも触覚性がある。障子紙、襖紙、簾、布、平安時代には几帳という着物のようなものを垂らした間仕切りもあった。豊富なマテリアルの使い分けにより、視覚的にも触覚性を感じられるだろう。手に触れる触覚性と、視覚から感じ取る触覚性を伝統的な建具は備えていたのだ。

このように、コモンズ性と触覚性はこれからの建具を考える上での鍵になるだろう。前者はより広く工夫を重ねられる下地になり、設計者に限らずユーザーが自ら建具を考案できるようにもなる。後者は、モダニズムの漂白された建築から脱し、直接的な接触から空間の印象を変化させる。そしてこれら2つの性質は、特に閉じた状態の建具（閉て具）と結びつくことで、より多角的に展開することができる。

本書の目的と構成

本書では、建築を「閉てる」主要な部分である建具を軸に、さまざまな建築をテキスト・写真・図面を通して見ていく。対象としたのは、戦前期以降〜現代までの約１００年の間に生まれた、建具や境界について特筆すべき設計がなされた建築たちである。現存する26の建築を研究し、事例として紹介している。そして、これら26の事例を5つの章に分けた。[9]

第1章では「距離」をテーマにしている。建築における主要なテーマのひとつでもある「距離」だが、本書で取り上げる事例に共通しているのは、単一の距離感ではなく、近いことと離れていることの併存といった複雑な距離感が生み出されていることである。だが、それは建具単体でつくれるものではなく、構成との関係によって生み出されている。

第2章では「構え」をテーマにしている。そもそも建築は、それ自体が独立した建物であるため、必然的に立面を持つことになる。立面が、その建築の思考や構成などの深層を表出させているものを、「構え」として捉えている。そして建具が、「構え」の重要な要素となっている事例を取り上げている。

第3章では「環境」をテーマにしている。温熱環境の点では弱点となる開口部だが、本書では複層的な建具の重なりにより環境負荷を下げながら、その周囲に新たな質の居場所を生み出したり、より広範な環境を享受している事例を取り上げている。

第4章では「ディテール」をテーマにしている。建具は建築の中でも、特に多くのパラメーターを扱う部分となる。外部に面したものであればなおさらである。そして、ここをいかに納められるかが設計の肝となるが、本書では綺麗に整えることの先に、確固たる論理を感じる事例を取り上げている。

第5章は「再利用」をテーマにしている。２０１０年前後に一般化したリノベーションだが、その状況に後押しされて建具は再評価されつつある。また、部材再利用への関心も高まっており、建具がその特性から再利用に適した部材として、設計のキーマテリアルとして使われる事例が見られるようになった。建具が持つ自律性が、リノベーションや部材の再利用を通して、建物の効果を最大化している事例を取り上げている。

なお各章の事例は、必ずしもそのテーマにしか該当しないわけではない。事例によっては、2~3のテーマに該当するものもあるだろう。また、筆者は建築史家ではなく設計を生業としている者である。事例ごとにテキストを執筆する上で、できるだけ資料を集めたが、歴史的な解釈という点では至らない部分があるかもしれないことをご理解いただきたい。あくまで設計する側の視点から、建具を通して各建築を再解釈していった。これらの事例に加えて、各章ごとに当てはまる筆者自身の事例を2~3作品紹介している。これらは、先行事例をレファレンスに設計を手がけたものであり、各章の末席を汚させてもらっている。したがって、26の先行事例と13の著者事例を合わせて、全部で39作品を詳細に紹介している。なお、事例では直接的に建具にフォーカスしているものが多いが、建具をより抽象化した境界としてのあり方に注目したものもある。境界の可能性の奥行きは、建具だけでは捉えきれないと感じたためである。

本書は、名だたる建築の建具をカタログ的に紹介していくものではない。私は原初的な「閉て具」という語を召喚し、そこから想起される新たな建具のあり方を捉えたいと思う。現代に生きる我々のイメージでは、建具は開くためのものと考える方が一般的だろう。だが、その起源に立ち返ると、我々のイメージとは異なる姿が垣間見えてくる。このように、本書は建具の概念を再確認し拡張していく内容となっている。

閉てながらつながること、これを建具の原初的かつ現代的な概念として据えてみると、建築の部分から全体に広がっていく思考のひとつとして見ることができる。なぜなら、建築もまた閉てられる（建てられる）ものであり、一旦は空間を切り離すものだからだ。しかし、それがすべて個別の存在として「閉て」られたままでは、都市は無味乾燥なものになる。だが、建築と建具が階層状に「閉てながらつながる」ことで、都市から建築の奥までそれぞれの領域がグラデーショナルに関係していく空間モデルが見えてくる。そのような視点で見ると、空間を生み出す要素の「すべては建具である」と言っても、そう大袈裟な話ではないだろう。

〈補足〉

建具と窓・開口部との捉え方の違いについて整理しておきたい。本書では、外部に面した建具も数多く取り上げているが、見方によっては窓・開口部と捉えられるものもあるだろう。筆者としては、その線引きは枠との関係で考えている。例えば、既製品サッシは枠と一体化した製品となっているが、本書ではこのような枠との結びつきが強固なものを窓・開口部と捉えている。その逆で、枠から自立してもその特性が失われないものを建具と捉えている。

1 見付けは正面から見た寸法、見込みは奥行きのことである。ここでは建具の框の見付け、見込み寸法を指している。

2 内田祥哉『建築生産のオープンシステム』彰国社（1977）

3 ケネス・フランプトン著、牧尾晴喜訳『モダン・ムーブメントの建築家たち』青土社（2023）〔pp.142〜159〕

4 『a+u シーグルド・レヴェレンツ ドローイングコレクション1』エー・アンド・ユー（2016）〔p.127〕

5 林昌二『建築に失敗する方法』彰国社（1980）〔p.125〕

6 林昌二『建築に失敗する方法』彰国社（1980）〔p.128〕

7 清家清「私の障子考」（林雅子監修『障子の本』木耳社、1982〔p.12〕）

8 ユハニ・パッラスマー著、百合田香織訳『建築と触覚　空間と五感をめぐる哲学』草思社（2022）〔p.102〕

9 取材事例は原則、章ごとに竣工年順としたが、章ごとの流れを考えて一部の事例のみ順番を入れ替えている。

＜1章＞

距離

――建具と構成の組み合わせによる複雑な距離感

日本建築における建具の起源は奈良時代に遡る。この頃は、すべての建物の基本が一室空間だったため、建具といえば内外を仕切るための道具だった。それらの建具は、唐戸と呼ばれる両開きの板戸や蔀戸で、通風と採光を得るために開けると、外部に開け放すことになり冬は相当寒かったようだ。平安時代に入ると襖（唐紙）が考案された。これらは、唐戸や蔀戸に比べて軽く可動性が高いため、引き違い戸として使用することができた。[1] 内部の間仕切りもバリエーションが増え、几帳という着物のような間仕切りも現れる。特に寝殿造で見られる舗設（しつらい）は、広々とした柱間装置による一室空間の中に、年中行われるさまざまな行事や儀式に応じて、屏障具（間仕切り類）や収納具や座臥具（置き畳や敷物の類）をレイアウトして、可変的に空間を構成する生活様式だった。その後、鎌倉・室町と時代を経ていく中で、明かり障子が生まれ、採光や通風を調整できる建具が普及していった。このように日本における建具の歴史は、季節や１日の時間に応じて、内外や内部での環境のグラデーションを育んできた。

それと同時に、建具と構成の掛け合わせによって、距離が複雑に変化する空間も生み出されてきた。飛騨高山にある「吉島家住宅」は、明治期に造り酒屋の豪商の家としてつくられた、現存している部分だけでも建築面積が１４９坪もある屋敷である。この建築の座敷部分は、連続する12の間に分けられており、それらはすべて障子や襖や腰高障子で仕切られている。日常使いする「だいどこ」や、普段は立ち入らない「仏間」「本座敷」などの間もひと続きになっているが、建具の使い分けや天井などの仕上げ方によって、ハレとケの使い分けがなされている。[2] 近接している場同士が、建具と仕上げの違いによって異なる場であることが暗に示されている一方で、建具を開け放つとすべてが連続する空間となっている。このように、近いことと離れていることが併存している状態と、空間の可変性によるダイナミズムはとても興味深い。そしてこの現象は建具単体によってではなく、構成との関係によって生まれている複雑な距離感であることがわかる。

また建築の距離について考えたときに、ガラスの存在は無視できない。例えばガラスのカーテンウォールは、視線の抜けと内外の連続性をもたらす透明なものだと思われている。だが実際には、ガラスは反射する素材であり透明度も１００%ではない。現代都市に林立する高層ビルのカーテンウォールになると、そのスケール感も相まって、より外部との距離が遠ざかっているように感じられる。素材としては透けているように見えるが、全面ガラスによる反射性の強さが都市と建築を遠ざけ、お互いの関係を切断している。

本章の事例には出てこないが、ガラスによる距離感の例をひとつ挙げたい。一見透明に思われるガラスの反射性・不透明性に着目した事例として、SANAAによるいくつかの建築がある。そのひとつであるトレド美術館ガラスパビリオンは、ガラス工芸を展示する美術館である。角に丸みを持たせたガラスの囲いの中に、曲率の異なる角丸のガラスで仕切られたスペースがいくつも配置されている。また、ガラスに囲まれたスペースの間にはバッファースペースが取られており、ガラスのメンテナンス用スペースや断熱層としても機能している。[3] カーブしたガラスの重なりは、周囲の緑豊かな緑地の風景を映像的に内部に映し込んでいる。曲面ガラスによって映り込む像は歪み、緑地や内部空間同士の距離感が絶えず変化し錯綜する効果を生んでいる。SANAAはガラスを透過する素材ではなく、曲げることでより風景が映り込み、距離をつくり出す素材として扱っているのだ。透明感がありつつもガラスに映り込んだ風景が空間を間仕切る様子は、独自の「虚の透明性」をつくり出していると言える。

本章では、建具ないしは境界によってさまざまな距離感をもたらしている建築を取り上げる。戦後住宅の代表的作品のひとつでは、この家を語る際にたびたび触れられるムーブネットではなく、四周に三重に設けられた建具たちに着目した［1-1］。その他、異なる次元で身体性を伴った建具と構造体による事例［1-2］や、建具のような存在感の壁によって内部の距離感や風景に展開をもたらしている建築［1-3］、境界が膨らみ独自の外部を引き込んだ事例［1-4］、そして、境界線の建築としてさまざまな距離を行き来する事例［1-5］がある。共通しているのは、建具や境界のあり方によって、人や物や風景との距離に無数の階調が生み出されていることだ。物理的には近いが感覚的には離れていること、またはその逆の状態を建具や境界はつくり出すことができる。離れていることとつながっていることが複雑に併存する状態は、建築のみがつくり出せるものだろう。そして建具と構成の掛け合わせは、その空間性を引き出す手法のひとつと言える。

1 伊藤ていじ「障子小史」（林雅子監修『障子の本』木耳社、1984〔p.51〕

2 大野秀敏『吉島家住宅の形態構造とその意味論的関係』日本建築学会論文報告集、昭和54年4月

3 妹島和世、西沢立衛『KAZUYO SEJIMA RYUE NISHIZAWA SANAA 1987-2005 Vol. 1』TOTO出版（2021）〔pp.160–167〕

スカイハウス // 菊竹清訓

——かけがえのない空間を守る「自在な結界」

日本の戦後住宅史の中でこれほど参照されてきた作品は多くはないだろう。菊竹清訓の自邸であるスカイハウスは、4本のRC造の壁柱がワッフルスラブの床とHPシェルの屋根を空中に持ち上げた構成で、床に吊り下げて増設できる子供室や更新可能な設備スペースといった「ムーブネット」の概念を展開した家である。今回着目するのは、この家の内外の境界として複層的に入れられている建具についてである。

菊竹は、建具に強い関心を持ち続けた建築家だった。そのことは、自身の文章でもたびたび書かれている。例えば「まず建具ですが、これは住宅の核だというぐらいに、非常に大事なものです」[1]と語っており、歴史的に日本の住宅の重要な点である「開放性」を支えているのが「建具の開発」であるとも述べている。[2]単なる間仕切りではなく、時には遮音する壁のような建具や、通風や換気できる建具など、さまざまな「環境装置」として機能する建具を日本人は開発し続けてきた。そして、季節や気候や使い方に応じて入れ替えながら暮らしてきた。このような、建具をうまく用いた開放性のある家こそが「日本型住宅」の特徴であると、菊竹は述べている。

菊竹は、戸建住宅でも集合住宅でも、一貫して建具を用いたフレキシブルな空間の分割が、日本の住宅空間に適していると考えていた。スカイハウスの2年前に完成したブリヂストンタイヤ殿ヶ谷第一アパート（1956）では、

1 菊竹清訓『人間の環境』井上書院（1978）[p.156]
2 菊竹清訓編著『菊竹清訓作品集3　日本型住宅』求龍堂（1990）[p.128]

7・5畳、4・5畳、3畳と広さの異なる場所を木製建具で間仕切り、部屋のサイズを広げたり分割しながら住める住戸プランにしている。またスカイハウス後の浅川テラスハウス（1964）も、6畳間を3つ並列して、その間を木製建具で間仕切り、部屋のサイズを伸縮できる構成となっている。

　こうした建具への関心は、最初期に手がけた仕事での経験が下地となっている。戦後の資材不足の時代に、いくつもの木造建築の増改築などの仕事を請けていたことから、木造建築が部材ごとに取り替え可能で更新しやすいこと、また建具が再利用に適していることを知り、「とりかえの論理」を深めていったのだ。[3] だが一方で、建築にとって決して取り替えがきかない「かけがえのない空間」を最も重視していた。住宅においては、主たる空間である家族室がそれにあたり、家族室とそれ以外の部屋の空間組織のあり方こそが、その家の個性となると述べている。[4]

　スカイハウスにおける「かけがえのない空間」は、1辺約7200㎜の正方形平面の無柱一室空間で、夫婦の空間であり家族の集まる場でもあった。だが間仕切りとして建具は使わずに、家具によって場が設えられている。

そして建具は、この「かけがえのない空間」を囲う領域に現れる。ひとつは軒先の無双雨戸、[5]次に内外を仕切るガラス引戸、最後に室内側の障子があり、ガラス戸と障子はスタッドとガラスで浮かび上がった敷居の上を走っている。これら三重の建具の開閉のバリエーションによって、「かけがえのない空間」を土地そして外部から距離を取り胎内化しており、建具はこの領域を守る「自在な結界」と見ることができる。

3 菊竹は25歳で独立後、同郷のブリヂストン創業者・石橋正二郎から、木造建築の増改築などの仕事を複数請けていた。中でも永福寺幼稚園（1956）では、既存の木造の工場で使われていた建具をほぼすべて再利用しており、例えば背の低い建具は子供用の出入口として用いている。

4 菊竹清訓『代謝建築論　か・かた・かたち』彰国社（1969）［pp.191–192］

5 無双雨戸は、格子が互い違いの可動引戸になっていて、開けていれば格子戸となり、閉じれば雨風を遮る雨戸になる建具である。

菊竹は、20世紀の日本に新たに誕生した「かた」を〈自在づくり〉と名付け、その一例としてスカイハウスを挙げ、「何重にも建具を用意し、重ね着のように、四季、天候、時刻によって、これらの建具を開けたり閉めたり調節しながら住めるようにしくんでいる」[6]と説明している。建具以外にも、資材の再利用や資源循環のようなヴィジョンを含んだ「自在づくり」は、30年ほど前の著作での提唱だが非常に現代的で示唆に富んでいる。

スカイハウスが完成して65年以上が経った現代では、外部に面したサッシには防火や断熱・気密など法的な規制が増え続けている。それらをクリアするためには、大臣認定の既製品サッシを用いることが一般的である。さらに、全館空調を入れると常時閉めたままで生活することになる。こうなるといよいよ、季節や気候ごとに内外の境界を自在にコントロールする、日本独特の暮らしは失われてしまう。こうした住み方は本当に快適で人間的なものと言えるだろうか。

私はここで、スカイハウスの建具にヒントがあるように思う。例えば、一番外には防火を兼ねた建具、その内側には雨風を遮り光を取り込む建具、室内側には断熱性を高める障子などを入れる。1層の建具ですべての機能を果たすのではなく、各層ごとに機能を持たせる。それによって、内外の境界として求められる性能を担保しつつも、季節や気候や時間に応じて室内環境や外部との距離を「自在」に調整できるようになる。そして同時に、床面から浮いた敷居と、HPシェルの天井面から吊り下がった鴨居のような存在があることで、建具を開け放してもそこに結界が残ることになる。自在に開放性を得られる境界面をつくりながらも、「空間装置」の存在を守ろうとする両義性に、過去から未来をつなぐ普遍的な住まいの「かた」を見ることができる。

6 菊竹清訓『日本型建築の歴史と未来像』學生社（1992）[pp.48~49]

〈左写真〉無双雨戸、ガラス戸、障子による三重建具方式が現れている。外気の入る半屋外の回廊だが建具によって守られている場所である。
〈右写真〉室内はほぼ一室空間で、中央に収納家具を配置して空間を仕切り、家具の配置によって設えていた。

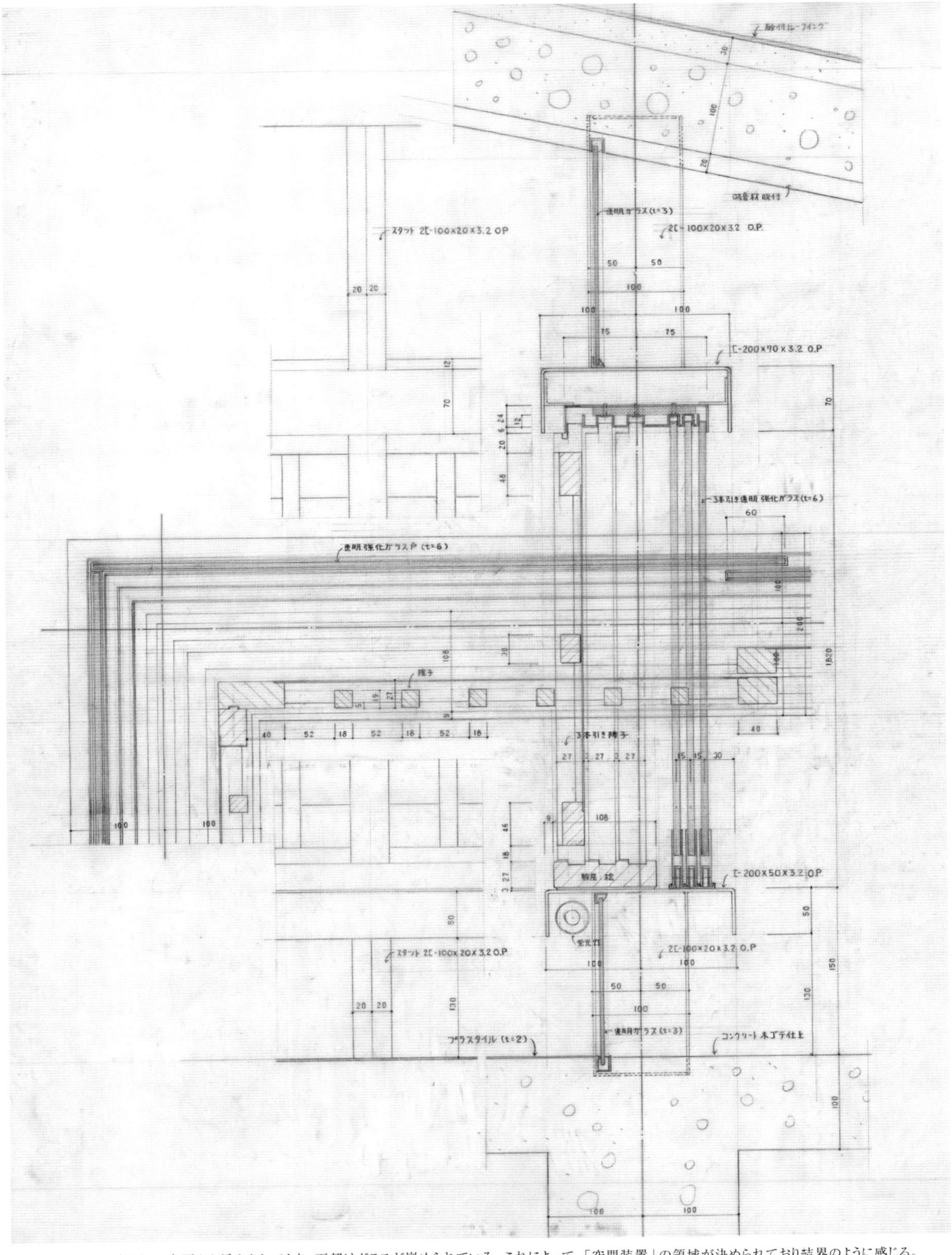

ガラス戸と障子の敷居は、床面から浮かされており、下部はガラスが嵌められている。これによって、「空間装置」の領域が決められており結界のように感じる。また、敷居受けの下部には、集蛾光が設置されている。これにより網戸を設けないで生活することができている。［国（文化庁国立近現代建築資料館）所蔵］

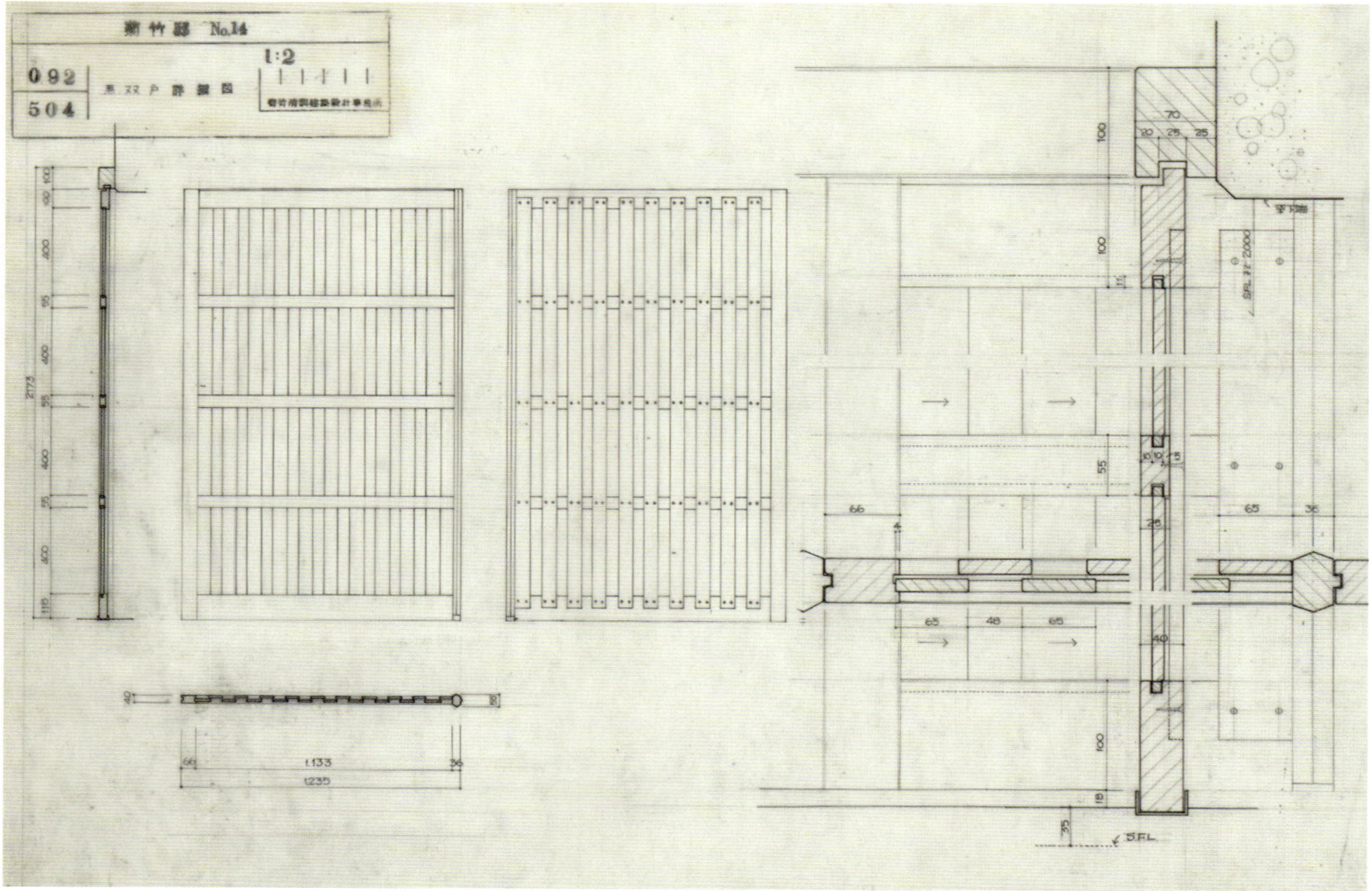

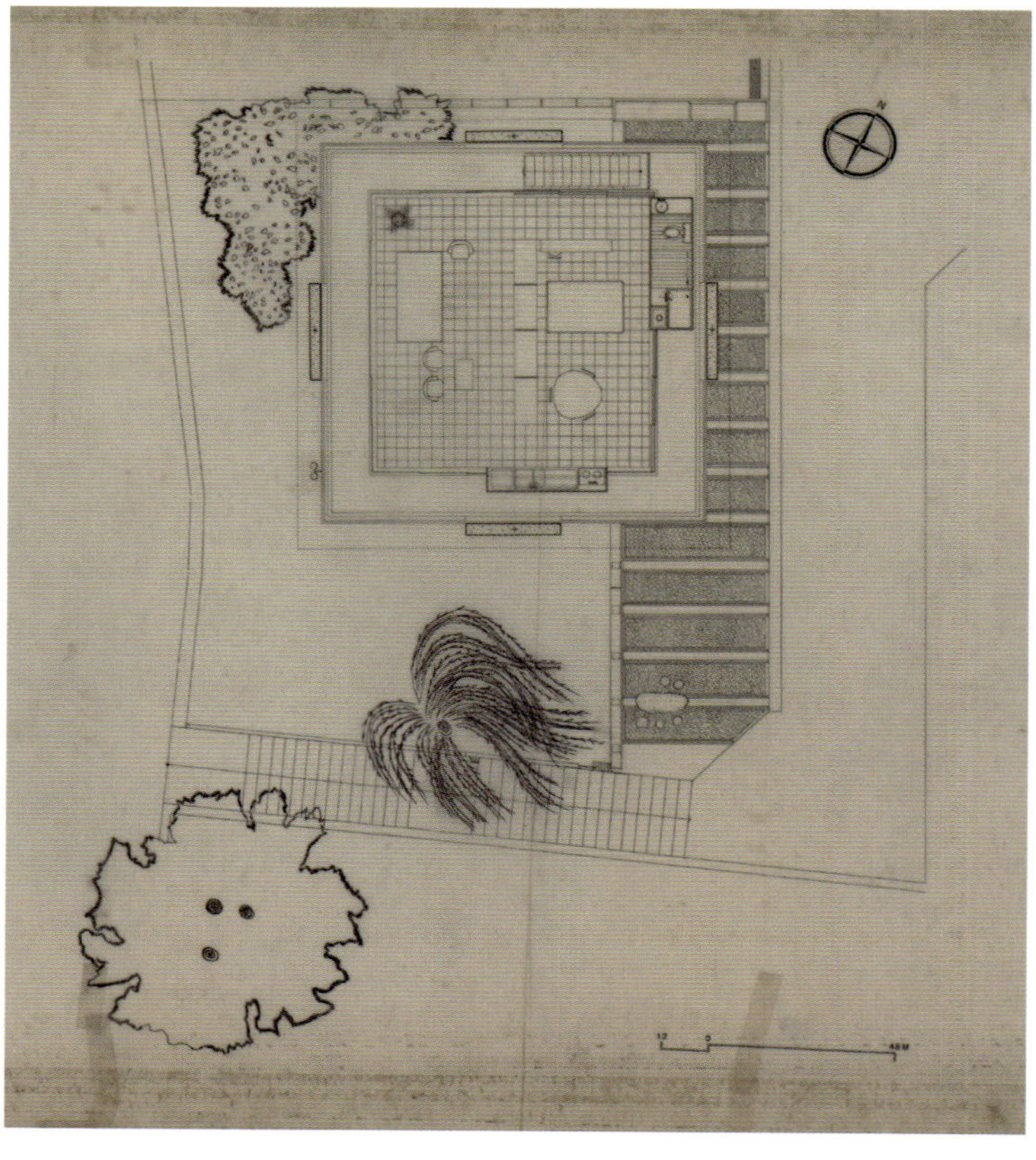

〈上図〉無双戸詳細図

［国（文化庁国立近現代建築資料館）所蔵］
外部に面した連子が、無双戸の中でスライドできるようになっている。

〈下図〉平面図

［国（文化庁国立近現代建築資料館）所蔵］
スカイハウスの室内は約7200mmの正方形であり、この寸法は菊竹の実家の座敷（広さは四間四方だった）とほぼ同じだったと考えられる。（参考文献:『新建築』1999年9月号）

〈上写真〉無双建具を閉じつつ連子を開いた状態。

〈下写真〉無双戸を開け放すと、壁柱の間がすべて開き、非常に開放的な回廊が現れる。

那須の山荘 // 宮晶子

——身体と環境を溶け合わせる門型壁と建具

那須高原を見渡す山の中腹に建つ休暇小屋である。雑木林の中に、奥行きのある少し背が高い家型のボリュームがひっそりと佇んでいる。細長い平面には、6枚の門型壁が均等に林立し、そこに3枚の床がスッと差し込まれている。1階は敷地の高低差に合わせた段状の床で、2階は細長い水平面、最後は屋根裏に小さな床がある。建物の妻面は、アルミサッシとガラスのファサードが風景を映し出し、長手のファサードはガルバリウム鋼板の瓦棒葺きで屋根とひとつながりに包まれている。さらに、この長手のファサードには、3つの興味深い建具が遠目では主張しないように納められている。

それらの建具のうちの1つは、外壁と同じガルバリウム鋼板をパンチング加工した開口部で、1階の外壁の両サイドに設けられている。地形に沿って変化するレベルの中で開口部の位置が変わるため、光や外部の風景の変化が感じられる。しかし、遠くから眺めたときには、穿たれた穴たちの存在は外壁の一部に見えるようになっている。2つ目は、2階に設けられた「まばたき戸」である。これも外壁と同じ仕上げで、用途としては雨戸である。油圧式ダンパーと滑車とロープの連動によって、本当にまばたきをしているように上下に開き、ゆっくり瞼をとじるように閉まる不思議な建具である。3つ目は、大胆にも屋根がそのまま建具になっている「空をあける屋根」だ。屋根裏の床に梯子でのぼり、垂木ごと屋根を動かすと屋根上のレールの上を滑り出す。屋根がゆっくりと開くと、空と木々だけに囲まれる。ここは気候の良い時期には、空と木々の中を浮かぶ小舟のような茶室にもなっている。これら3つの建具は、身近な距離感では身体との関係性が強い建具となっているが、離れた場所から見たときには、雑木林の中で建築のボリュームの一部となり身を潜める。身体と環境、それぞれのスケールでのあり方を備えた建具たちである。

このような身体と環境との関係性は、門型壁にも見られる。11尺（約3300㎜）幅の妻面のファサード越しに見えるこの構造体は存在感があるが、具体的な寸法としては7尺（約2100㎜）ピッチで均等に並び、壁幅は2尺（約600㎜）幅の袖壁となっている。これらの寸法は、居場所として人のふるまいに対応するように設定されている。7尺は門型壁の間で人が横たわれる寸法、2尺は壁の袖で身を隠せる寸法、11尺は壁同士の端と端にいても話せる寸法といった具合である。環境の中で場を支える大きな存在でありつつ、その寸法体系は身体との関係から導き出されており、建具的である。

実際に訪れて感じたのは、ここで過ごしていると半分外部にいるような感覚があった。それは風景を一望できることとは別の意味での外部性であり、対照的なスケールを合わせ持つ門型壁と建具によって、身体と環境が溶け合うような印象があり、強く心に残った。

〈参考文献〉
・『住宅建築』2006年3月号、建築資料研究社［pp.38〜51］
・『新建築 住宅特集』1999年7月号、新建築社［pp.101〜107］

1-2｜那須の山荘｜宮晶子

〈上写真〉「まばたき戸」が開いた状態の2階「空中の床」。

〈左写真〉長手方向に外観を眺める。シンプルな家型だが、妻面の小割りのサッシワークと長手桁方向の瓦棒によってリズムが生まれている。前者は木々を映し後者は林の背景となり、林に溶け込みながら豊かな表情をつくり出している。

〈右上写真〉ガルバリウム鋼板をパンチング加工した開口部と、右手に出入口が並ぶ。2階の「まばたき戸」も含めて、すべて瓦棒葺きの外壁に同化するように納められている。

〈右下写真〉「空をあける屋根」が開いた姿を屋根の上から見る。

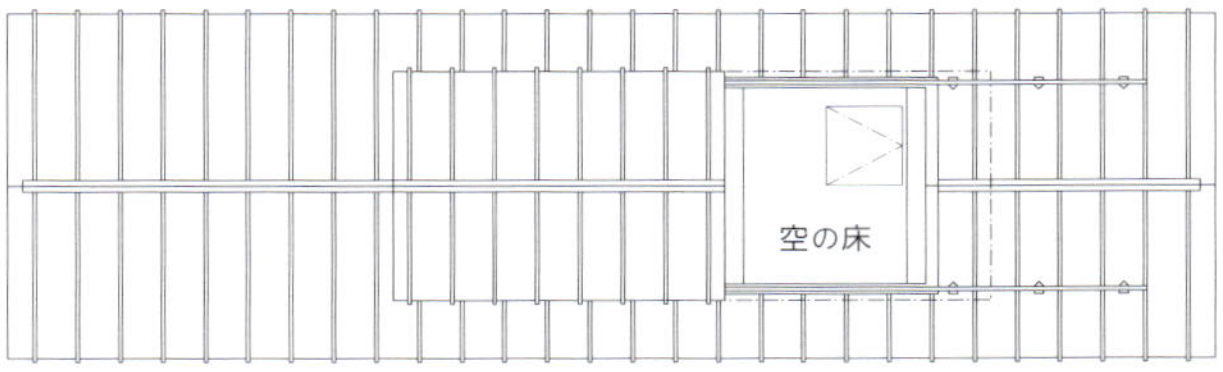

屋根伏図

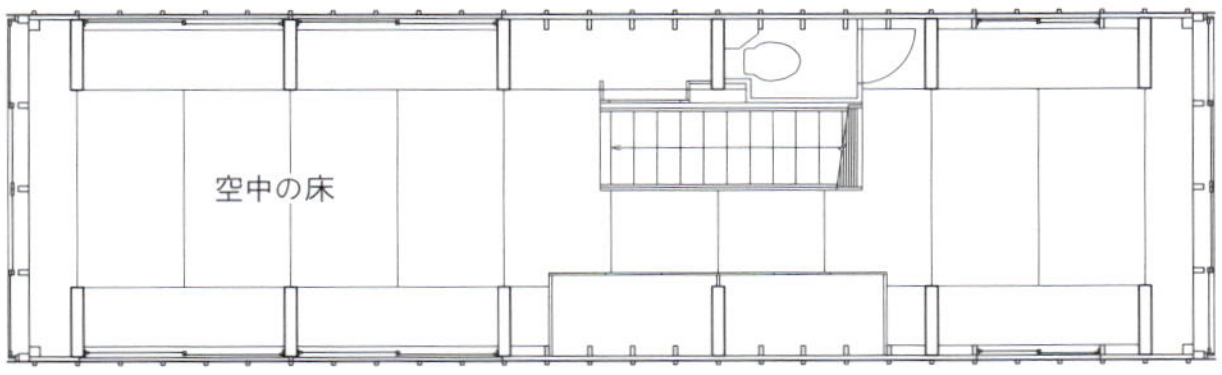

2階平面図

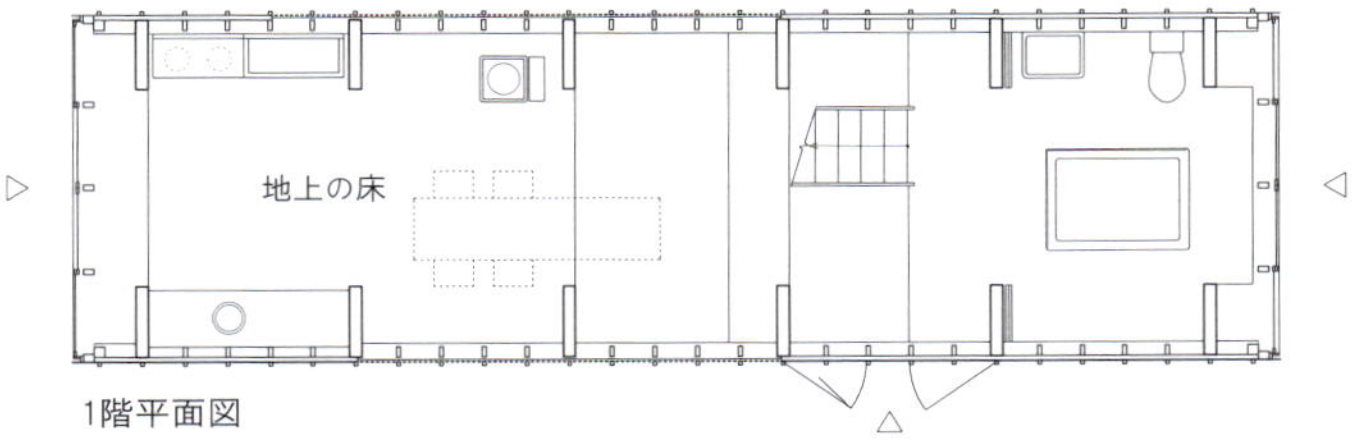

1階平面図

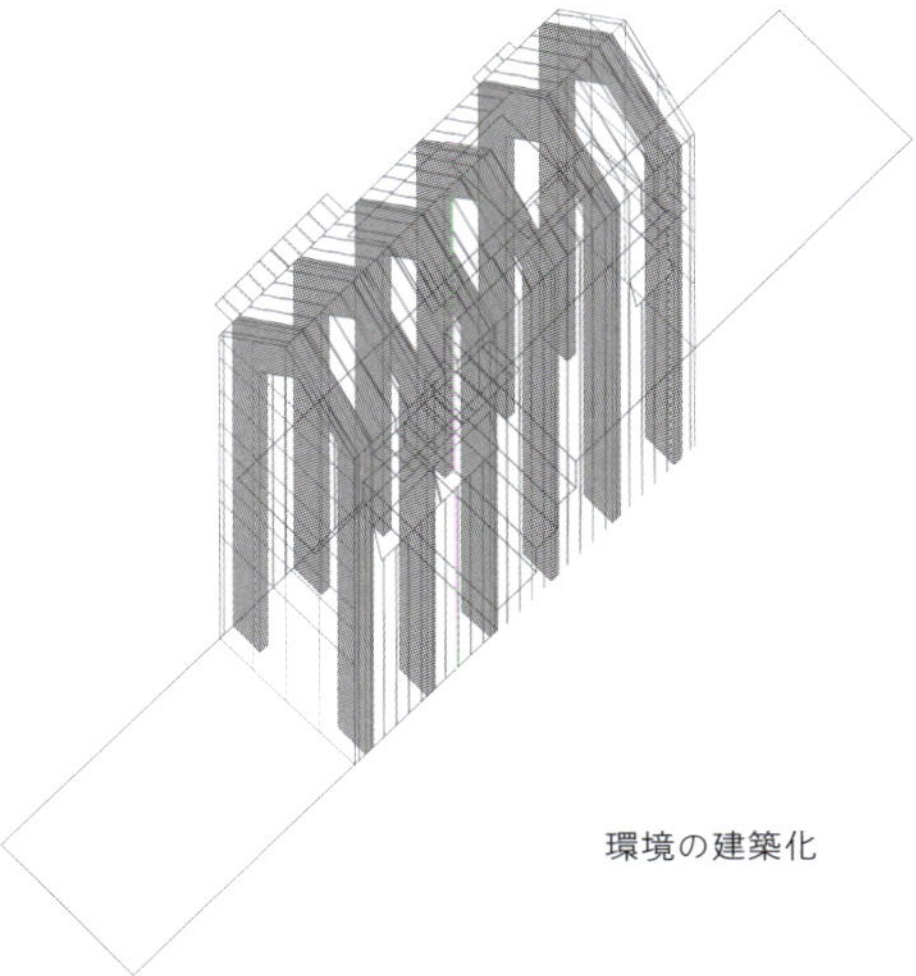

環境の建築化

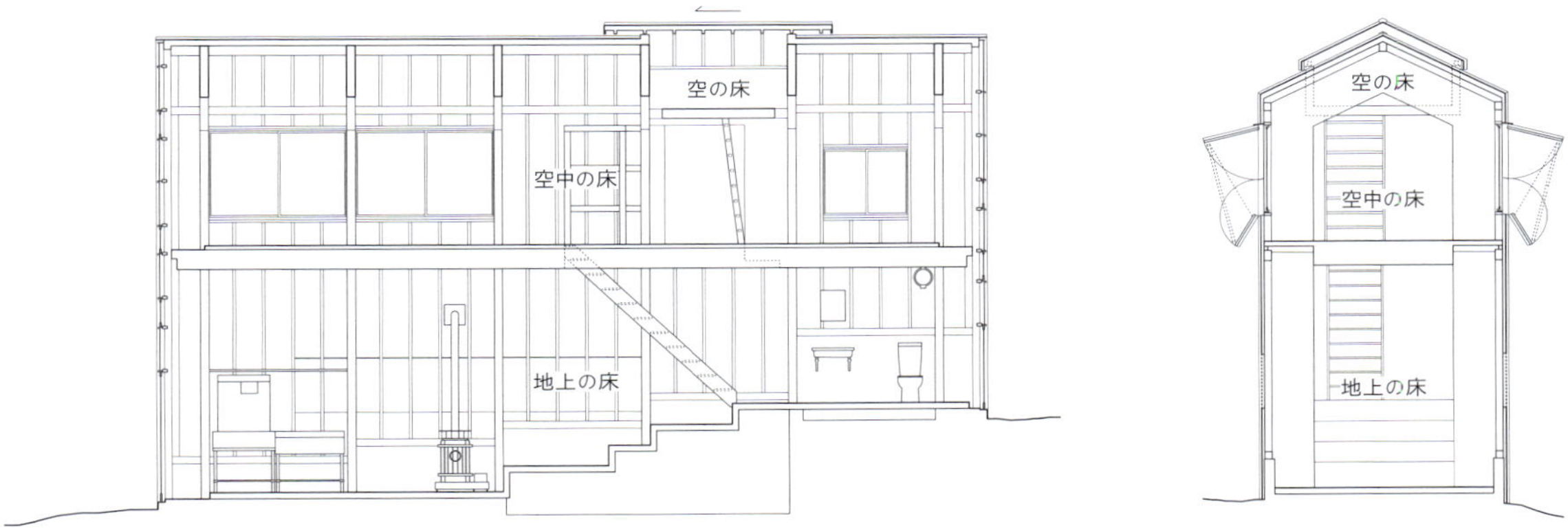

断面図 S:1/150

〈左写真〉2121㎜スパンで並ぶ門型壁の間から、ガルバリウム鋼板をパンチング加工した開口部を眺める。

〈右写真〉「空をあける屋根」が開いた状態の2階。ガラスの入ったトップライトとは全く異なる空の風景が新鮮。

T house ‖ 藤本壮介
——動かない建具としての薄い壁

T houseは、藤本壮介が初めて設計した住宅であり、藤本がその後展開していく建築理念が高い純度で現れている家である。地方都市の住宅街に、周囲からは内部の想像がつかない外観で建っている。しかし、ひとたび中に入ると特殊な空間性が一気に展開する。この家のプランは、薄い壁が外壁から放射状のように中心らしき方向に向かって伸びているが、実際には中心性をキャンセルするように壁の向きは巧妙にズラされている。薄い壁の間はさまざまな広さの場所になっており、内部を動くたびに室内風景が展開する。私はこの薄い放射状の壁を、動かない建具として捉えたいと思う。従来だと、建具が動くことで空間がつながったり仕切られたりして距離感が変化するが、ここでは人が動くことで距離感にゆらぎが生じる。物理的には離れているが急に視覚的につながることもあれば、近づいたはずなのに気配が遠ざかり離れたように感じる、そういった現象が起こる空間である。

薄い壁の片面は12㎜の合板を白く塗装しているが、もう片面は45㎜角の木下地が露出した状態で留められている。仕上がっている面と仕上がっていない（ように見える）面が交互に現れるため、内部を歩くことで室内風景の展開がよりダイナミックになる。また、この家の施主は現代美術のコレクターでもある。対照的な壁面が交互に現れつつも、そのどちら側にもアートが飾られて壁が際立っている。それだけでなく、この壁の薄さは隔てられた場所同士の距離感にも影響する。視界は遮られているが、音は多少伝わる。実際には個室

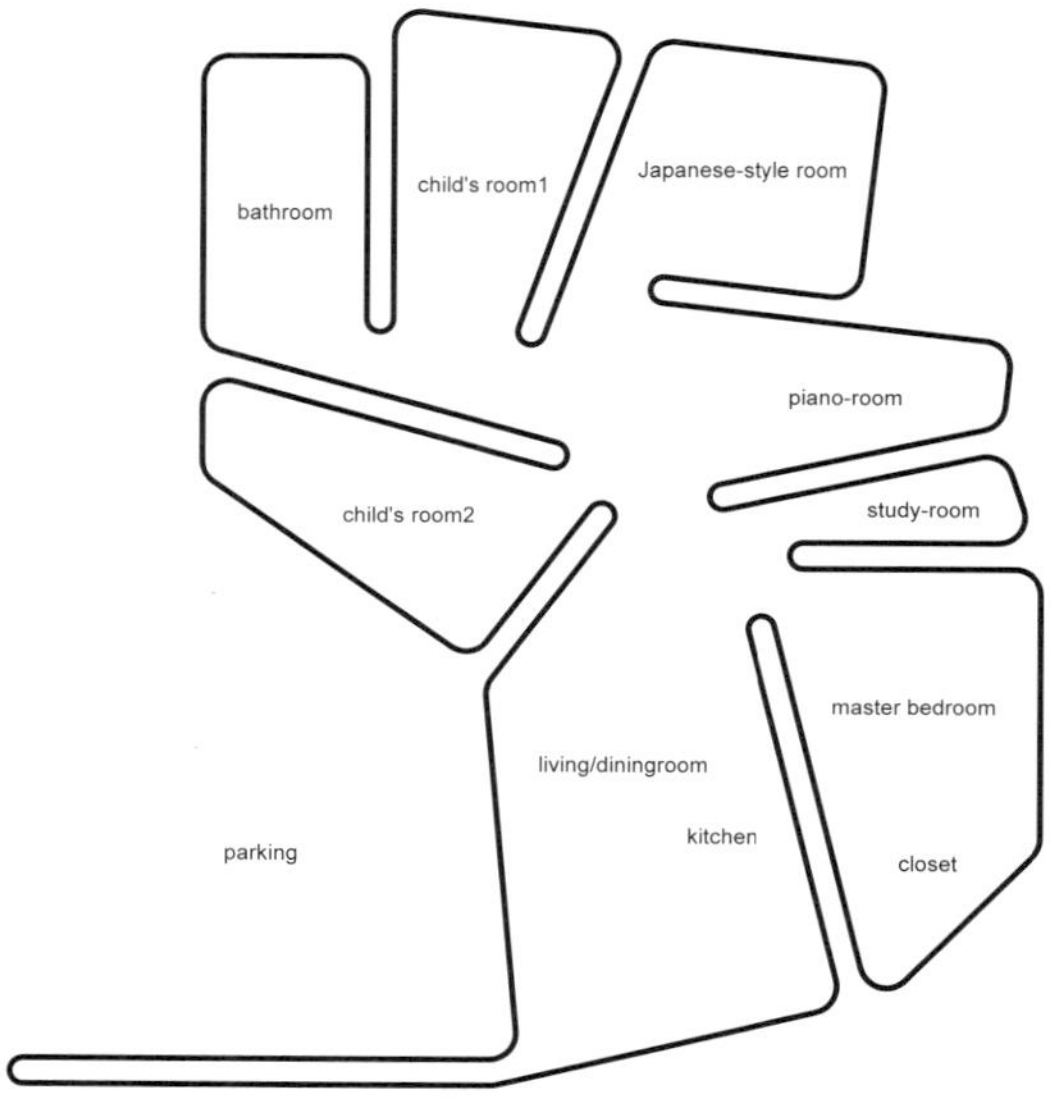

分節しながらもつながっているワンルームを表したT houseのダイアグラム。この家の理念は計画時にコンペで最優秀案に選ばれた「安中環境アートフォーラム」とも結びついている。

薄い壁は、アートを飾りたいという要望を発端としているが、その応え方がアートと家の関係を新たな次元に引き上げていることが興味深い。

になるように扉が用意されている場所もあるが、閉じても周囲から遮断されている感覚は強くはないだろう。

　このような設えは、日本人の家だからこそ実現できている部分はあるように思う。エドワード・ホールの『かくれた次元』では、異なる文化に属し違う言語を話す人同士では、別の感覚世界に住んでいると言ってよいほど、他者との空間的な距離の取り方が異なることを指摘しており、それを「プロクセミックス」と名付けている。[1]ドイツ人はパーソナルスペースを厳格に守ることを重視し、フランス人は大人数で暮らしているためレクリエーションの場となる屋外を好むという。そして我々は、空間やものの配置によって間《ま》を生み出せることを知っている。T houseの壁は薄いが、そこに間の逆説的な厚みを知覚する。また、壁のあいだで見えがくれして変化する距離感に、間のゆらぎを見出す。

　つながっていることと離れていることは、物理的な距離だけで決まるものではない。この家は、平面形と薄い壁によって間の厚みやゆらぎをもたらし、複雑な関係性を生み出すことが可能であるという重要な示唆を与えてくれる。

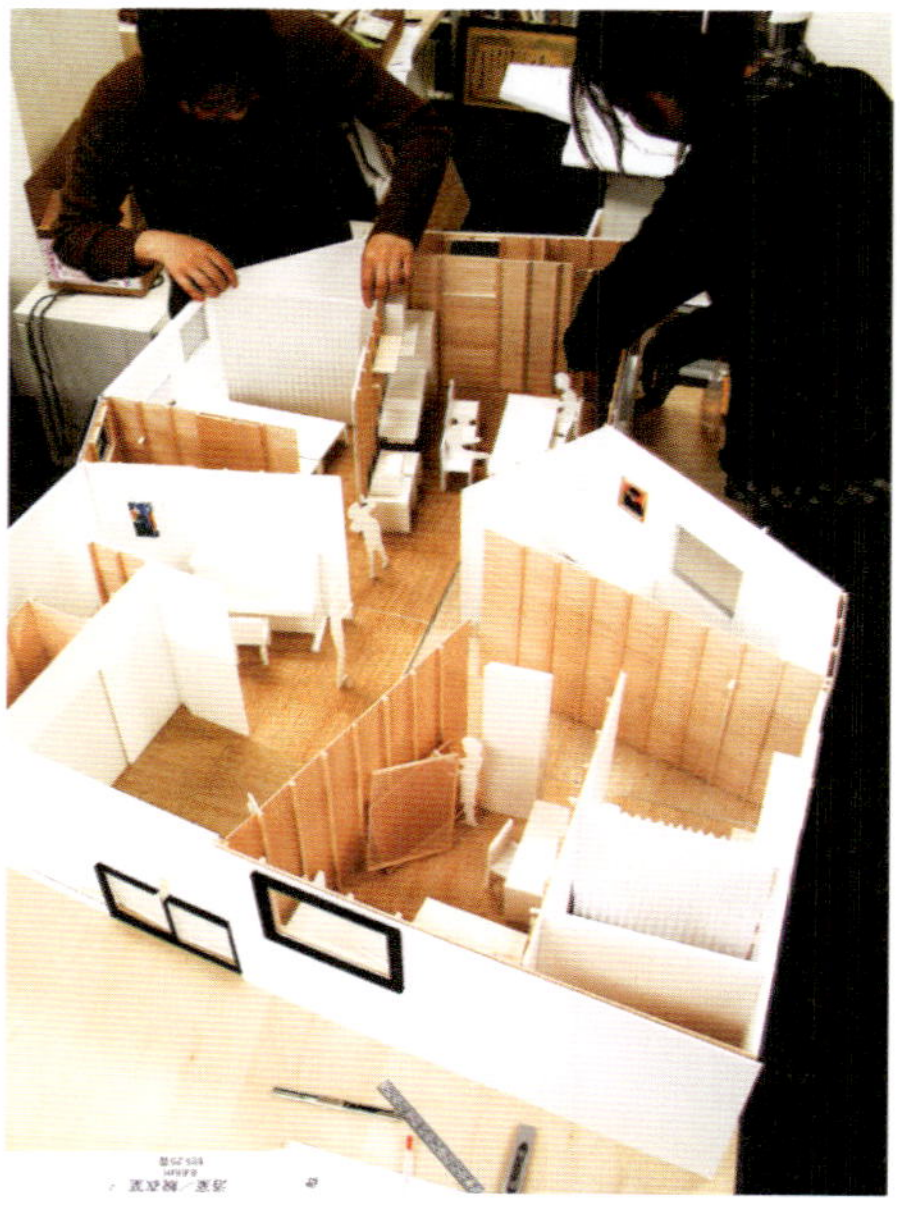

〈上左写真〉内部の構成が想像つかない外観となっている。
〈上右写真〉このような巨大な模型によって内部空間の検討が重ねられた。
〈下写真〉12㎜の合板だけが壁の先端に現れているので、実際には普通の戸や壁よりもさらに薄く感じられる。
薄い壁によって、光の入り方も放射状になり、室内の陰影に変化をもたらしている。

1 エドワード・ホールは、プロクセミックスの4つの距離として「密接距離」「個体距離」「社会距離」「公衆距離」を定義している。T houseは4つの距離すべてに変化をもたらしていると考えられる。

〈参考文献〉
・『新建築』2005年5月号、新建築社［pp.38～51］
・『藤本壮介読本』A. D. A. EDITA TOKYO（2011）
・エドワード・ホール著、日高敏隆・佐藤伸行訳『かくれた次元』みすず書房（1970）

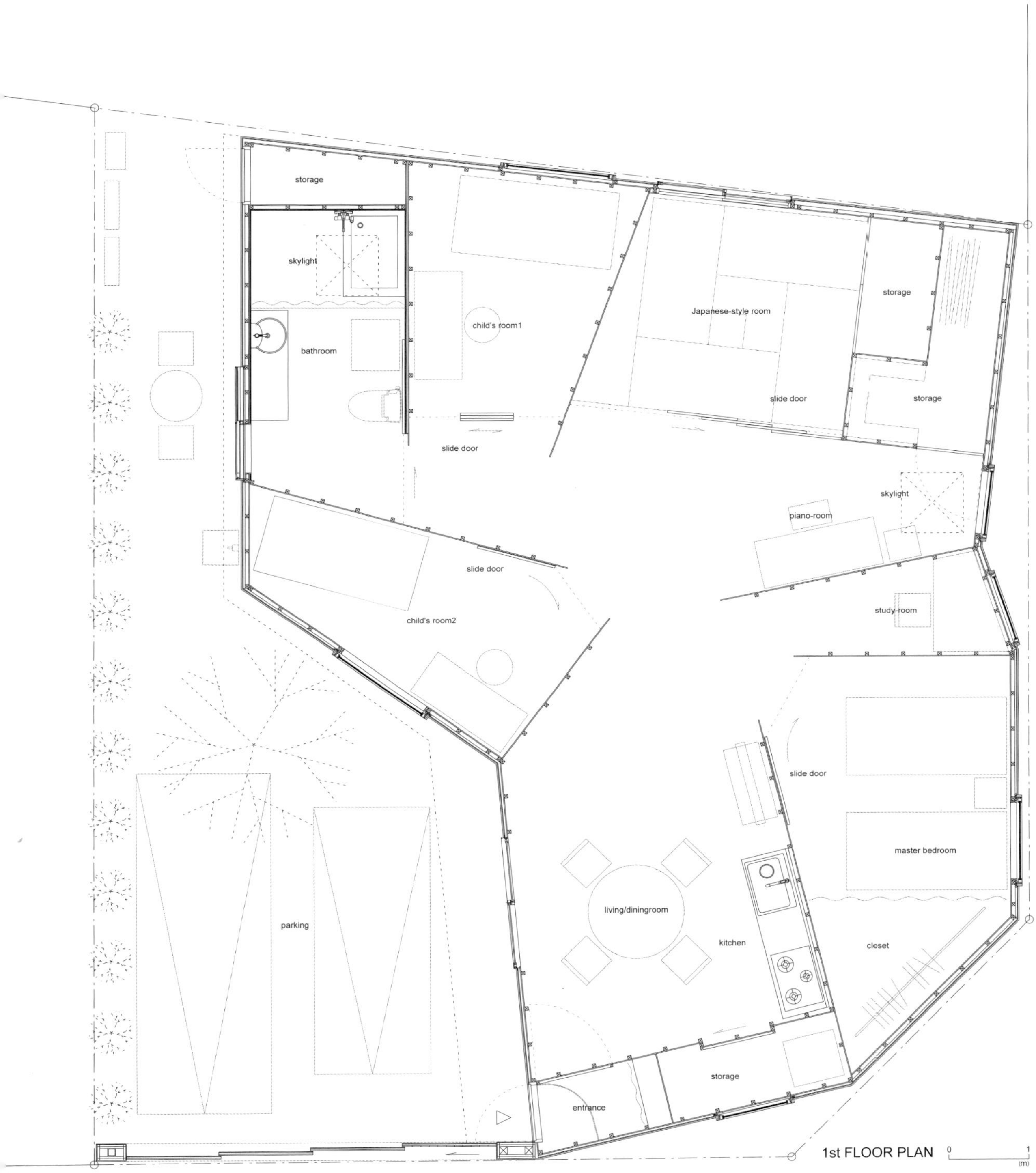
storage
skylight
bathroom
child's room1
Japanese-style room
storage
slide door
storage
slide door
skylight
piano-room
slide door
child's room2
study-room
slide door
master bedroom
parking
living/diningroom
kitchen
closet
storage
entrance
1st FLOOR PLAN
0
1
(m)

ササハウス〃矢部達也

——特別な「外」を生む軒下

大阪と兵庫の県境の山あいにササハウスはある。敷地は地山の林が大半を占めており、道に並行した棟（寝室・アトリエなど）と直交した棟（居間・台所・水回り）によるL字に近い変形したT字型の建築が、林の裾野に建っている。各棟の5分の2は深い軒下となっており、残り5分の3は室内になっている。軒下もT字型で貫入しているが、棟どうしの居室はつながっていないため、おのずと軒下が主要な動線になる。ここは外部に対しては基本吹きさらしで、例えば夜中トイレに行くときは軒下を通ることになるし、いつの間にかメインの出入口となった勝手口は、ほとんど外部のような軒下の一部である。そのため、この家では生活の5分の2を外に投げ出すことになる。軒下と室内の境には木製ガラス引戸が入っているが、居間・台所では1年を通して日中は開け放したままだという。本稿では開け放たれた建具が拡張されたような、この奥行きを持った軒下の境界としての独自性に焦点を当てたい。

私はこの軒下が、室内を延長した半外部空間ではなく、ありふれた外部をここにしかない特別な「外」に変える境界空間なのだと感じた。夏に居間・台所側の軒下にかかるポリエチレンメッシュのカーテンは、風を通し雨も吹きこむ。大雨のときは、雨粒が絡まり美しい光景が見られる。陽を和らげるので、2匹の猫たちの絶好の居場所にもなっている（と同時に猫たちが外に出ないための仕切りにもなっている）。日々変化する外部環境が、この軒下ではより特別な「外」となって現れる。軒先に柱を落とさずに開放感を得ながら、そこにカーテンを垂らして領域をつくる逆説的とも言える方法により、この場所の特殊性は生み出されている。

実際に拝見させてもらい、軒が深いことで室内が心地良い暗がりのある場所になっていることにも気づいた。軒と反対側の外壁は、あえて開口部を最低限しか設けていない。照明も通常より少なくし、住み手も照明をつけて明るくはしない。訪れたのが夏の夕暮れ前だったため、樹々が生い茂りなおさら暗かったようだ。昔の民家も同じような暗さだったのではないかと想像した。心地良い暗がりの居間でワインと軽食をいただきながら、施主の笹倉さんご夫妻と設計者の矢部さんにお話をうかがった夏の夕刻は、忘れがたい時間となった。

一応の玄関は勝手口である。縁側のように半屋外で温室のようなスペースである。

〈上写真〉春・夏｜ポリエチレンメッシュのカーテンを張る。木漏れ日はカーテンに映り込み、美しい光を見せてくれる。
〈下写真〉秋・冬｜ビニールカーテンに取り替えて、軒下の防寒と庭からの採光を得る。軒下にストーブを置けば、真冬でも割と平気らしい。
大勢の来客時には、ダイニングの軒下にラグを広げてテーブルを出すが、日常的には親密なスケール感のリビングダイニングである。

南側の庭の緑はとても力強い。夏場は木々の葉が日射を遮ってくれて、冬場になると葉が落ちて陽が良く入るようになるという。

〈左写真〉居間・台所・水回り側と寝室・アトリエ側は、2つのボリュームに分かれながら大きな軒下でつながっている。互いのスペースを行き来するには縁側を通ることになるので、外気に頻繁に触れながら生活をするようになる。

〈右写真〉居間から水回りまでは台所を通り抜けることもできる。内部と縁側2つの動線がある。

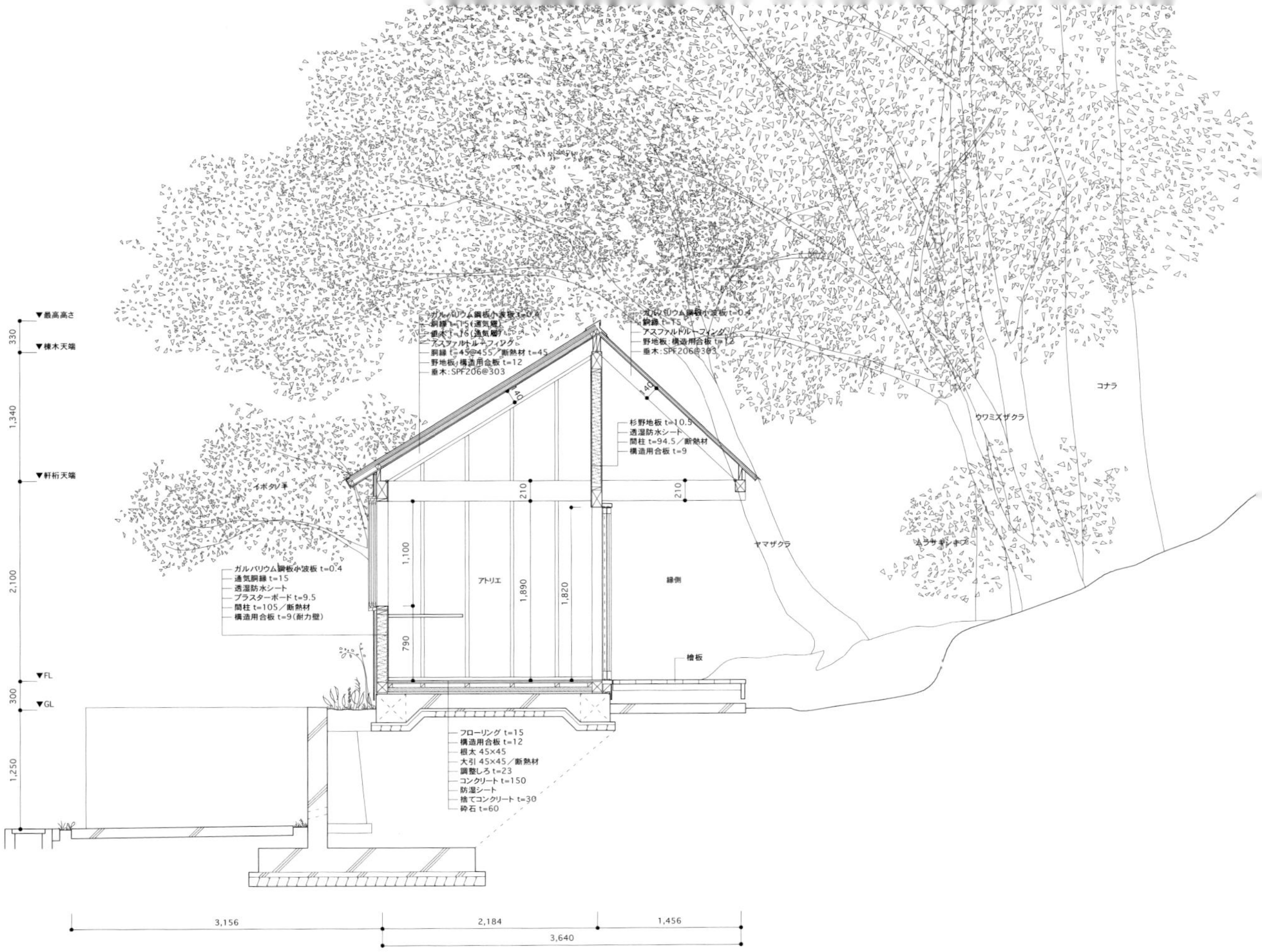

断面図 S:1/75

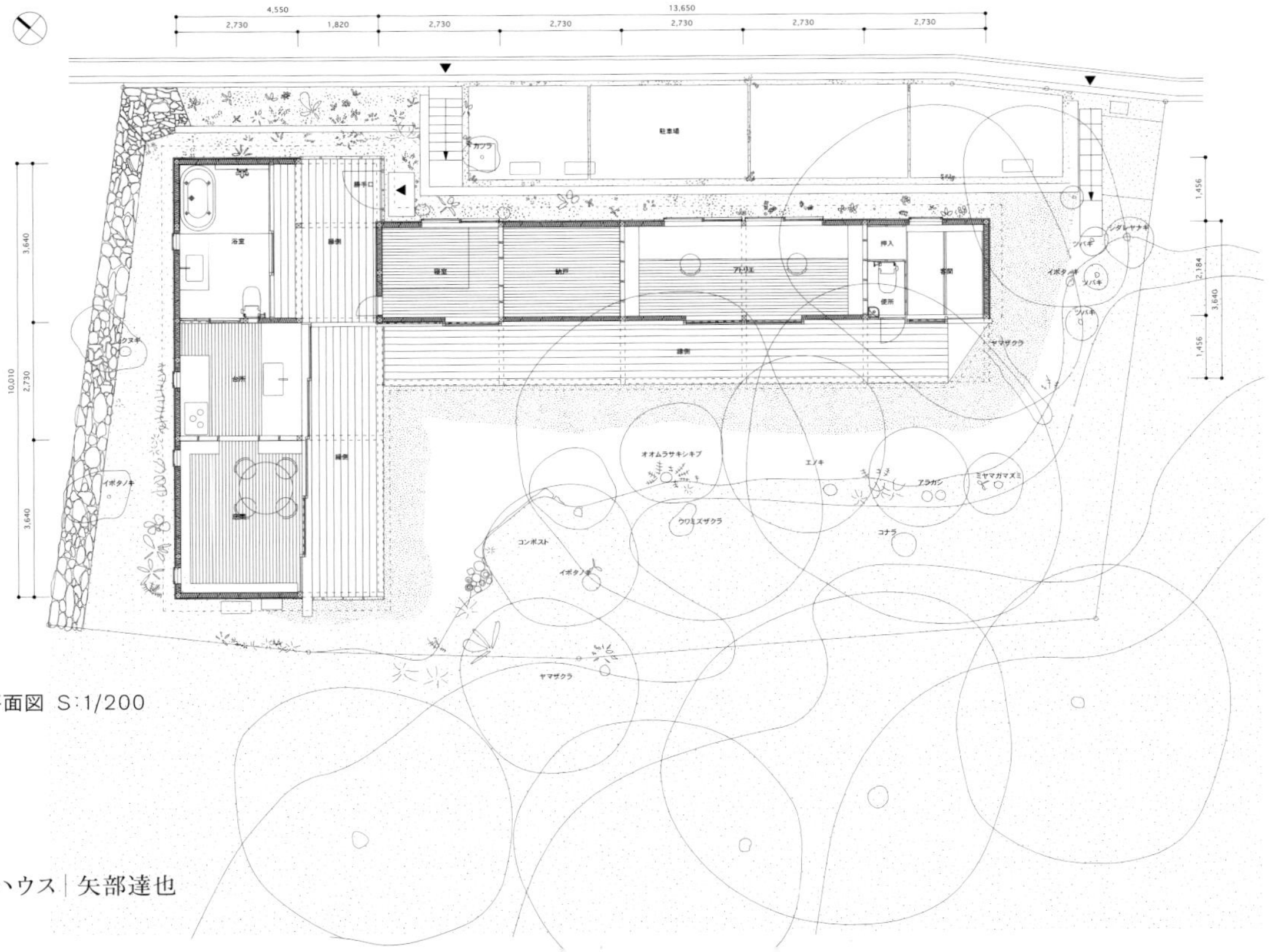

平面図 S:1/200

藤村《とうそん》記念堂＝谷口吉郎

——近いことと遠いことを内包する2本の境界線

明治28年の大火により焼け落ちた、文豪・島崎藤村の生家（本陣屋敷）跡を空地にして、そこをのぞむように藤村記念堂は建てられている。旧中山道の馬籠宿（現在の岐阜県中津川市）に位置するこの建築は、短辺が2200〜2600㎜ほど、長辺は22000㎜ほどと細長く、境界線自体が建ち上がったかのような存在である。私は建具を含めたこの建築全体が、境界線の建築として周囲の要素と連関しながら、藤村を偲ぶ展示空間となっていることを興味深く感じた。

藤村記念堂へのアプローチとなる冠木門を通ると、視線を遮るように漆喰塀が現れる。塀を右に避けていくと、本陣跡を横目に記念堂の入口に辿り着く。ここから前室の右壁は地面から腰までが開けられていて、隣地との間にある池が覗いており、自ずと意識は地面の方に向く。展示室に入ると、左手には均等のリズムで開口部が開けられている。手前から2か所は掃き出しの障子と雨戸、その後の2か所は腰窓の障子と雨戸が入っている。これは、記念堂奥の床の間に飾られている、石井鶴三による藤村坐像へ視線が注がれるように、パースペクティブを生み出すための工夫だという。そして、その開口部からは空地となった本陣跡の風景が広がっていて、造り付けのベンチに腰掛けながら、亡き藤村に思いを馳せる場として来訪者を受け入れている。

この建築は、2本の境界線の狭間に生まれた建築とも考えられる。1つは、本陣跡に面して障子が並ぶ境界、もう1つは、隣地に面したアプローチでは腰まで開けられ、展示室では展示壁となり本陣跡を眺めるベンチを持つ境界。前者は、本陣跡に面しているが、障子を通して見る向こうの風景は近いようで遠い。後者は、隣地の池の眺めを切り取りつつ、過去への窓でもある展示物の傍らに腰掛けられる。近いことと遠いことを内包している、2本の境界の狭間に身を置くことでさまざまな距離を行き来する場となっている。

さらに私は、この場所が日本庭園として計画されているのではないかと感じた。来訪者の視線や意識をコントロールして経験をもたらす作法は、日本庭園のつくり方に通ずるものがある。冠木門から始まる記念堂内部のシークエンスは、さまざまな方向に視線が揺さぶられる。加えて、設計者・谷口吉郎の意向で本陣跡には白砂（近くの降坂川から運んできた）が撒かれていて[1]、わずかに残っている本陣屋敷跡の礎石のまわりには砂紋が引かれている。これは、まるで枯山水のようである。その淵を巡りながら、藤村が生まれ育った場所の面影を辿り歩いていく。この場所は藤村記念堂が存在しなければ、ただの空地のままだった。そこに細長く簡潔な建築が生み出されたことで、過去と現在、死と生、無と有、空白と物質など、相反する事象がこの場所に顕在化している。それこそが建築の力とも言えるし、藤村記念堂が境界線の建築であることの所以である。

本陣跡から記念堂外観を眺める。木材は木曽の林から持ってきて、石畳や石垣の石は近くの山から運んでいる。大工仕事から石積み、左官、鍛冶などすべて村人たちが行い、少し離れた場所で焼いた瓦は中学生たちが運んでくれたという。背後の大きな屋根の建物は隣地のものである。

藤村記念堂は終戦直後、馬籠の9人の若い村人が中心となり、「何か善いことをやりたい」という強い想いから計画が動き出した。さらに、晩年の藤村と交流のあった菊池重三郎という人物が、事業全体の面倒を見ることになり、谷口に設計を依頼した。そして、藤村記念堂を語る上で欠かせない逸話となっているのが、建築材料にすべて土地のものを使い、村人たちによる施工によって、この建築がつくりあげられたことだ。馬籠の資源・人・技術の三位一体によってつくりあげられたことによって、この建築には今でも消えない感触があり、境界線の建築として今も訪れる人々の拠り所であり続けている。

1 菊池重三郎『木曽馬籠』中央公論美術出版(1977)[p.109]

〈上写真〉記念堂内部より本陣跡を眺める。障子の並んだ境界越しの本陣跡は、物理的にはすぐ近くだが、心理的には果てしない距離を感じる。

〈下左写真〉本陣跡の礎石と砂紋。今では、白砂と土と地被植物が混ざり合っているが、砂紋がひかれているのがわかる。

〈下右写真〉左手に本陣跡、右手に足元が空いた前室を眺める。

〈左写真〉記念堂内は展示物とベンチだけの簡素なつくりである。

〈右写真〉障子紙は張り替えられており、新鮮さが維持されている。

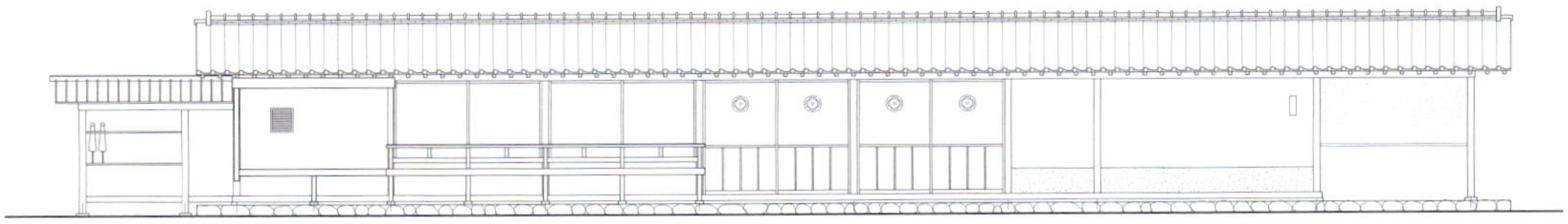

西側立面図

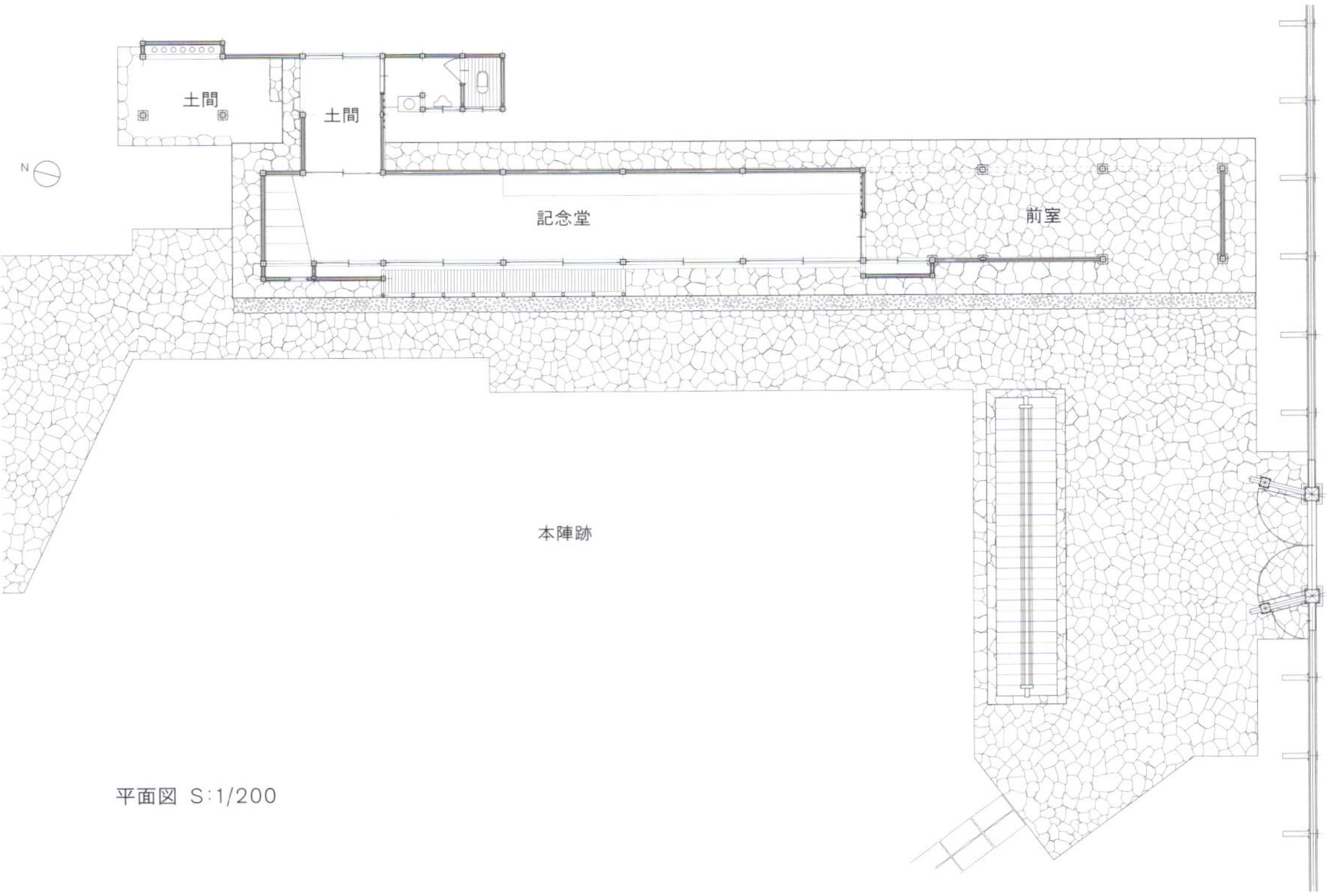

平面図 S:1/200

著者事例

1-1

ジャジャハウス

建具と柔軟な架構が支える、家であり公民館のような場の活動

この家は、建主夫婦と4人の若者たちの共同生活の場である。施主夫婦以外の4人も成人で、大人6人が共同生活する場となる。それぞれが個性を持ち、共同研究者、友人、地域の人びと、学生たちを巻き込んでさまざまな活動がこの家で展開する。公共性の高い場でありながら、それでもなお家であることが、都市的・社会的にどのような可能性を持ちうるのか。近代家族とは別の形で、持続可能な社会単位を探求する実験の場である。

公共的な活動は、2階の会所や厨房を中心に行われる。会所は既存の庭そして道に面して並行に取り、L字に連続させるように厨房を配置した。そして、中央に階段書庫を設ける必要性からナインスクエアの構成が現れた。このエリアでは複数の活動が共存できるように、建具により領域を変えられる構成が求められた。そこで我々は、建具と架構の関係から問い直すことにした。グリッドの交点に立つはずの105角の柱を、鴨居を兼ねた梁をはさむ75㎜角4本の束ね柱に変換した。そして幅1650㎜の大判建具が、柱間に納まることなく縦横無尽に動く。従来であれば建具は柱間を往復するだけだが、ここでは架構がかたちを変えることで、建具がグリッド間を横断できるようになり可動域を広げている。30人を集めるイベントが行われたり、2~3人の小規模な集まりが共存することもあり、これらの建具が柔軟に領域をつくり活動を支えている。

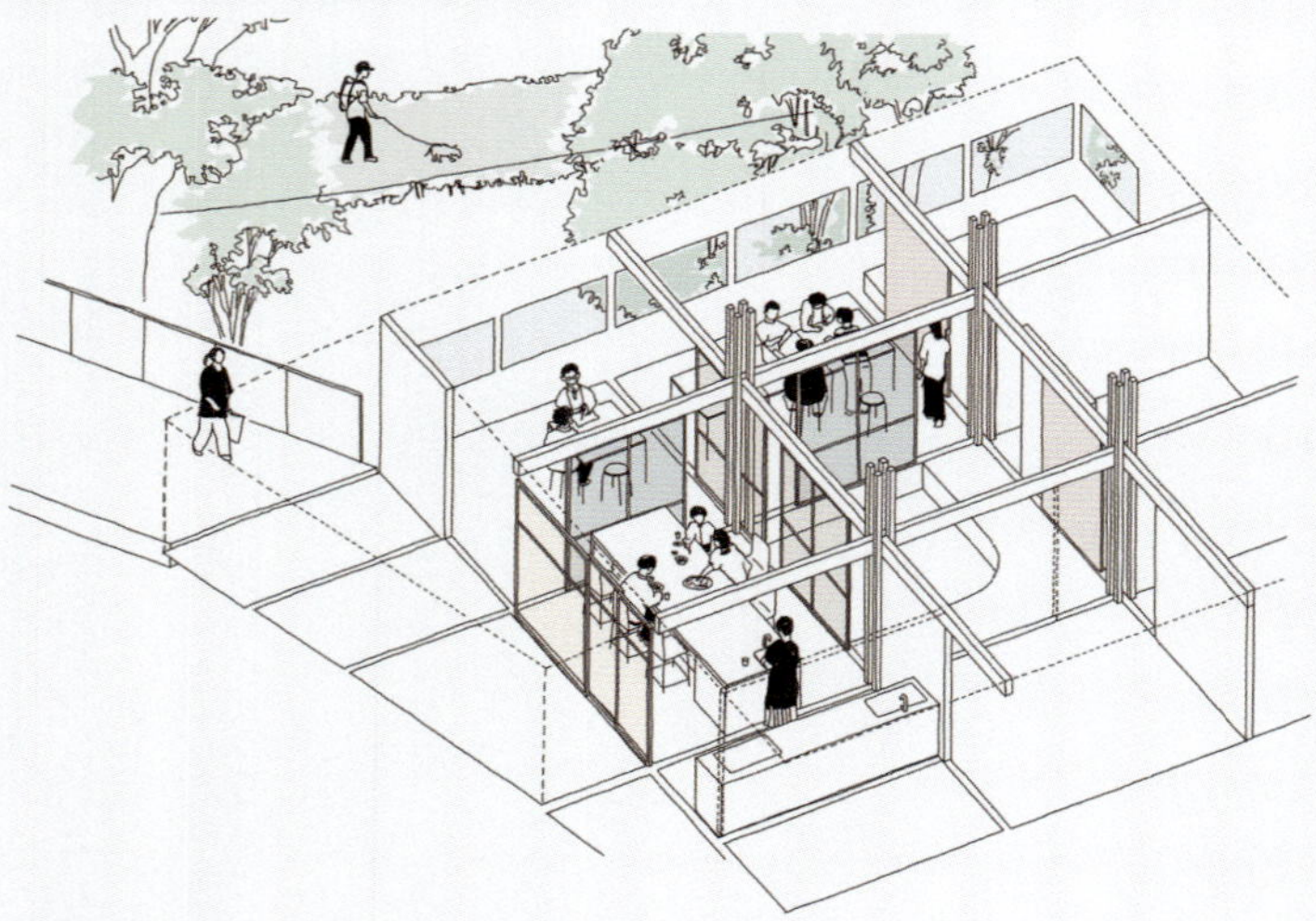

向かいの家々、道路、生垣、庭という層状の構成を家の内部に延長するように、連続窓、会所・厨房を配し、背後にバックヤードとなるリネン室や夫婦寝室を置いた。

ブリッジを介したアプローチにより、2階床レベルは自ずと決まり、1階の階高は1・5階分の高さになった。2階中央の本に満たされた階段室から下階に降りた先には、庭に開けた共用リビングが現れる。2階はほぼ一室空間であり、1階は4つの個室群によるシェアハウスのような構成である。構造形式はこの土地の地層のように、4つの形式が積み重なっている。1階は木造軸組の合板耐力壁、ロフト階は外周を筋交で固め、2階は4本の束ね柱の層があり、その上に小屋組が載る。家でありながら公民館のような側面もある潜在的な建築の探求が、上下階での性質の違いや、複層的な構造形式、さらに環境性能や設備計画にも通底している。

75mm角の束ね柱に並んで、60角の柱が本棚を支えている。背板を設けず、本の隙間から抜けが生まれ水平性が強調されている。

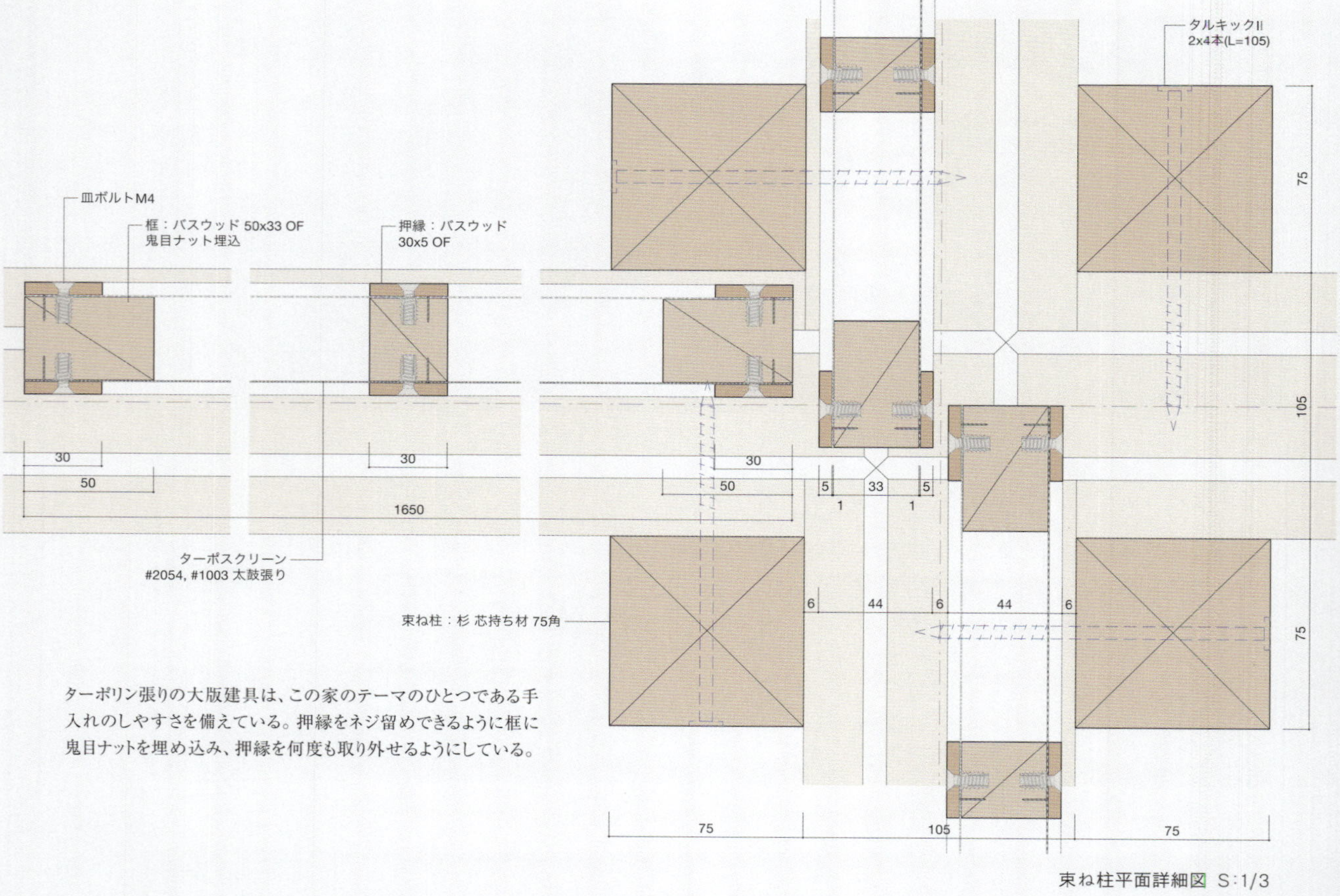

ターポリン張りの大版建具は、この家のテーマのひとつである手入れのしやすさを備えている。押縁をネジ留めできるように框に鬼目ナットを埋め込み、押縁を何度も取り外せるようにしている。

束ね柱平面詳細図 S:1/3

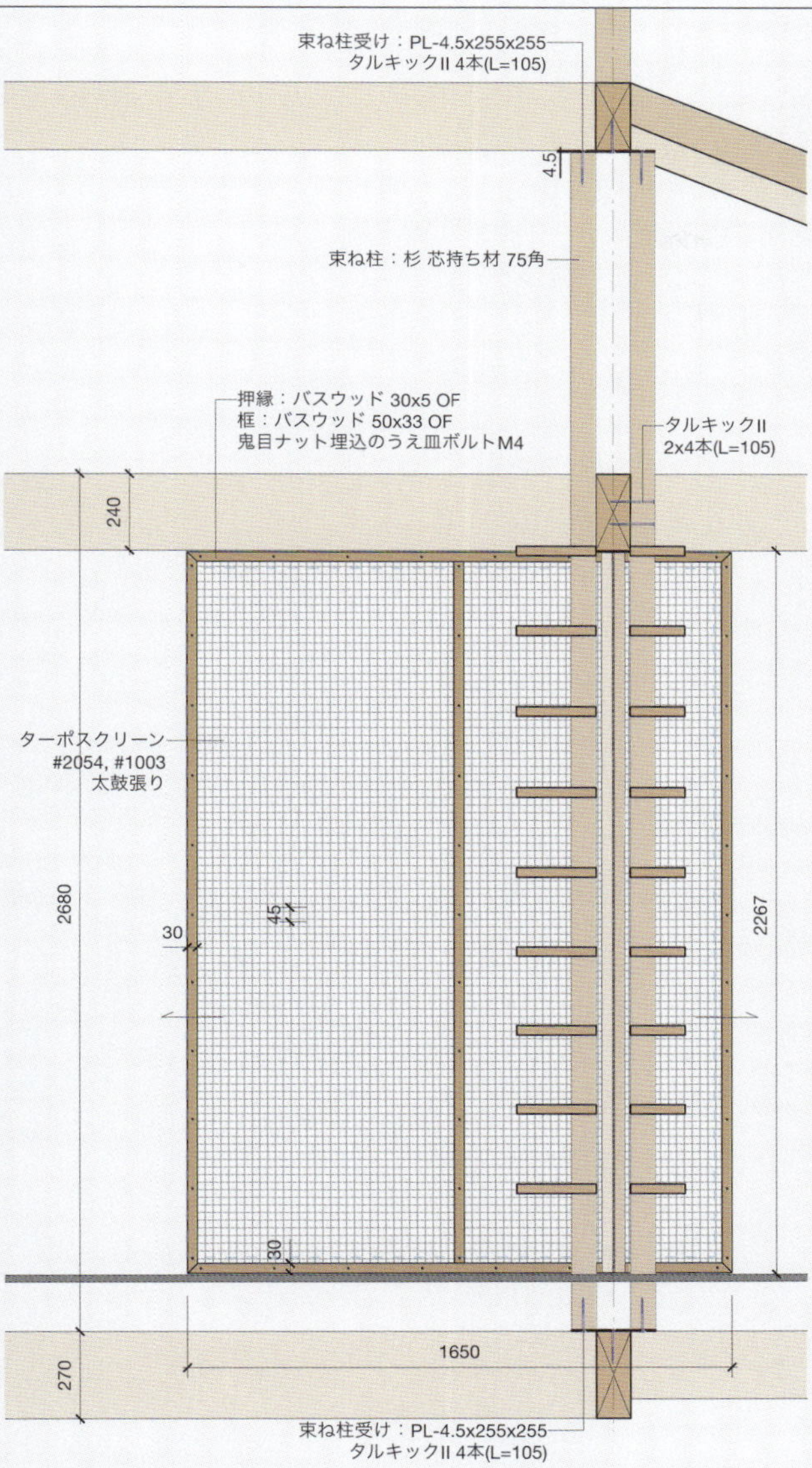

束ね柱まわり断面詳細図 S:1/30

〈上写真〉4本の束ね柱は、上下を鋼製平板によって挟んで固定している。上部は小屋梁の底面で、下部は2階床の横架材の上に平板を設置し、鉛直荷重の一部を受けている。

〈下写真〉束ね柱を通り抜ける建具のひとつは、ターポリンを張った建具である。屋外広告で用いられるターポリンは、網目や色の種類が豊富で、幅広で製作できるため、今回の建具に適した素材だった。

〈右写真〉玄関扉は木製の片引きガラス戸にしており、開口幅を最大限取ったため、全開すると外壁を貫通することになった。

〈左写真〉束ね柱を貫通する建具のひとつに、FRP板を挟んだ建具もある。玄関から会所に入る手前で、空気を切る役目を果たす。玄関ホールの天井は、亜鉛メッキ鋼板で周りの風景が映り込む。

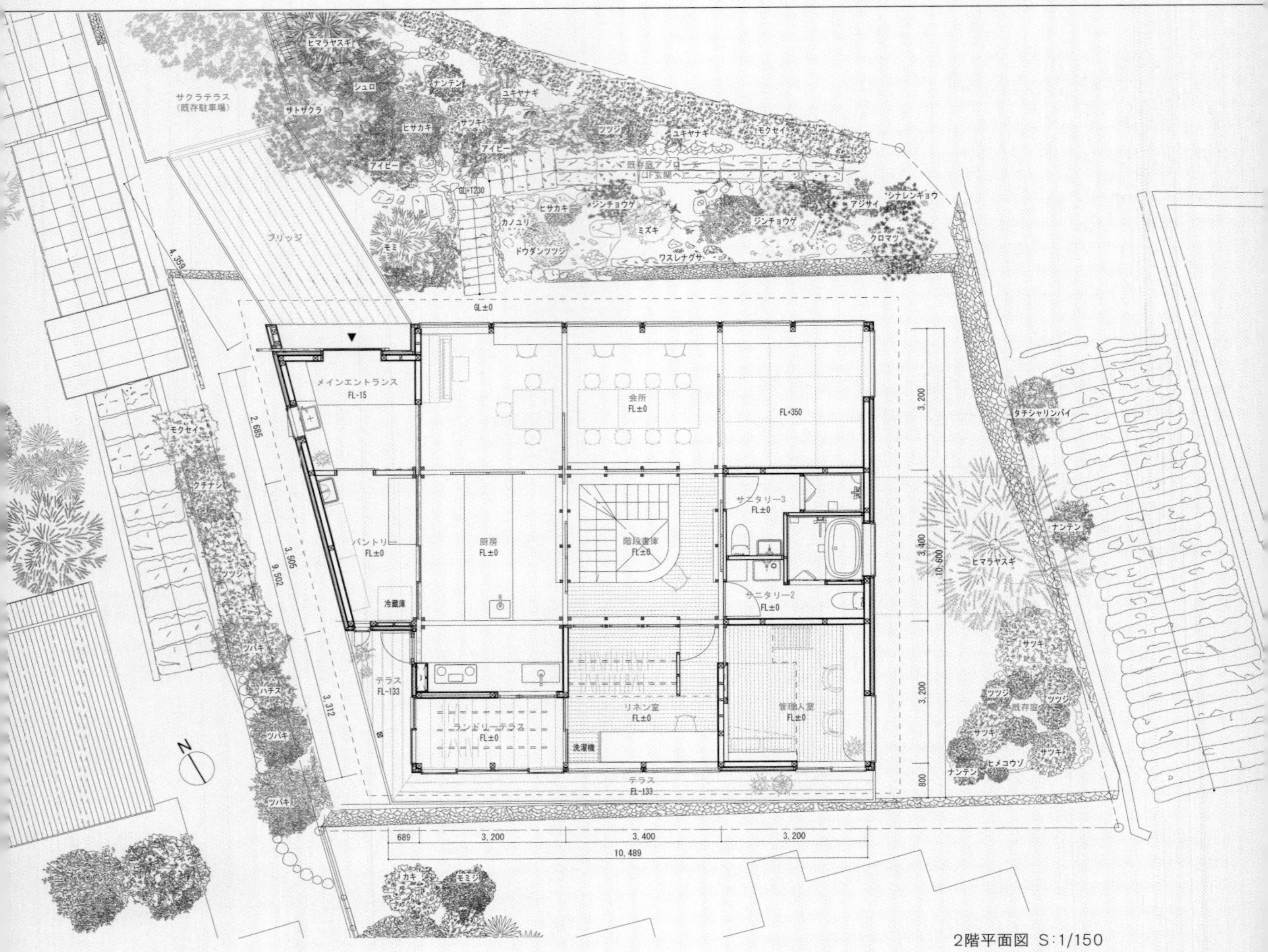

2階平面図 S:1/150

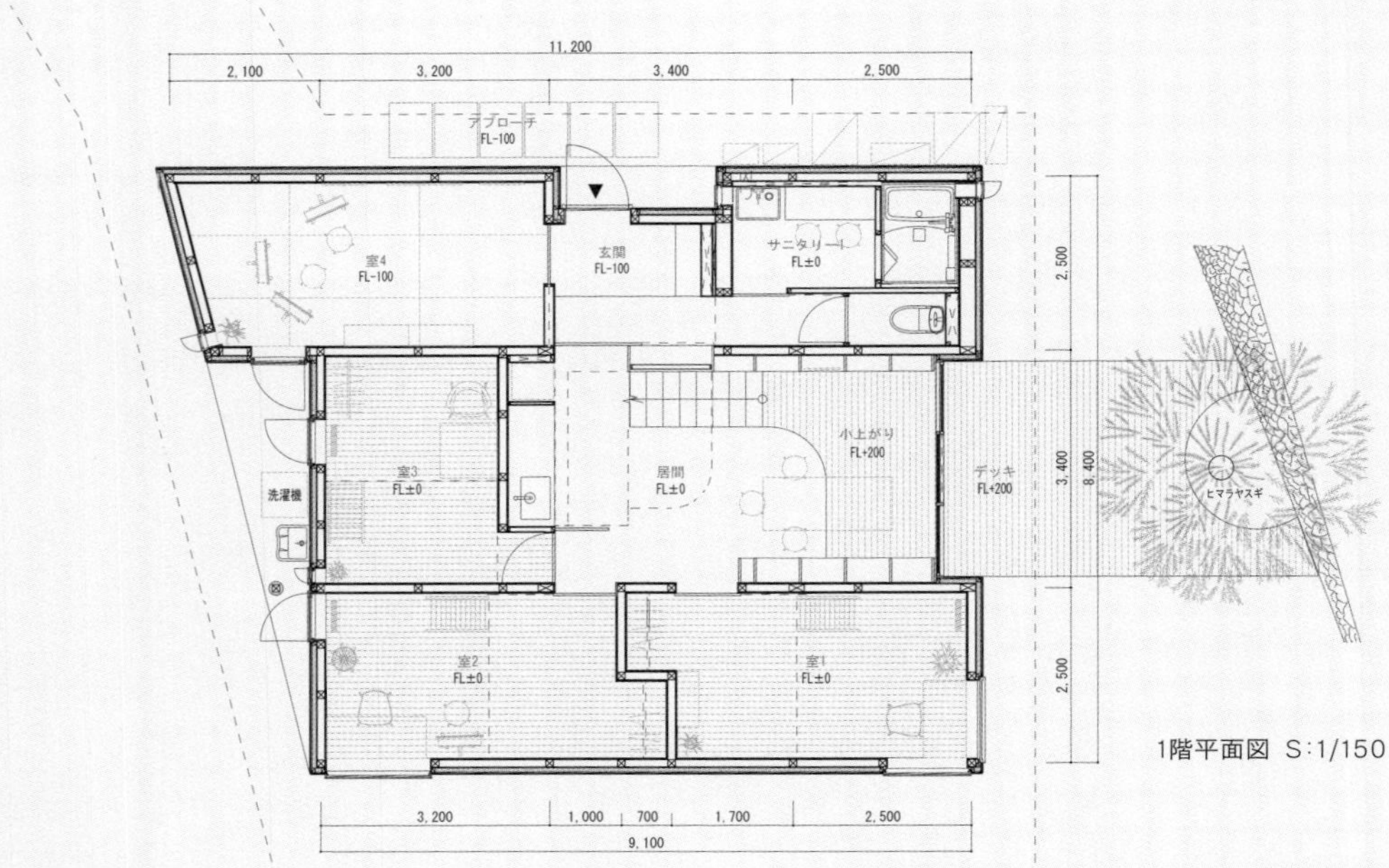

1階平面図 S:1/150

〈左写真〉東側の大きなヒマラヤスギを取り込むデッキを設けている。
〈右上写真〉敷地は多摩丘陵にある学園都市の住宅地の一角にある。道路からは約4mの落差がある平場との間には、一部地山が残る斜面庭が横たわっている。開発から約1世紀の時を経た自然の厚みを感じる場所である。
〈右下写真〉傍らに桜があるブリッジをサクラテラスと呼び屋外の公共空間として開いている。

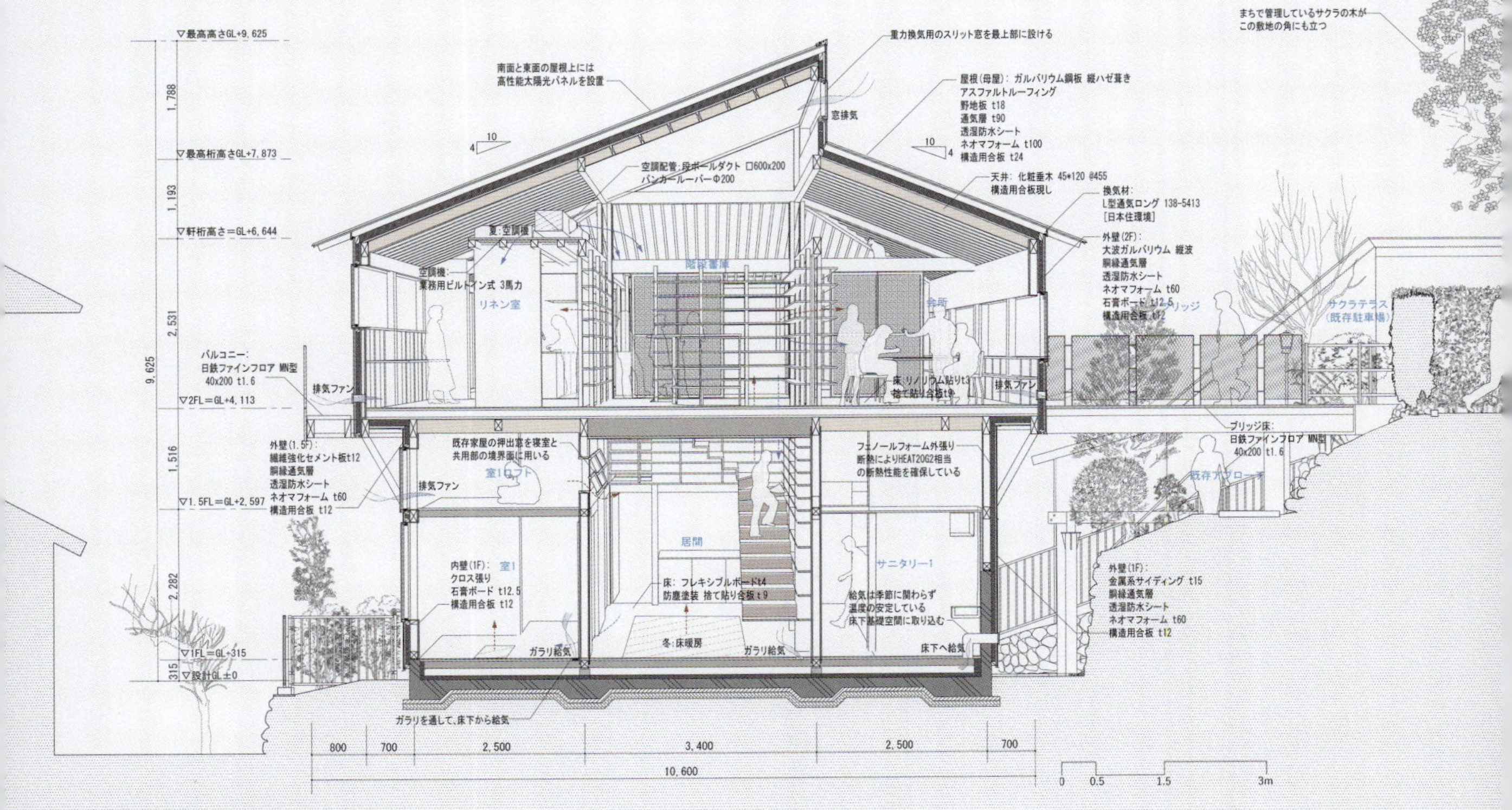

南北 断面詳細図 S:1/120

著者事例

1-2 柱の間の家

在来構法と建具による可変的な住み方

さまざまなリノベーションの企画を手掛けるリビタによる「HOWS Renovation」シリーズは、空き家を社会資産と捉え、リノベーションによって改めて市場での価値を持たせることを目的とした事業である。この家は、そのひとつとして手掛けたものである。空き家を買取り、改修後に販売するため、施主がいない状況から設計がスタートする。この家では30~40代の子供がいる世帯をターゲットに想定した上、ライフステージによる家族構成の変化にも柔軟に対応できるよう、建具による汎用的かつ可変的な家を考えた。

日本の伝統的な木造在来構法は通常、1間=約1820㎜のモジュールで構成されている。そのため、柱間もそれに従った寸法になる。私たちは、ほとんどの柱間にモジュールに合わせた建具を設置できるようにして、それらを住み手が動かすことで、簡単に境界を変更可能にする計画を行った。さらに、上下階ともに中心を縦横に走る「柱の間」というスペースを設けた。「柱の間」は、建具の移動により間取りを変える際の緩衝帯となり、さまざまな領域の取り方を導き出す。また、可動家具も木造在来構法のモジュールに合わせて設計し、建具とともに室内を設える要素となっている。

日本の伝統的な木造在来構法の規格と建具により、ライフスタイルや家族構成の変化に合わせて形を変える、古くて新しい住宅である。

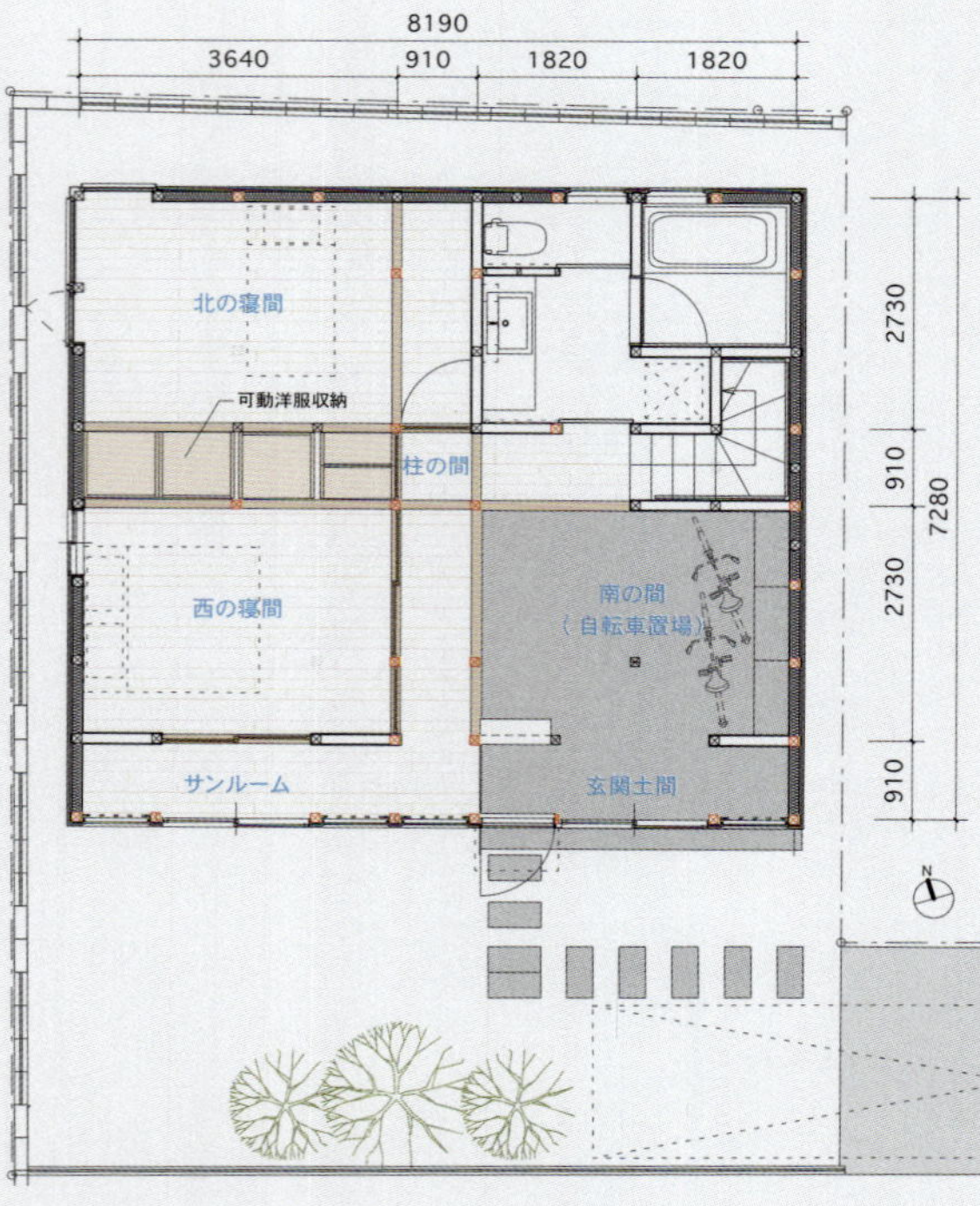

1階平面図 S:1/150

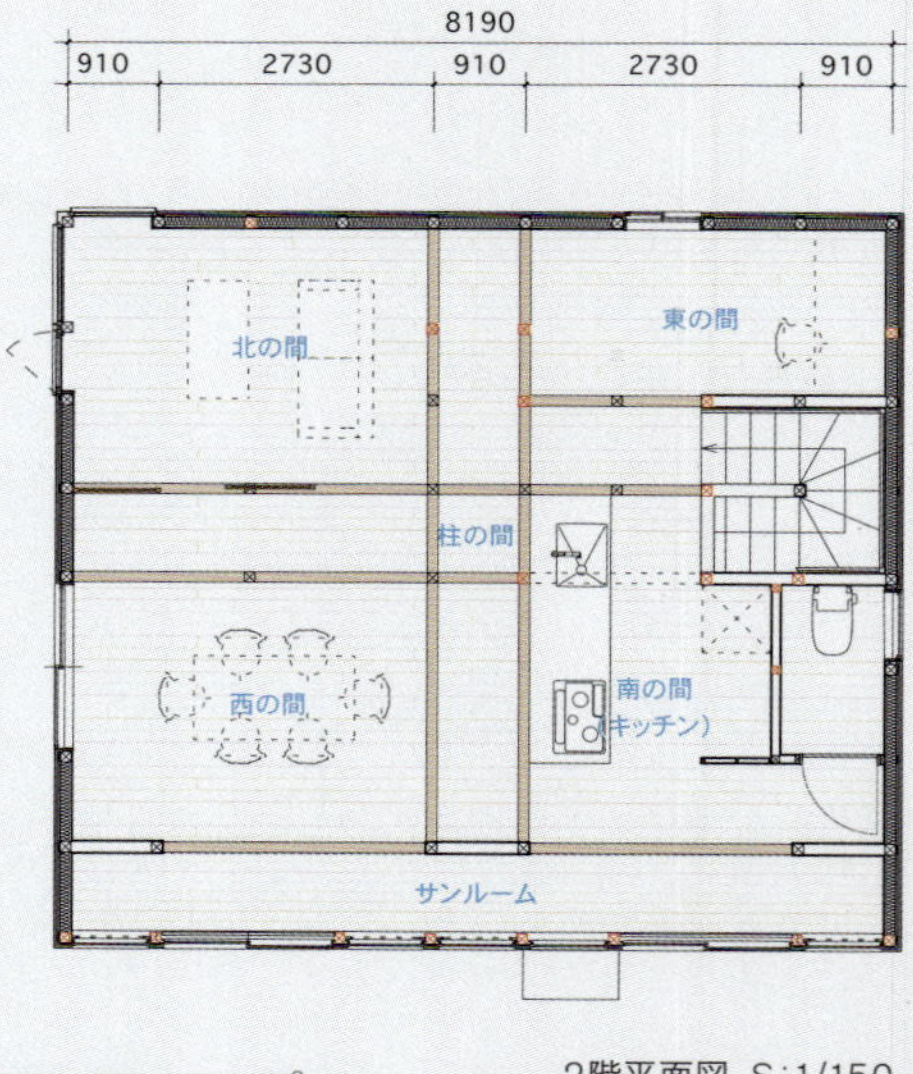

2階平面図 S:1/150

1階のほぼすべての建具を取り払った状態。手前と右手の半間のスペースが「柱の間」である。

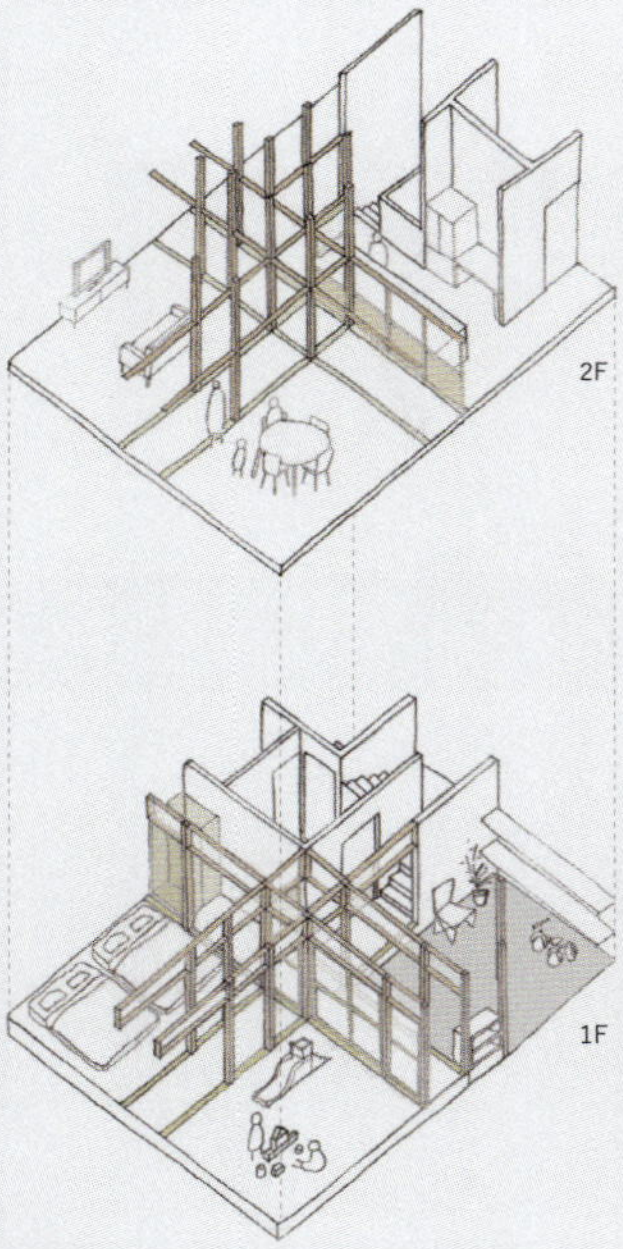

1年後
子供は1歳・3歳。寝室は一つにまとめ子供部屋と合わせる

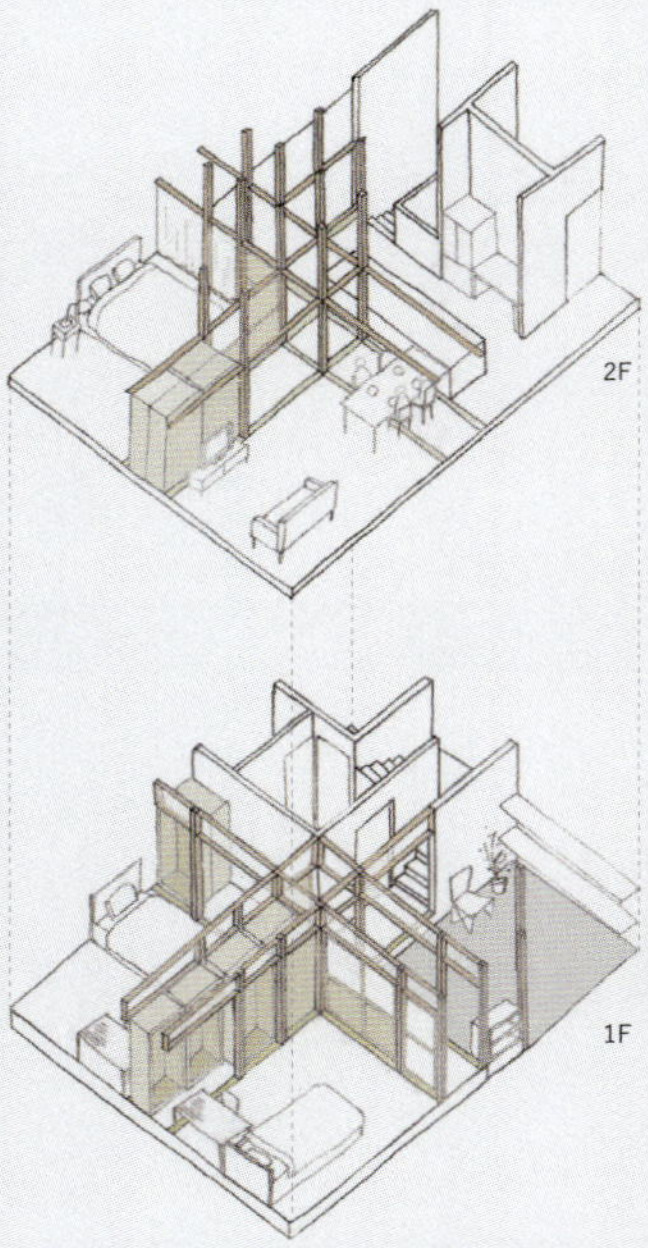

15年後
子供16歳・18歳。子供部屋がつくられ夫婦の寝室が2階へ

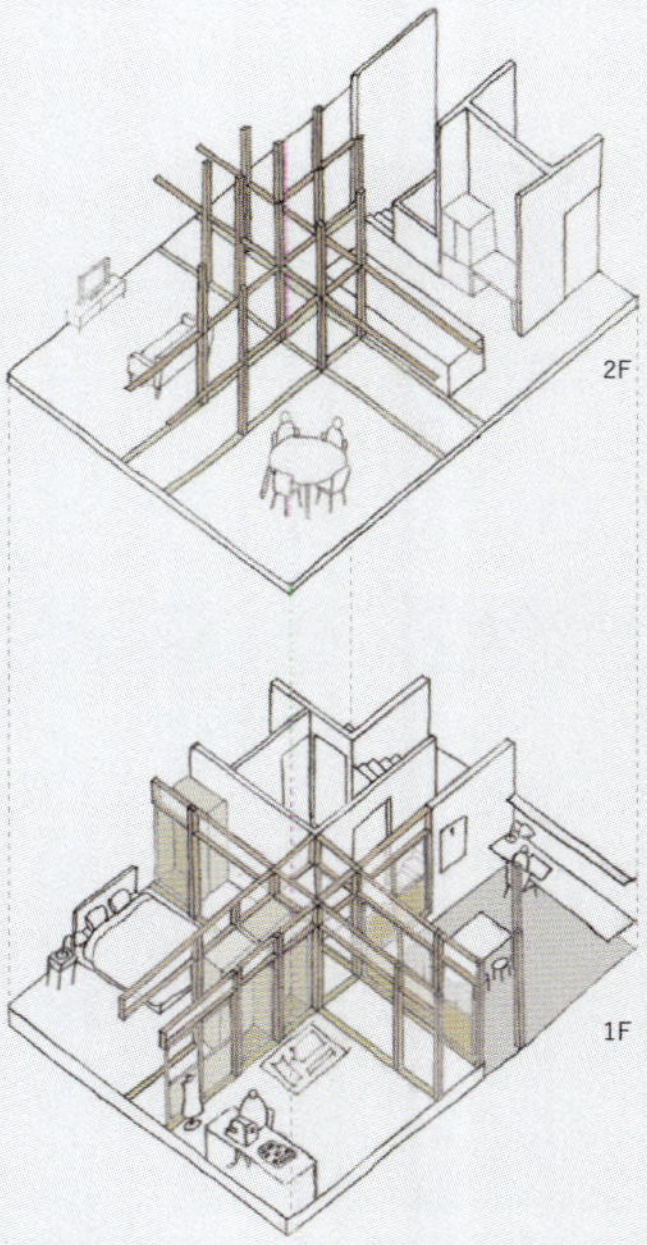

30年後
子供は独立し、1階は夫婦の寝室と個々の趣味部屋になる

家族構成の変化と建具による領域の変化のイメージ

建具をはめて寝室を設けた状態。1間の柱間には引違い戸、半間の柱間にはケンドン式の建具か開き戸が入る。

玄関の土間空間を囲うように、建具を移動した状態。ポリカーボネートや布を張ったものなど、さまざまな透過性を持ったものを入れている。

〈左写真〉柱間のモジュールに合わせた可動収納。すべて半間のモジュールで合わせ、ボルトで連結できるようにしている。
〈中写真〉サンルームは10㎡以上の増築となっており、新たに建築確認を出し、新築同等のスペックに引き上げている。
〈右写真〉増築したサンルームはバルコニーを解体して設けたが、日当たりが良く内部化したバルコニーのような存在になっている。

コラム1

感染症と建具

2020年初めから数年間にわたったコロナ禍の頃、我々はあらゆるものと距離を取ることを余儀なくされた。街には、飛沫防止用のアクリル板がそこかしこに置かれ、見えないウィルスを遮るため人と人の間に境界面が挟まれた時期が続いた。2024年現在では街から姿を消しつつあるが、この時期にあっという間に浸透していき、世界中に溢れかえったアクリル板のパーティションは、公共空間を間仕切る境界だった。

アクリルはガラスより透明度が高く、割れないので扱いやすい。公共的な場で飛沫を防ぐためには、確かに適した素材である。実際には物質として存在しているが、誰もが無いものとして捉えようとしていた。いつかは外されるものだという意識があったからか、ほぼ通り一遍なデザインのものばかりで、飲食店や公共空間のインテリアを乱す要素にもなっていた。よく見られたデザインは、アクリル板に切り込みが入っていて、脚も同様のつくりで嵌め込んでできあがる簡単なものだ。脚だけステンレスなどでつくっているものや、カウンター天板から天井まで突っ張り棒を立ててビニールシートを張っているものもあった。

こういった小さく透明なバリアは、状況が状況なだけに必要なものだったが個人的には鬱陶しくも感じていた。身体を規定されているような窮屈さのためかもしれないし、舗設（しつらえ）としての中途半端さを感じていたためかもしれない。そこには、パーティションの向こう側にいる誰かとの関係を結ぶような所作は見られない。

改めて、コロナ禍の頃を振り返ると、公共空間の舗設としてのパーティションのあり方に、もっと別の形があったように思えてならない。このような状況においてパーティションを、仕切りながらつなぐ建具としてデザインできれば、公共の場の印象は変わっていたのではないだろうか。パーティションではなく建具として捉えると、どういうものが考えられるか。全く望んでいないが、またあり得るかもしれない感染症の到来に向けて、頭の片隅で考えておきたい。

筆者が継続的に設計で関わっているSunday Bake Shopのためのパーティション。カウンターの高さやお菓子の見え方を考慮して、建具的につくったもの。

〈2章〉

構え

――建具が表情をつくり、また一変させる

「構え」という言葉から思い浮かぶのは、建築だけでなく工作物や、人の動作である。例えば「門構え」や、武道でも構えが重視されるものが多く、構えが大きい（または美しい）ことが対象物を風格高くみせる。大地主や豪農の家や、寺や教会など宗教施設のような、規模が大きく権威主義的な建築になるほど、構えが大きくなっていく傾向にある。もちろん現代では、構えの大きさで家の風格を表すようなケースは減りつつあり、構えの捉え方にも変化が起こっている。その中で、建具による構えには、どのような意義があるのだろうか。

本章［2-6］で事例作品を取り上げている木村松本建築設計事務所（以下、木村松本）にとっての構えは、建つ場所の周辺環境や歴史、気候、敷地の状況などを踏まえて生まれる「多義性のある骨格」[1]を指している。木村松本の設計プロセスは、まず軸組のスタディから始まる。構造家とのやり取りもこの時点から始まっており、これだという軸組が見出された後から詳細なプランを入れる作業に移っていくという。[2] 住宅の設計としては転倒が起きているが、その敷地に建つ骨格が多義的なものであれば、より長い時間軸で建築が生き続けられることにつながり、具体的な生活（プラン）は骨格から紡ぎ出されていく。また、住宅の構えについて言及している先行例のひとつとして、アトリエ・ワンの貝島桃代と塚本由晴は、東京圏の住宅地における住宅の構えを類型化し、その差異や類似点を比較分析している。[3] これにより、個の住宅の構えと群の住宅地の特徴が、補完関係を結ぶ可能性が提示されている。[4] さらに現代の住宅の構えが、意図せずとも周辺に建つ住宅のふるまいと不可分であり、権威的な構えが住宅地では前時代的なものとなっていることが読み取れる。

本章で対象としているのは、外部に面した境界面であり、光・風・熱・雨などの自然の要素を相手にすることになる。さらに、防火や防犯など制度上・生活上の要請が集中する部分であることから、複雑な設計が求められるケースが多い。それらを逆手にとって、多様なパラメーターをひとつの構えで関係づけることになる。だが、このような状況は、先述のような建具に限らない建築全体の構えの事例にも共通することである。対して、建具による構えの重要な点は、建築にジェスチャーが加わっていることが挙げられるだろう。建具による建築のジェスチャーによって、日常の風景に驚きが与えられたり、住み手の存在を露わにしたり、内部の使われ方を暗に示すことにもなる。もちろん、建具が開閉されるのは、光や風や空気を取り込みたいなど内部の要請から来るものだが、それによって建築の外にいる他者との応答が起こることは興味深い現象である。

しかし、建築のジェスチャー、すなわち建築の一部が動くことで発生する問題は少なくない。建具においては、蝶番やヒンジや戸車が経年で劣化して不具合が出ることは多々あるし、開口部だと断熱性も落ちやすくなる。こういったさまざまな次元の問題が起こる可能性がありながらも、なぜ私たちは建築を可動させようとするのか。建具に限らず、ビルの上で回転する展望レストランや客席を動かしてさまざまな形式で使える劇場もある。[5] 動く部分のスケールが大きくなると、想像もつかない問題が発生するが、そのことを理解しながらも建築の可動性は追い求められてきた。その答えを見つけ出すことは容易ではないが、ひとつ考えられるのは、人間には動くことへのあくなき欲求が本能的に備わっているのではないだろうか。固定された状態では満足できず、身体を動かすように、身の周りの建築も同様に動くことを欲するのだ。その最も身近な要素として建具がある。

多くの家や集合住宅が、変わり映えのない既製品サッシを纏っている住宅地では、夜になって溢れてくる灯の存在に頼らないと、住んでいる人々の存在が掴めないくらい関係性が希薄になっている。対して、本章に出てくる建築は、「日本的なもの」とモダニズムの融合により気候風土に即した開放性を獲得した戦後住宅［2-1］や、都心部において1層分の高さの外壁が扉となって、住み手のふるまいがダイレクトに街に影響を及ぼす住宅［2-2］、テント膜のファサードによって、新築のシェアハウスと街との関係を調停したもの［2-3］、敷地内の道を開放・閉鎖するための大扉を持つ建築［2-4］、ものづくりをする作家の存在を街に表す、手仕事でつくり込んだ鋼製建具のある建築［2-5］、素材により境界に特殊な光の現象をもたらす住居兼スタジオ［2-6］などがある。これらの作品はいずれも、建具を介した「構え」の動きによって街との応答関係を持つ建築であり、広義の可動性を通して建具・建築・都市の関係に新たな視座を与えてくれる。

1 『新建築 住宅特集』2018年5月号、新建築社［p.35］

2 木村吉成＋松本尚子＋木村松本建築設計事務所『住宅設計原寸図集』オーム社（2022）

3 貝島桃代、塚本由晴「周辺住宅群の構えからみた戸建住宅の構え：東京圏の住宅地を事例として」『日本建築学会計画系論文集』第672号［pp.257～264］

4 アトリエ・ワンは、「光、風、熱、雨の振る舞い」と「人や自動車やモノの振る舞い」そして「街や風景の中での建物の振る舞い」、これら3つの振る舞いと建築は関わっており、建築の設計において3つの振る舞いに意図的に介入することを「建築のビヘイビオロロジー（Behaviorology）」と呼んでいる。これは、建築の構えに新たな視座を与える言語と考えることもできる。

5 真鍋恒博『可動建築論』井上書院（1971）

旧前川國男邸｜前川國男

──「日本的なもの」と「モダニズム」が混成した素朴で開放的な建具

前川國男が太平洋戦争中の1942年に、山手線目黒駅近くの閑静な住宅街に建てた自邸である。完成から3年後、銀座に構えていた事務所が空襲により焼失したため、この家の居間と食堂が事務所として使われることになった。その状態は、1954年に四谷に事務所が完成するまで続いた。1973年に鉄筋コンクリート造に建て替えられる際に建物は解体されたが部材は保管され、前川の没後の1997年に江戸東京たてもの園に移築復元されて公開されている。

前川邸の建具には、木造切妻屋根の日本民家風の佇まいとは異なる趣向が随所に現れている。まず南側立面に設けられた、格子ガラス窓と引違い木製ガラス戸、そして雨戸がある。特に興味深いのが雨戸の納め方だ。通常、雨戸を使わないときは戸袋に引き込むため、開口部の一部が戸袋で塞がれることになる。だが前川邸では、驚くことに雨戸を引き込んだ戸袋自体も建具になっており、開き戸として90度回転して外壁面にピタリと納まるようになっている。さらに、師であるアントニン・レーモンドゆずりの「芯ずらし」を用いて、開口部に面する棟持ち柱を敷居より内側にずらして、南面一面の開口部を実現している。ちなみに、前川邸が木造になったのは資材統制の影響で、同じ理由で建具のレールも金属製でなく堅木になっている。

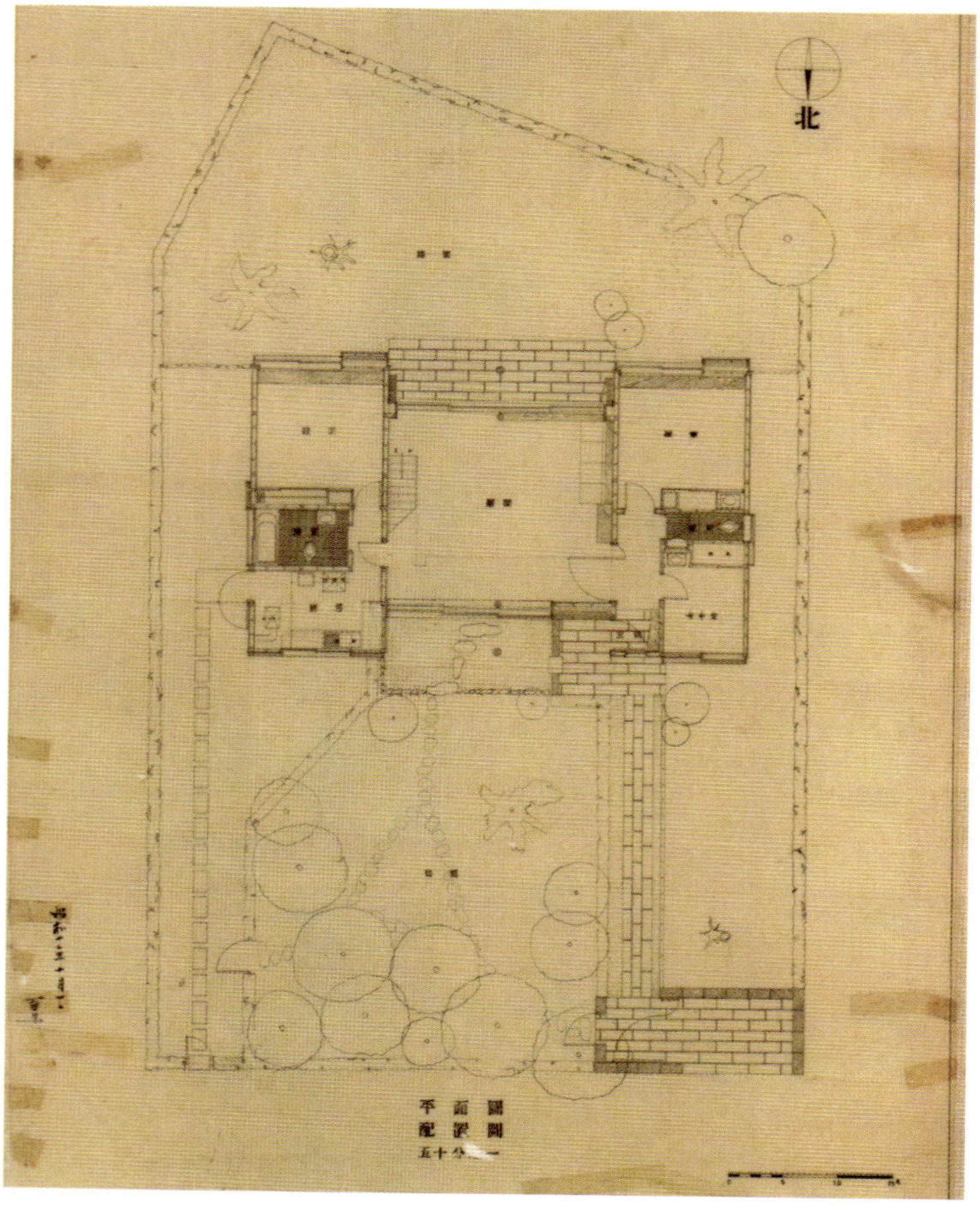

平面図　S:1/200

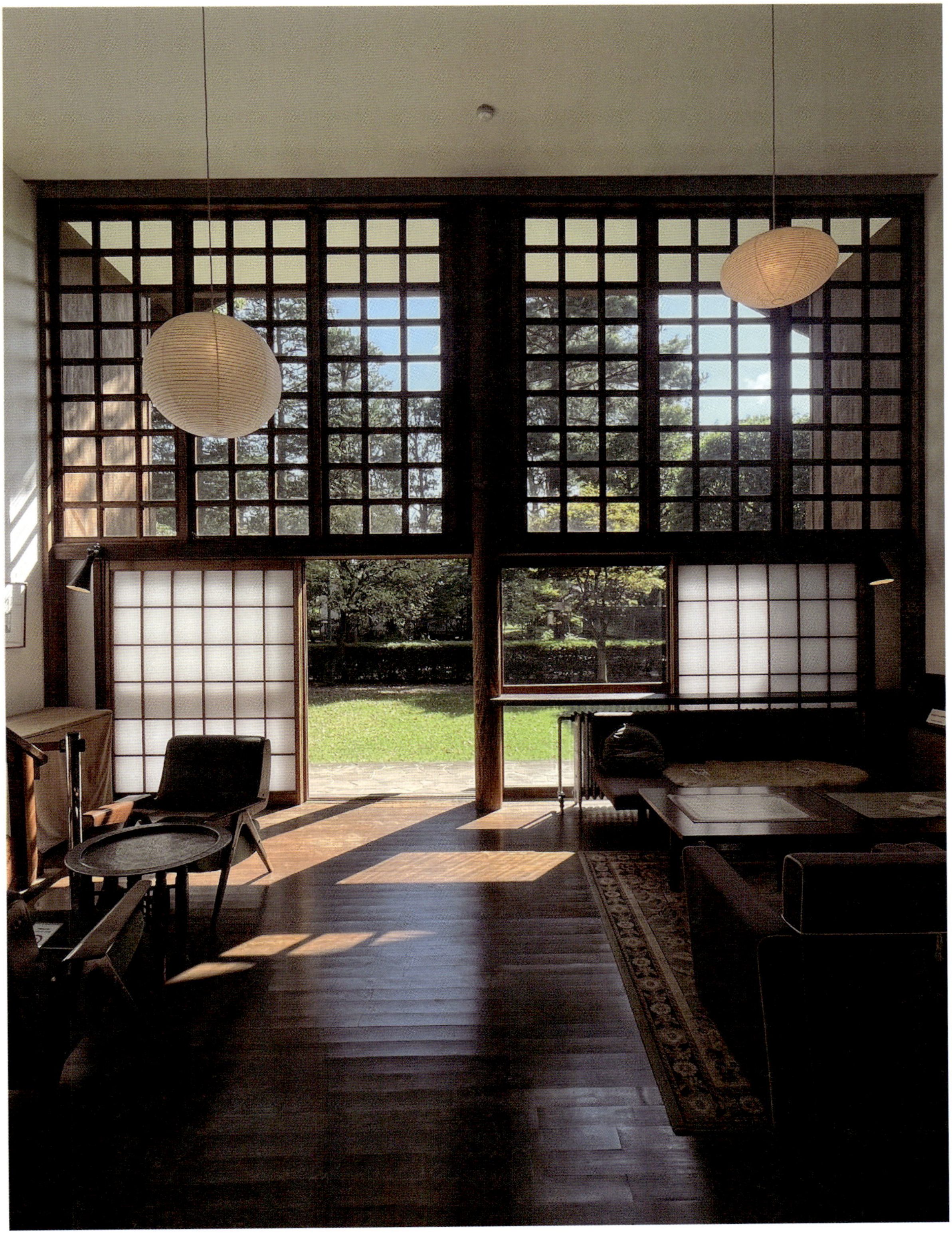

2-1｜旧前川國男邸｜前川國男

〈左写真〉南側外観。〈右写真〉建具になっている雨戸戸袋。雨戸を納めるときは、開口部側に回転されて閉じる。

廊下を通りサロンに入る手前の回転扉も興味深い。幅1600㎜・高さ1860㎜で、サロンに出るまで南面の開放感を遮る袖壁となるように、南面側を吊り元としている。日本建築で多く見られる建具は引戸だが、前川邸では回転する雨戸や回転扉など、当時あまり見られなかった開閉機構を随所に用いている。実はこの雨戸と回転扉は、同時期に完成した坂倉準三設計の「飯箸邸」でシャルロット・ペリアンが提案した木製ガラス扉をヒントにしたと、前川邸の設計担当者・崎谷小三郎は後に話している。[1,2]

その他にも、この家のドアノブはすべて海外製品を使っており、いずれも前川自身が買い溜めていたものだと言われている。これは、前川の国産の建具金物に対する信頼が薄かったためだという。建具金物は、日常的に使う可動部であるため不具合が生じやすい。そのためドアノブだけでなく蝶番も、信頼の厚い海外製品を用いている。

前川は、コルビュジエとレーモンドから学んだことと、日本の家あるいは木造建築への自身の考え方を通して、いかにして独自のモダニズムをつくり出せるか試行錯誤していた。安易に欧米の建築を模倣するのではなく、「日本の家は夏を主眼として計画しなければならない」「風土の異なる欧米住宅建築のプランをそのまま日本に移植する失敗は当然[2]」と、住宅においては日本の気候風土に沿った、風通しが良く素朴な美しさを持った木造建築が必要であると考えていた。そうしたことから前川邸は、「日本的なもの」と「モダニズム」が混成した建築と見ることができる。そして前川邸の建具には、この家に込められた前川の思想が前景化している。

1 中田準一『前川さん、すべて自邸でやってたんですね』彰国社（2015）[pp.116～129]
2 松隈洋『建築の前夜　前川國男論』みすず書房（2016）[pp.137～138, 414]

〈左写真〉サロンへの導入を演出する回転扉。玄関から南面開口部が見えないように、扉の開く向きが決められている。

〈右写真〉芯ずらしによって開口部の自由度が高まる。

前川が海外から持ち帰り使用したドアノブ。

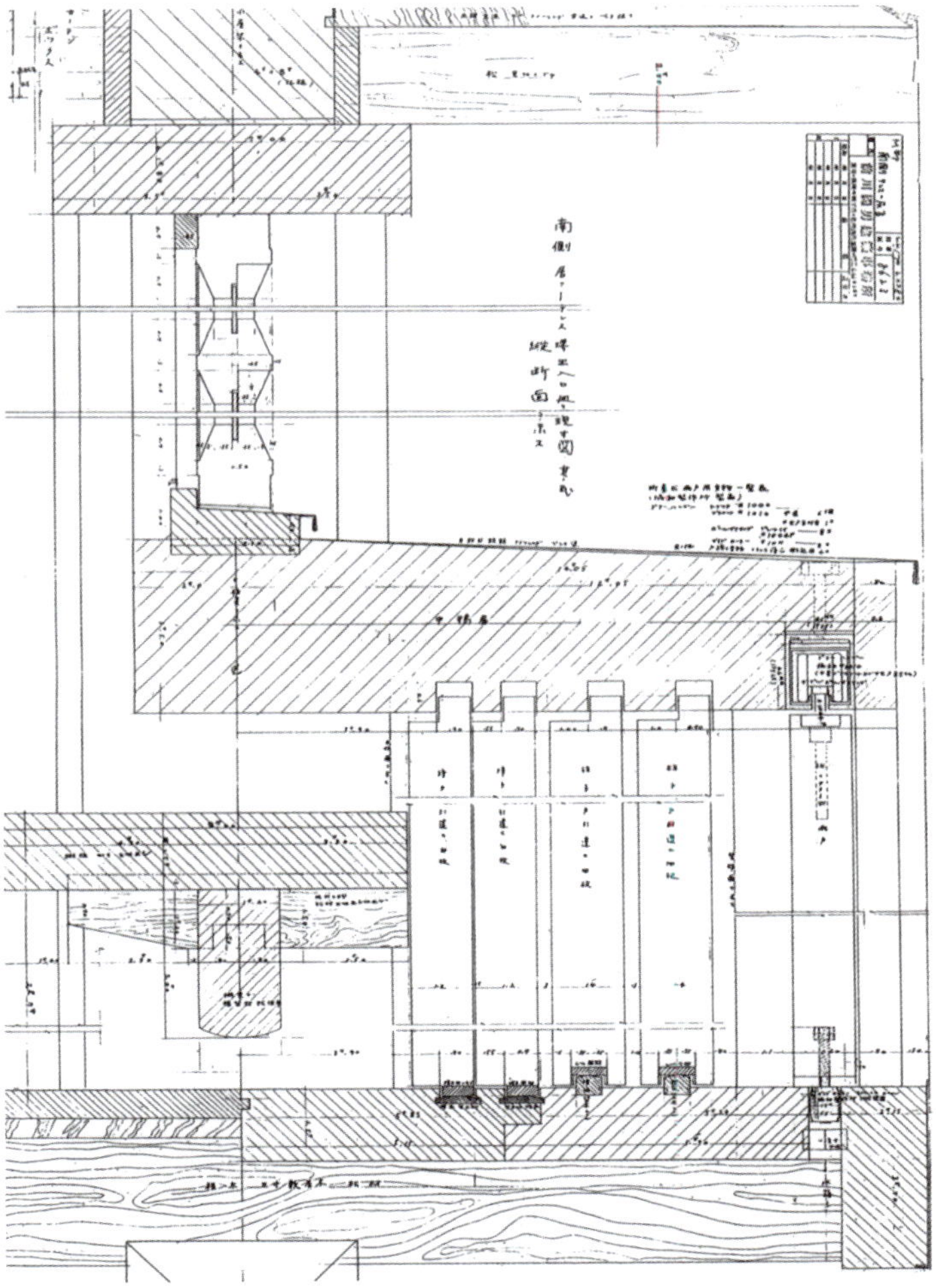

南面開口部断面詳細図　S:1/6

簡潔なディテールの中に、数々の工夫が見られる。

Small House ‖ 畝森泰行

——都市に近づくふるまいを喚起する建具

　この住宅の開口部は基本的に柱と梁の間に取られている、いわゆる窓というよりは間戸である。幅2m、高さは各階の天井高さを基準としている。特筆すべきは、外壁がそのまま扉となっている開き戸である。これは開けば開口部として風や光を室内に取り込むが、閉じれば外壁の一部となる。幅の広さと床から天井いっぱいの高さがあるため、開いたときの開放感は絶大だ。室内での効果はもちろんだが、外部から見ると扉が開くことで住宅街の様相が変化する。多くの住宅がプライバシーのため自らの生活に閉じこもる中で、住み手の都市に棲む決意を表明している。

　4m×4m平面で地下1階・地上4階建のこの住宅は、シンプルな直方体でありながら、家を構成するあらゆる要素のあり方が突き詰められた、全く普通ではない箱である。敷地面積は約10坪で、本来はもう少し建築面積を確保できたのだが、中途半端に各階の部屋を増やすのではなく、各階ワンルームで風や光が室内に行き渡るように4m角の平面を選択した。戸建て住宅としてはかなりコンパクトなサイズだが、10坪の土地を購入し都市部に住む選択をした施主の決意に答える意味で、この平面を選んだという。その上で気積を確保できるように、壁も床もさまざまな工夫を重ねて極限まで薄くしている。このように建築の構成においては、恒常的に住まいと都市の距離を近づけている。

　対して、先述の開き戸やその他のサッシにおいては、住み手のふるまいによって都市との距離や室内環境を調整できるように考えられている。設計者の畝森泰行は、師である西沢大良が「開けやすさから住宅では引違い戸にするべきだ」と言っていたことや、ルイス・カーンが採光用にはめ殺し戸、通風用に開き戸を合わせて用いていたことを例に、建具の開閉方法とふるまいが結びついていることに興味を持っているという。実際、Small Houseでは引き違いのサッシが、玄関やテラスに面した水回りなどで多く用いられているが、これは開けやすくして外部への接続を容易にするためだろう。そして大きな開き戸は、高密度な都市の中で風と光を手に入れ、自らの生活を街に接近させていこうとする、住み手のふるまいを喚起する建具となっている。

開き戸の隙間から、室内が垣間見える。手すりの代わりに、腰高の落下防止柵（着脱可能）が用意されている。

外観。外壁はフレキシブルボード下見板張りで仕上げられており、その一部が扉として開き、閉じると外壁と一体化する。

扉の反対側にFIX窓があり、開くと身体を都市に投げ出すような開放感がある。
さらに薄い床が上下階の距離感を接近させている。

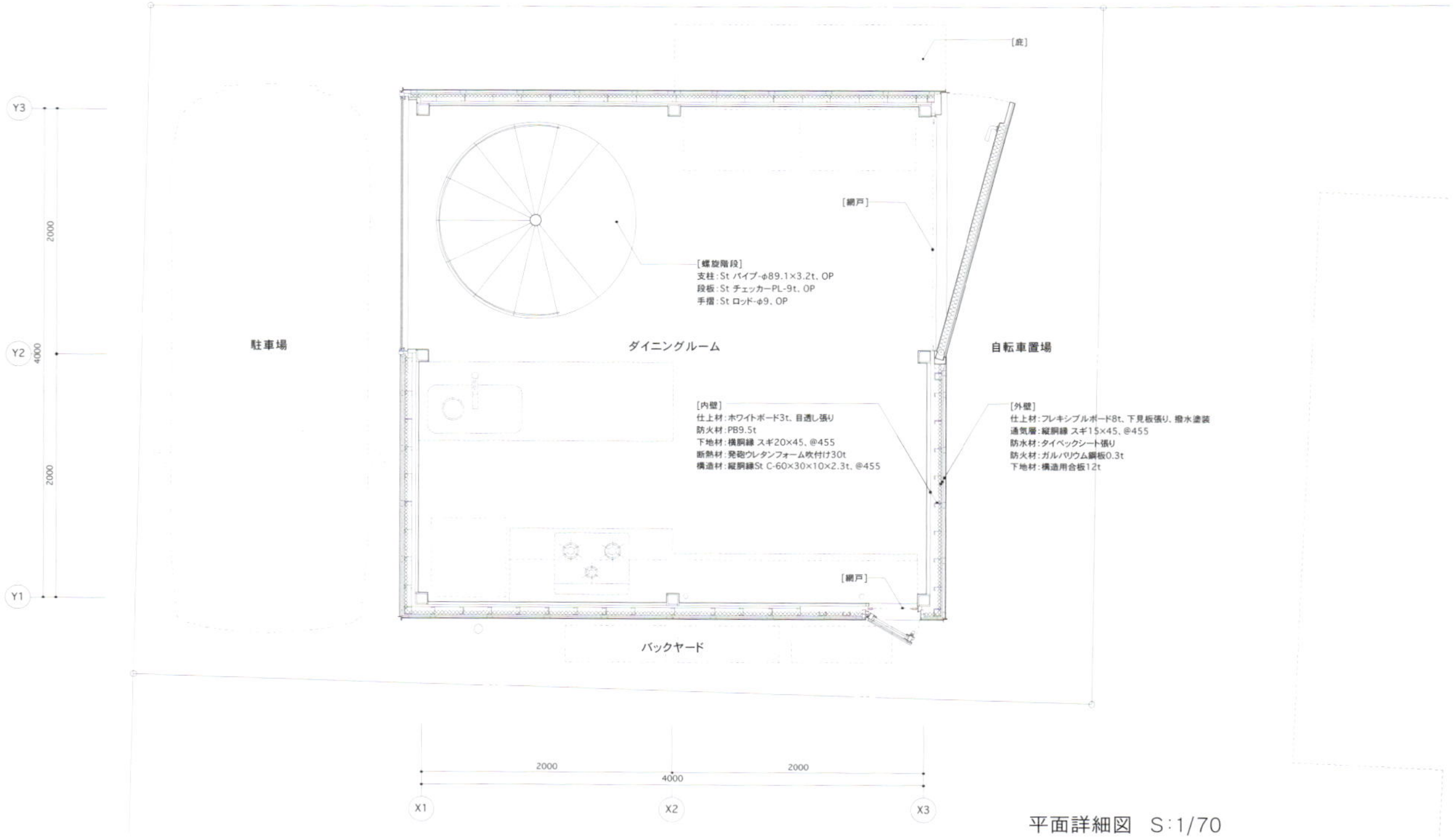

平面詳細図　S：1/70

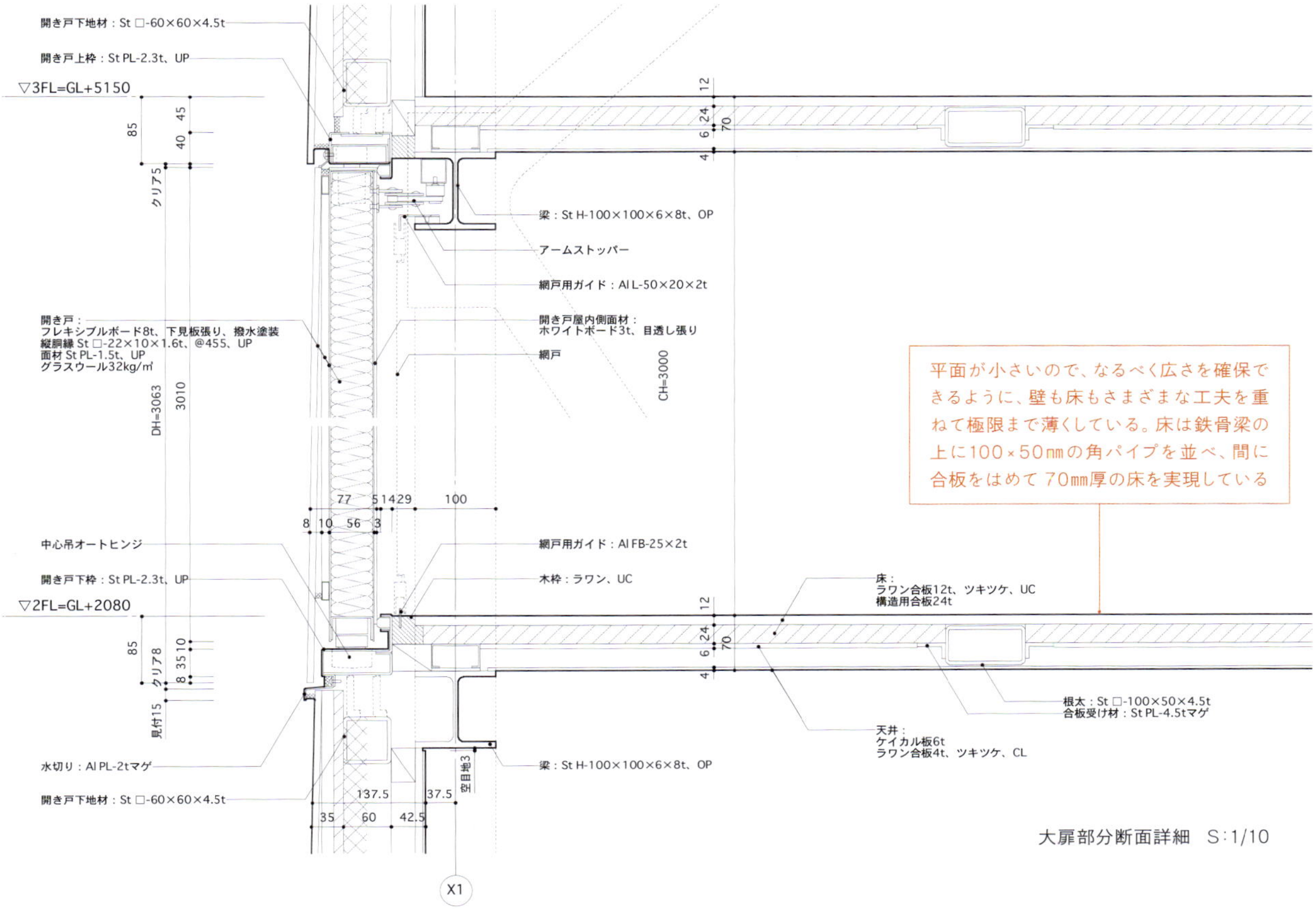

平面が小さいので、なるべく広さを確保できるように、壁も床もさまざまな工夫を重ねて極限まで薄くしている。床は鉄骨梁の上に100×50mmの角パイプを並べ、間に合板をはめて70mm厚の床を実現している

大扉部分断面詳細　S:1/10

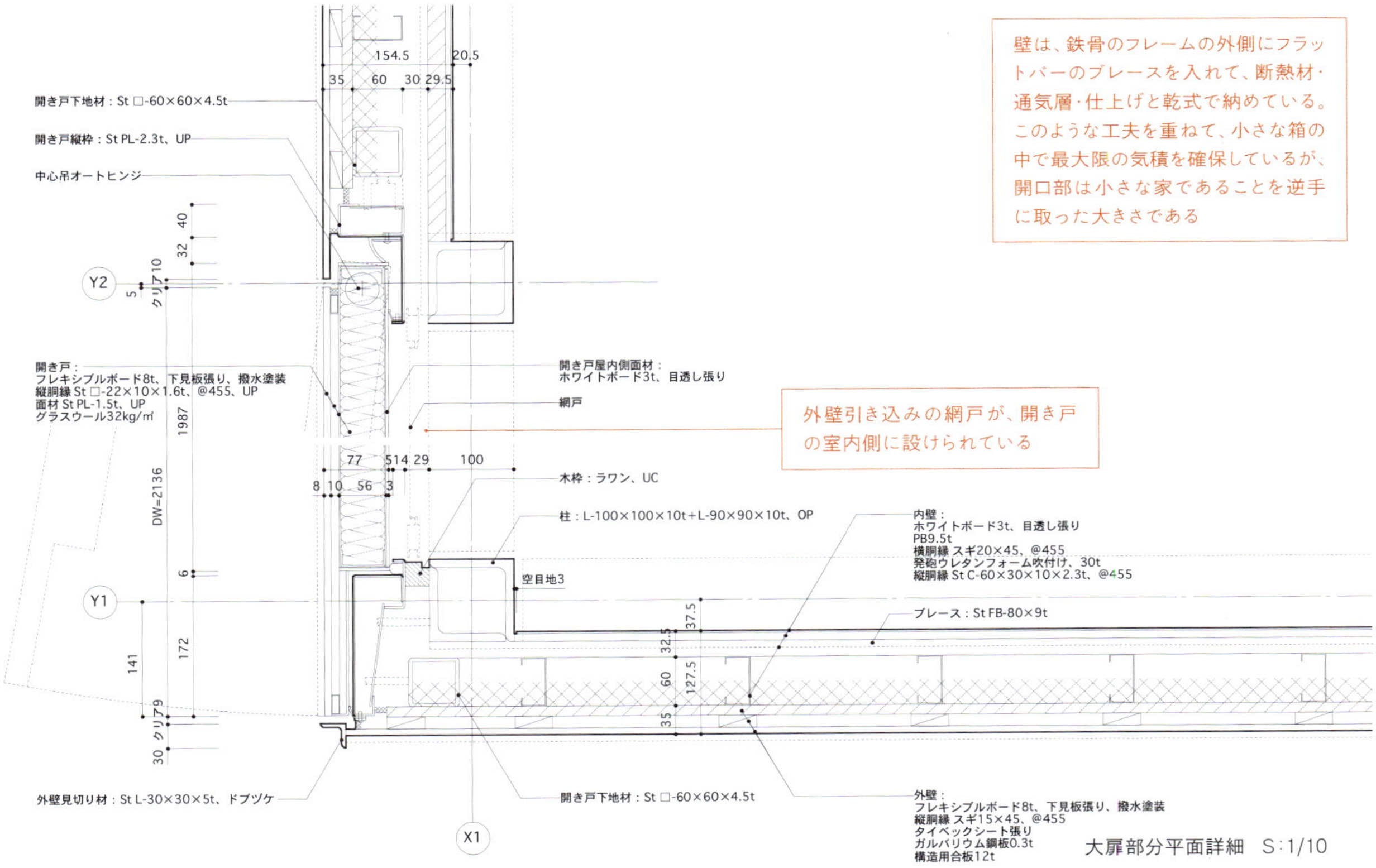

壁は、鉄骨のフレームの外側にフラットバーのブレースを入れて、断熱材・通気層・仕上げと乾式で納めている。このような工夫を重ねて、小さな箱の中で最大限の気積を確保しているが、開口部は小さな家であることを逆手に取った大きさである

外壁引き込みの網戸が、開き戸の室内側に設けられている

大扉部分平面詳細　S:1/10

SHAREyaraicho‖篠原聡子＋内村綾乃

——コモンズを成り立たせるための2つの構え

SHAREyaraichoは、竣工した2012年当時では珍しい新築のシェアハウスだった。2000年頃から徐々に増えていったシェアハウスだが、事業採算性などの理由からほとんどは既存建物のリノベーションであった。そのため、新築でシェアハウスをつくることがどういうことなのか、シェアハウスの形式はどのようなものがあり得るか、手探りで考えていくことが必要だったという。

神楽坂駅から徒歩数分の静かな住宅街の中に、突如現れるテント膜のファサードが印象的な鉄骨造3階建ての建築である。外壁や屋根は正面に向かってテーパーがかけられ、鉄板1枚分の薄さの見えがかりのフレームの中に、テント膜とそれを保つためのテンション材の影が現れている。出入口はファスナーで開け閉めするようになっていて、入ると3層分の吹き抜けのある土間になっている。テント膜のファサードは、光を柔らかく招き入れつつ、外部の様子をうっすらと内部に伝えている。このファサードは、シェアハウスと街のボーダーとなる一種の建具だと考えられる。

1階の土間は、どのように使われるか管理されておらず、住人による自発的な使い方が期待されている。ここで使う家具をDIYする作業場として使われるときもあれば、トークイベントが開かれることもある。設計者の篠原自身も「どうなるか分からない空間」であること、つまり新築でシェアハウスをつくる上でまず誰でも入れて住人による住みこなしが見える場所があることが重要だと考え、そのために仮設的な設えを施したという。ファサードにテント膜が採用されているのも、そのような理由からだ。土間は、ここの住人でない人が入ってくることも許容された、オープンなコモンズ（共有空間）となっている。

テント膜と波板ポリカーボネート板建具の間の吹き抜け空間。街とシェアハウスの緩衝空間となっている。

テント膜のファサードを室内側から眺める。「どうなるか分からない空間」であるエントランスの空気感と、テント膜との相性はとても良い。

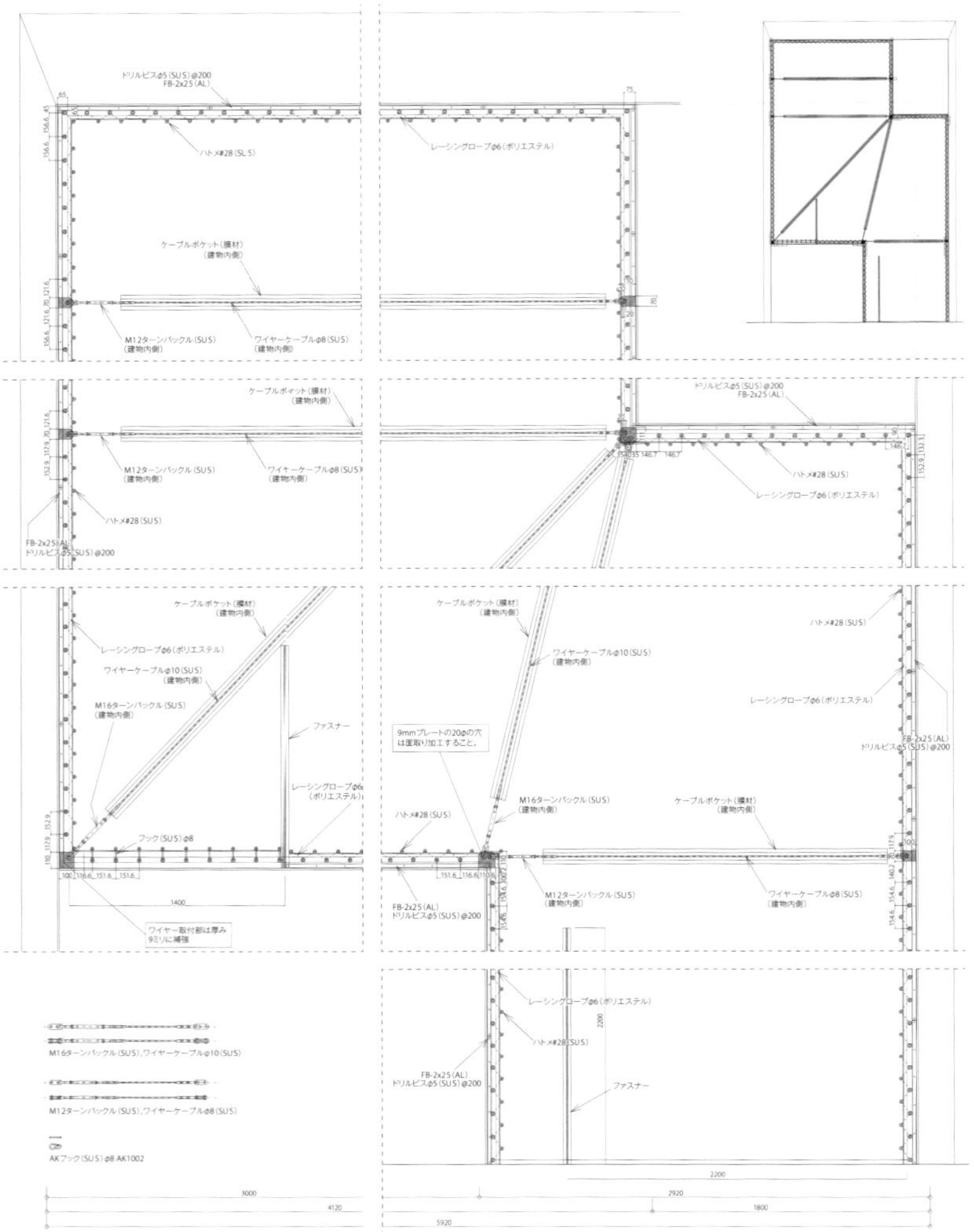

テント膜ファサード詳細図　S:1/60

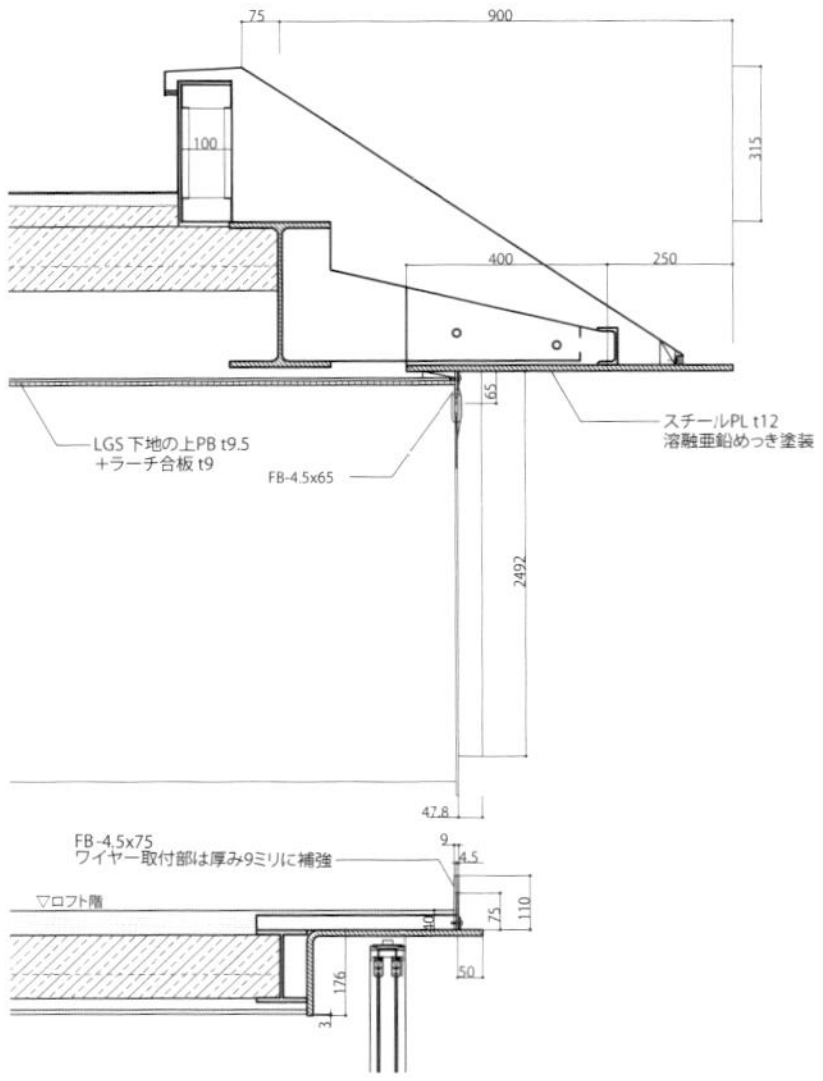

ファサード部分断面詳細図　S:1/30

篠原は「コモンズとしてその場所が成立するためには、私的な居住領域の境界が単に、隔てるものではなく、双方向な関係をつくるものである必要がある」[1]とも書いており、テント膜のファサードはまさにシェアハウスと街との関係をつくる境界となっている。

対して、3階の共有部は住人のみが使うクローズドなコモンズである。ここは、テント膜からの光を溜めた中間領域としての土間の吹き抜けとの間が、波板ポリカーボネートの連続開き戸で仕切られており、街からの距離が保たれた空間となっている。

SHAREyaraichoのテント膜のファサードと波板ポリカーボネートの建具は、オープン・クローズドそれぞれのコモンズを成立させるための、隔てながらつなぐ建具であり、街との応答が生まれる境界となっている。それは新築のシェアハウスという、これまでになかった関係を生み出すビルディングタイプにとって欠かせない要素だといえる。

1 篠原聡子『アジアン・コモンズ　いま考える集住のつながりとデザイン』平凡社（2021）[p.308]

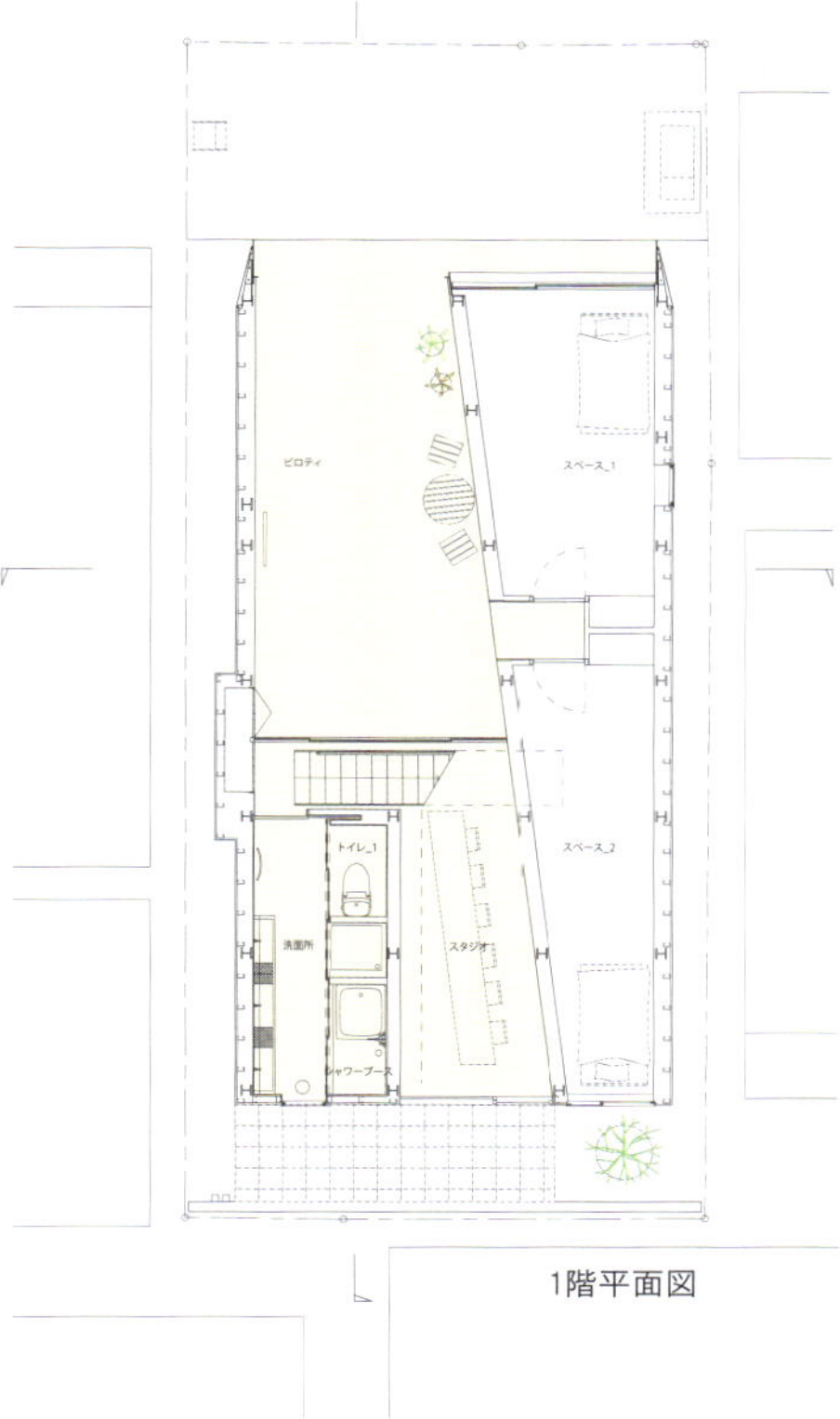

1階平面図

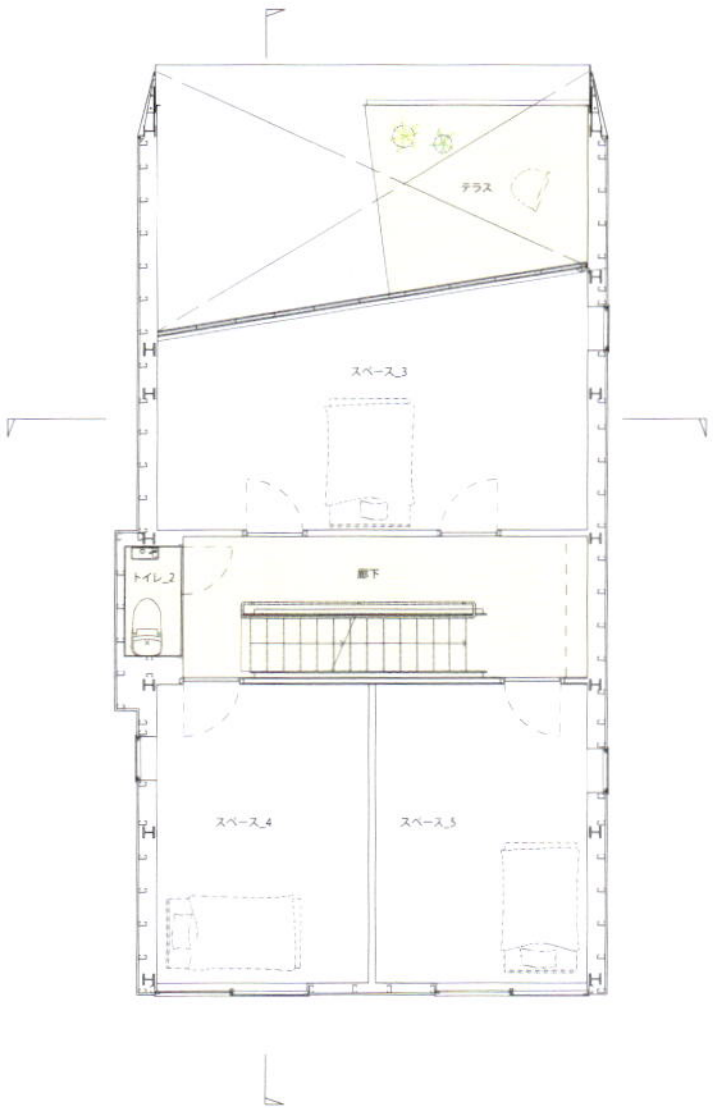

2階平面図

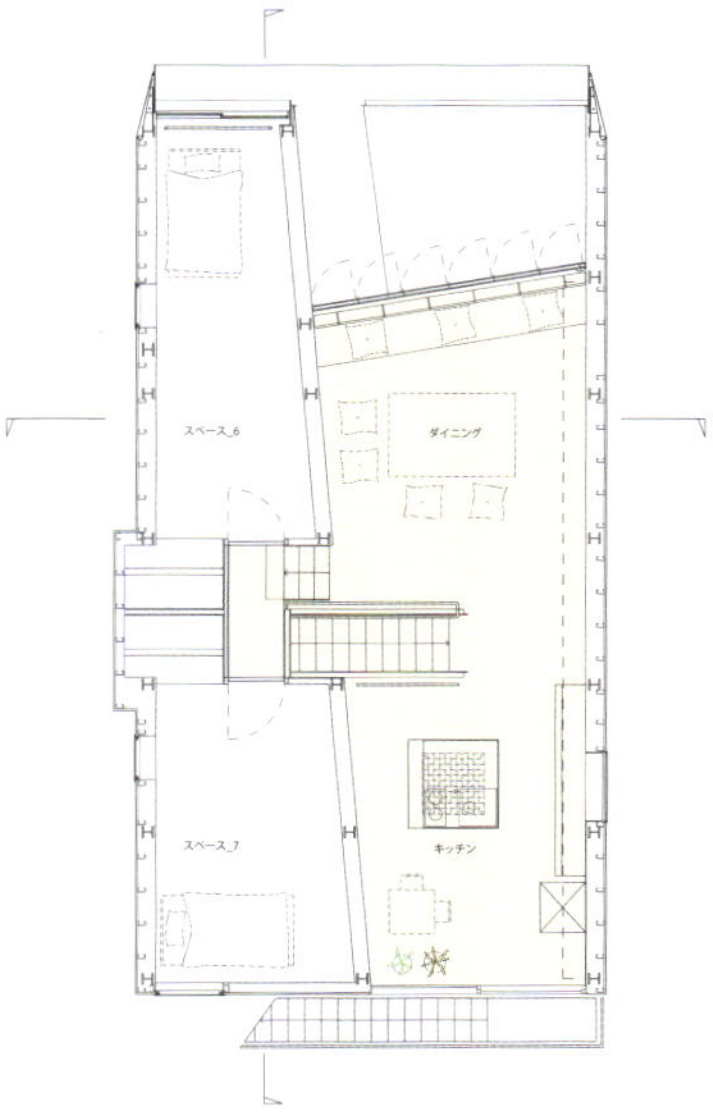

3階平面図 S:1/100

〈右写真〉テント膜のファサードがうっすらと内部の様子を伝えている。テーパーのかけられたフレームはテント膜の存在を浮き立たせている。
〈左写真〉広間から吹き抜けに面して設けられた、波板ポリカーボネート板建具を開閉すると光の入り方も変化する。

家と道 ― 中山英之

――異なる度合いで内部化された道の並列

この家の構えは、建具の開閉によって変貌する。短辺方向の立面の3分の1が、そのまま巨大な扉としてつくられているためだ。大扉を閉じた状態では、切妻と片流れが続く立面だが、開くと片流れのボリュームが2棟になり、その間のスペースはアスファルトの周辺道路とつながる。ここまで大胆に建築の構えが変容するのは驚きである。大扉の大きさは最高高さ約5m、幅2・5m弱ある。そのため、蝶番やフランス落とし、ロックピン、戸当たりなどの金物関係はすべて特注で製作されている。その使い方のマニュアルも一緒に用意されていて[1]、例えば強風時に開閉することは禁止とされているなど、環境に応じた使い方が求められる建具である。

　この家を題材とした短い映画[2]で具体的な様子を知ることができる。4つの位置でカメラを同時にまわし、それぞれの位置からの映像が順に流れ、最後に画面が4分割され、すべての映像が同時に映し出されるというものだ。この映画の興味深いところは、まるで家自体も道のように見えることだ。

　中山英之の建築では、2つの場所が並列的に存在していて、互いの場所の入口(あるいは出口)に特徴的な建具が入れられているケースがたびたびある。それは湾曲した室内に等間隔に並ぶ扉だったり(O邸)、楕円のホールをアーチの扉で囲んだり(mitosaya)、ロール状に巻いて開くパーティション(弦と弧)だったりする。これらの建具で仕切られた2つの場所は、表や裏というヒエラルキーはあまりなく、それぞれに異なる質を備えた場所である。2つの場所を行き来することは、住み手にとっても影響が大きいようだ。O邸の施主である岡田栄造(デザインディレクター)は「いろいろな関係が入れ子になったり、関係が相対的に入れ替わったり、外と中の関係が延々と変わり続けるみたいな感じがある」[1]と述べている。

　しかし「家と道」では、これらの作品とは大きく異なる部分がある。並列している2つの場所が、建物と道(のような外部)であるということだ。映画の中の風景を見ていると、それぞれの場所の関係が入れ替わって見える瞬間がある。道に屋根はなく吹きさらしであるが、大扉を閉めた状態では周囲から切り離されているため、家の延長のように見える(もちろん、天気に左右されるが)。つまり、この大扉

家の間を通る道が、常に生活の一部としてあることを感じられる。

で仕切られた道は、街の一部であり家の一部である。それだけでなく、道と同じ幅でつくられた2棟の片流れの棟――道に並行して開口部が開けられたリニアな室内空間を持つ棟と、波板型ガラスに包まれた2層吹き抜けのあっけらかんとした開放感のある棟も、2棟がそれぞれ家らしからぬスケール感の道らしい場所性を持っている。そう考えると、この家は道の内部化の度合いが異なる、2つの場所が並列した建築と言えるだろう。

1 中山英之『建築のそれからにまつわる5本の映画』TOTO出版（2019）[pp.65, 162~163]

2 映画「家と道」監督：坂口セイン（2019）。右頁および左の計6枚の写真は、いずれも映画のワンシーン。

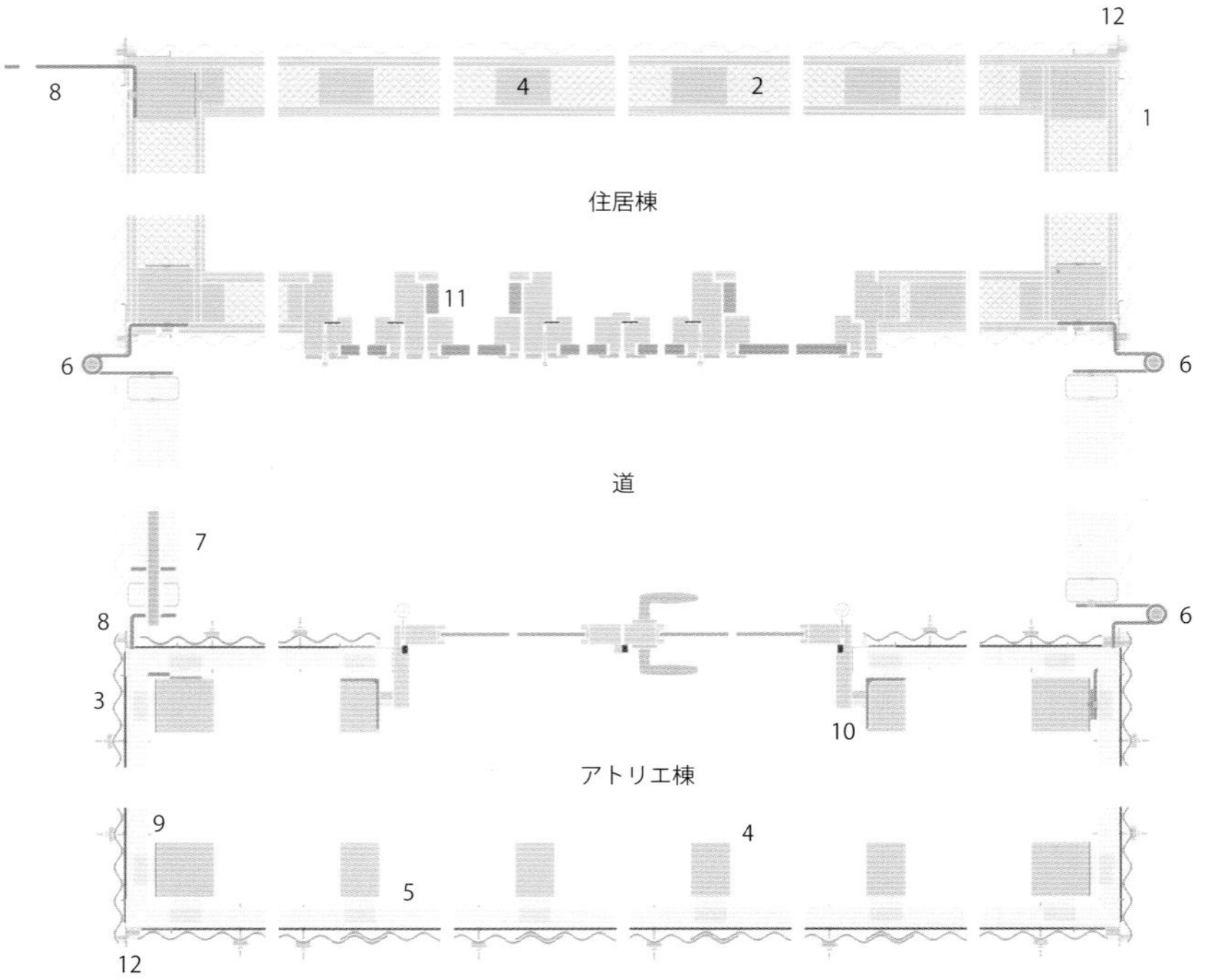

1　小波スレート
2　断熱材
3　網入小波型ガラス
4　木柱_105×75
5　横胴縁 St-L_40×40×t3
6　特注SUS丁番
7　ロックピン
8　ロックピン受け
9　補強 St-PL_t4.5
10　補強 St-L_100×75×t7
11　補強 St-FB_60×25
12　コーナー水切り

平面詳細図　S:1/20

この家では、大扉の蝶番など建具部材と構造部材が、同程度もしくはそれ以上の大きさで、等価な存在として扱われているように感じられる。

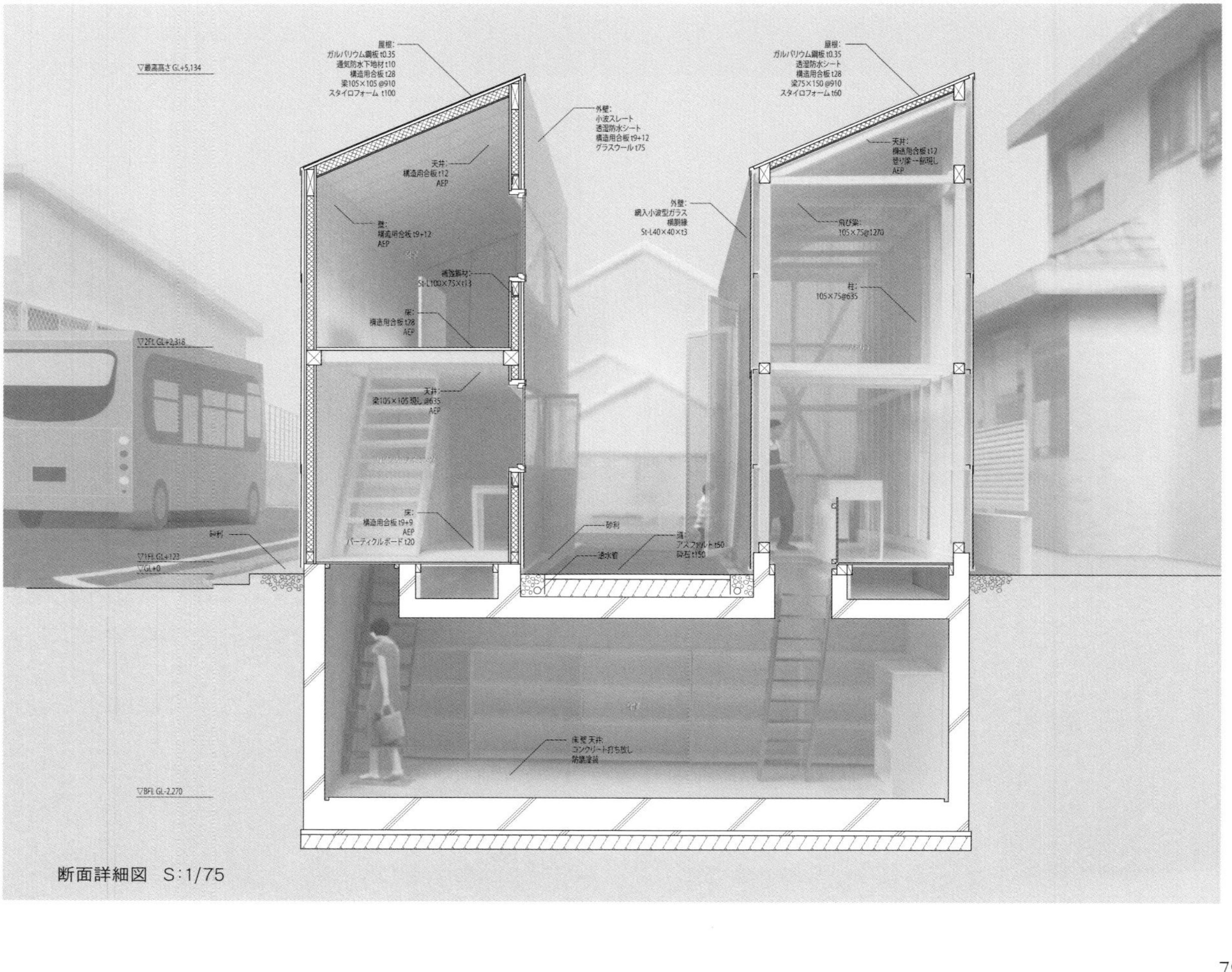

断面詳細図　S:1/75

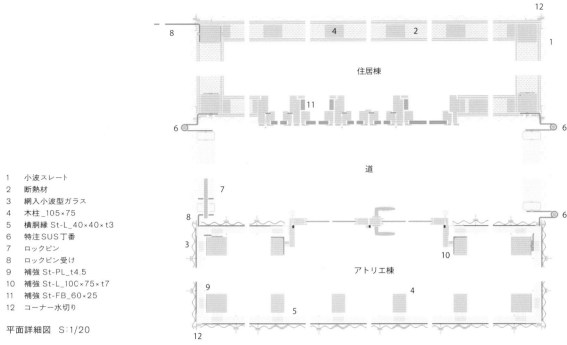

○大扉の4つの開閉パターン

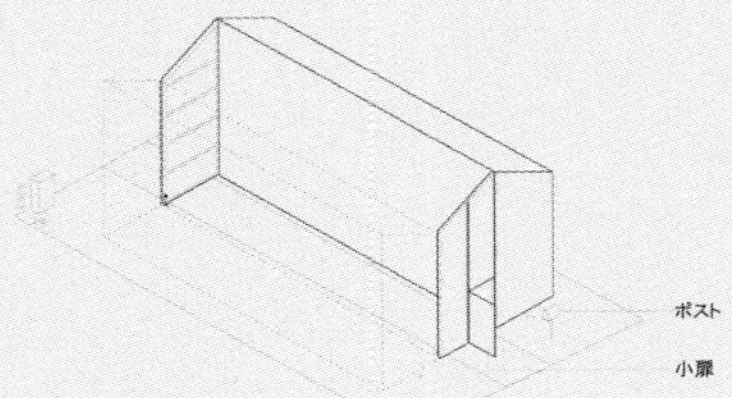

■全ての大扉を閉める。
夜間・外出時・強風時には、全ての大扉を閉め、出入りの際は小扉を使用して下さい。強風時には絶対に大扉の開閉をせずに、風が弱まるのを待ち、周囲の安全を十分に確かめてから開閉してください。

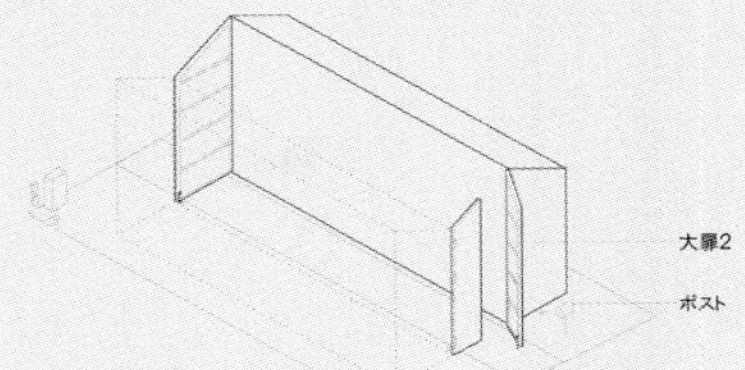

■大扉2を半開する。
中庭のプライバシーをある程度確保しながら、周囲の様子が感じられるように、大扉2を半開させて通用口として利用できます。部外者が中庭に立ち入る恐れがありますので、常に中庭に人の目が届くようにするなど、十分に注意して下さい。

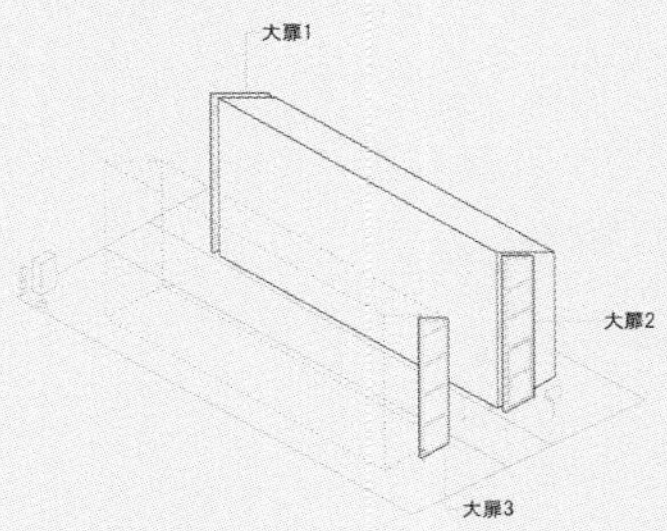

■全ての大扉を全開する。
全ての大扉を開けて、中庭を開放して使用できます。部外者が容易に立ち入ることができる状態ですので、中庭に人の目が届くようにするなど、十分に注意して下さい。

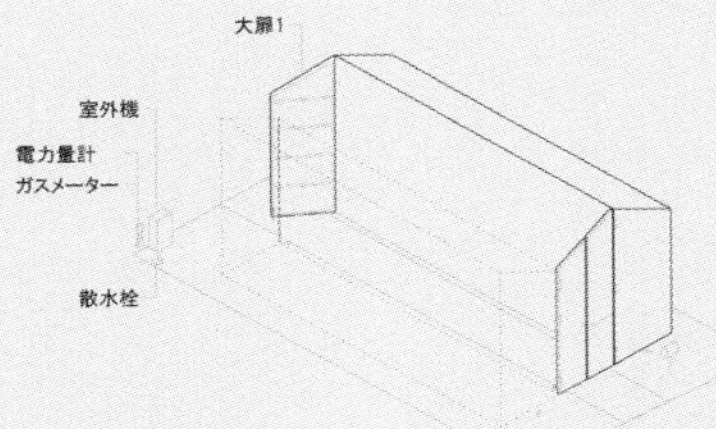

■大扉1を半開する。
各種メーターのチェックや散水栓の利用時には、大扉1を半開させて通用口として利用できます。ただし、大扉1はロックピンで固定されている状態が基本となりますので、短時間の開放に限定して下さい。(大扉1の使用上の注意をご確認下さい)

○各部位の名称と使い方

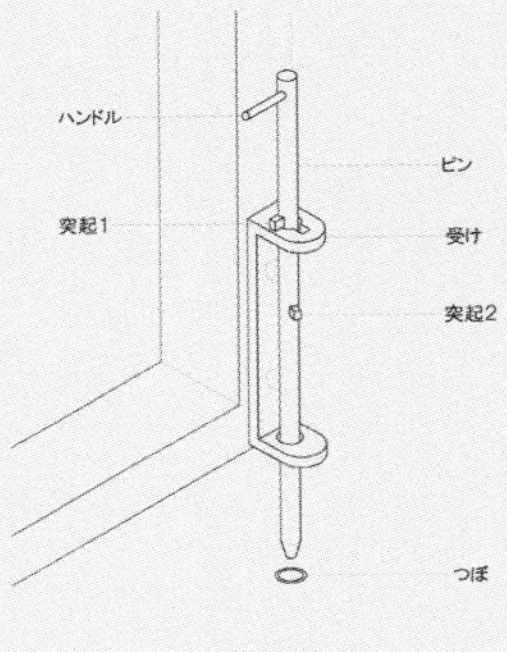

(図は固定解除時を示す)

■フランス落し
大扉1、2、3に設置されています。フランス落しのつぼに差し込んで固定します(つぼの位置は平面図参照)。

＜固定時＞
・突起1が受け(上段)の切り欠きを通過するまでハンドルを回転させ、ピンをつぼに差し込みます。
＜固定解除時＞
・ピンをつぼから引き抜きます。突起1が受け(上段)を通過するまで引き上げ、突起が受けから脱落しない位置に来るまでハンドルを回転させます。

＜注意事項＞
・固定を解除する際は、必ず周囲の安全を十分に確かめ、ハンドルを持ってゆっくりと行なって下さい。
・強風時には固定を絶対に解除しないで下さい。また、弱風・無風時であっても、突風などには十分に注意して下さい。
・固定を解除する際にはピンが受けから落下しないように、突起が所定の位置にあることを必ず確認して下さい。扉の開閉時にピンが受けから落下すると、地面とピンの先端がこすれ、破損の原因になります。

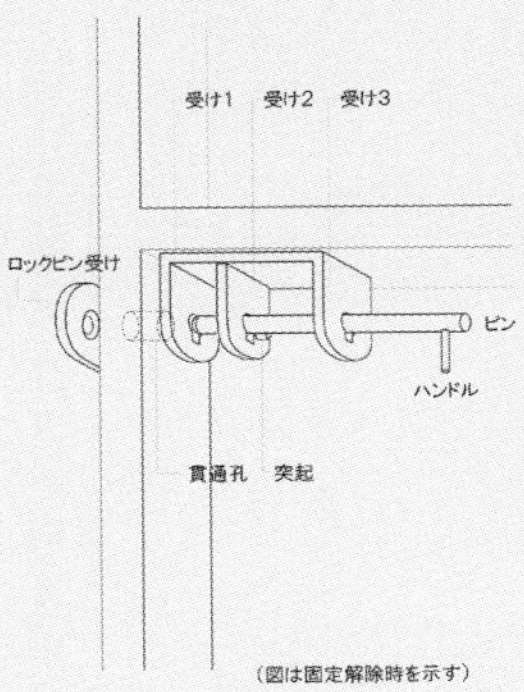

(図は固定解除時を示す)

■ロックピン
大扉1の中間部を固定するためのピンです。ロックピンの受けは住居棟・アトリエ棟の角部に設置されています。(平面図参照)

＜固定時＞
・ロックピン受けにピンを差し込みます。突起が受け1を通過するまでピンを差し込むと、十分に差し込まれたことが確認できます。
＜固定解除時＞
・ロックピン受けからピンを引き抜きます。突起が受け2を通過するまでピンを引き抜くと、十分に引き抜かれたことが確認できます。

＜注意事項＞
・操作はハンドルを持ってゆっくりと行なってください。
・固定の解除は、周囲の安全を確かめてから行ない、強風時には絶対に固定を解除しないで下さい。
・ロックピンを解除するときは、ピンが十分に引き抜かれていることを必ず確認して下さい。引き抜きが十分でないと、開閉時にピンの先端と受けがぶつかり、故障、破損の原因になる恐れがあります。

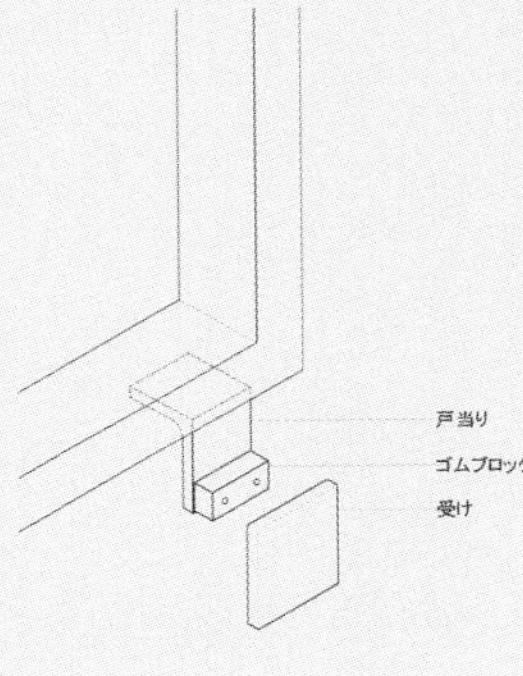

■戸当り
大扉が建物とぶつからないように、各大扉の下枠に戸当りが設置されています(戸当り受けの位置は平面図参照)。

＜注意事項＞
・大扉はゆっくりと開閉するようにして下さい。扉を勢いよく戸当たりにぶつけると大きな衝撃が加わり、大扉・丁番・戸当りの故障・破損の原因になります。
・戸当りの先端にはゴムブロックがボルトで固定されています。ゴムブロックの劣化やボルトの緩みがないかどうか定期的に点検してください。

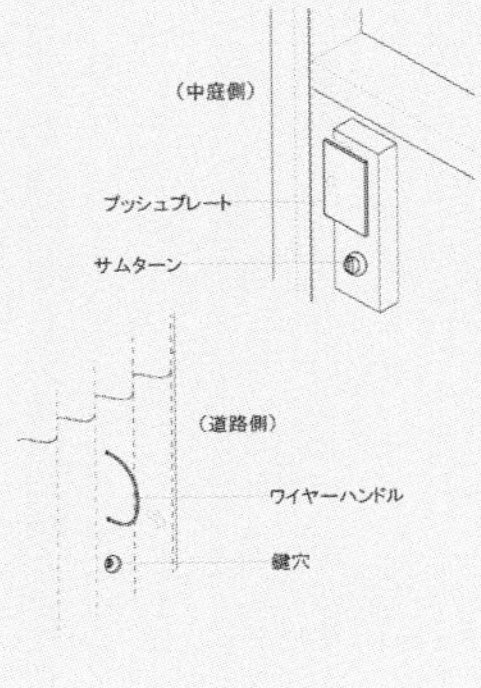

■小扉
夜間・外出時・強風時のための出入り口として、大扉2に設置されています。

＜中庭側から開ける時＞
・開錠し、プッシュプレートを押して扉を開けます。
＜注意事項＞
・小扉はゆっくりと開閉してください。勢いよく開閉すると丁番やステーに大きな衝撃が加わり故障・破損の原因になります。
・強風時には小扉にも大きな風圧がかかりますので、十分に注意して下さい。
・サムターンは小扉の構造を理解していれば建物と扉の間から手を入れて開錠することが可能ですので、最終的な保安を保障するものではないことをご了承下さい。小扉を施錠する際は、防犯サムターンを取り付け、建物の施錠も併せて行なって下さい。

＜道路側から開ける時＞
・開錠し、ワイヤーハンドルを引っ張って小扉を開けます。
＜注意事項＞
・ワイヤーハンドルを強く引っ張らないで下さい。故障・破損の原因になります。

大扉の使用マニュアル。扉のサイズに応じて、特注製作の金物類も大きくなっている。また起こりうるさまざまなケースを想定してマニュアルが作成されている。

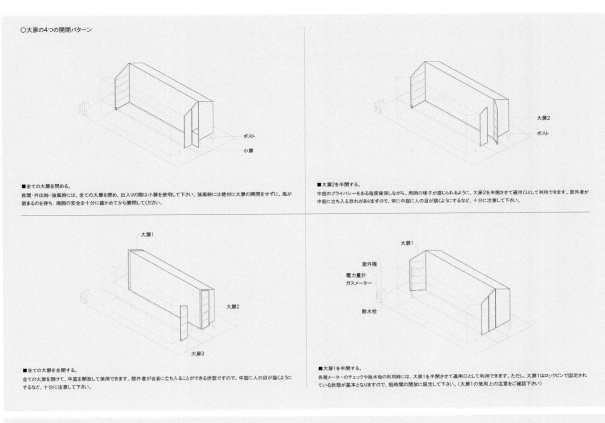

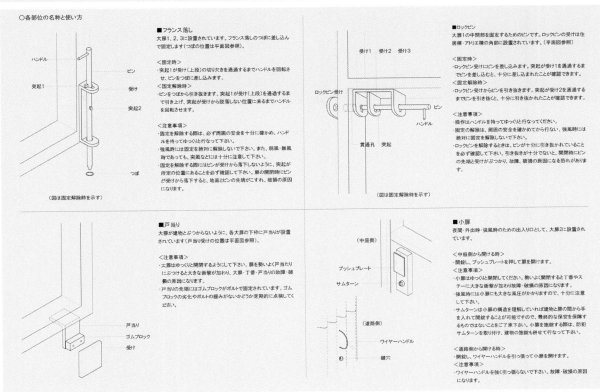

KITAYON〃賓神尚史＋太田温子

――個の存在を街に表す、細やかな境界

設計者自身が事業主となり、土地探しからテナントビルの事業計画、設計、テナントのリーシングまで行った建築である。従来の請負型の設計と異なる関わり方により、「能動的な街への働きかけ」を行っている。この建築は、そのような設計者の建築への関わり方が重視されているが、ここでは境界面に注力した建築的操作を中心に取り上げる。

この建築の特徴として、1つ目に地上階の敷地内路地、そして上階への屋外階段の幅を広く取った路地の立体的な引き込みがある。2つ目に、細やかなディテールでつくり込んだスチールサッシが路地と建築を隔てつないでいる点がある。

地上階に設けられた路地は、通り抜けがあるものでなく敷地奥で行き止まりになっている。上階への立体的路地についても同様である。建物の間口の約3分の2の幅を取ってこのような路地を設けることは、通常の商業的な論理の上では不可能だろう。しかし、隣地や周辺の建物ないしは、街の未来にとって路地の重要性を表明する意思を感じさせる存在となっている。そして、この路地が人の行き

〈左写真〉左手は隣地の建物で、その間に敷地内通路を兼ねた路地を通している。ここに面して、細やかなディテールの鋼製建具が表情をつくっている。
〈右写真〉道路側外観写真。1階の間口は2/3が敷地内路地に充てられ、建物への導入を促す印象的な構えをしている。

交う場所となるためには、建築との境界面の操作が欠かせないのだ。

路地に面するスチールサッシは、開き戸・横滑り窓・引違い戸そしてはめ殺し戸など、異なる複数の開閉機構の建具を一体化させている。枠の見付け寸法は16㎜と18㎜で統一しており、それらが合わさることでつくられていて、開閉の多様さが一見わからないように、一体感ある立面にまとめ上げられている。こういった納め方をする場合、金物類をどう組み込むかが難題となる。これを解決するために、「スペシャルソース」という作家との協働により特注の開閉機構やにぎり・フランス落としを製作している。

設計者兼オーナーである寶神は、この建築を個人でものづくりをしている作家がいきいきと暮らせる建築にしたいと考えた。そして、入居者の作家たちとの相性から、手仕事でつくり込んだ境界が必要だと感じたと言う。この境界は、個々の入居者の存在を路地そして街に向けて表すものになっている。寶神の街へのまなざしが、事業性では評価が難しい路地と細やかなディテールの建具を成り立たせ、小さくも確実に街を活きづかせている。

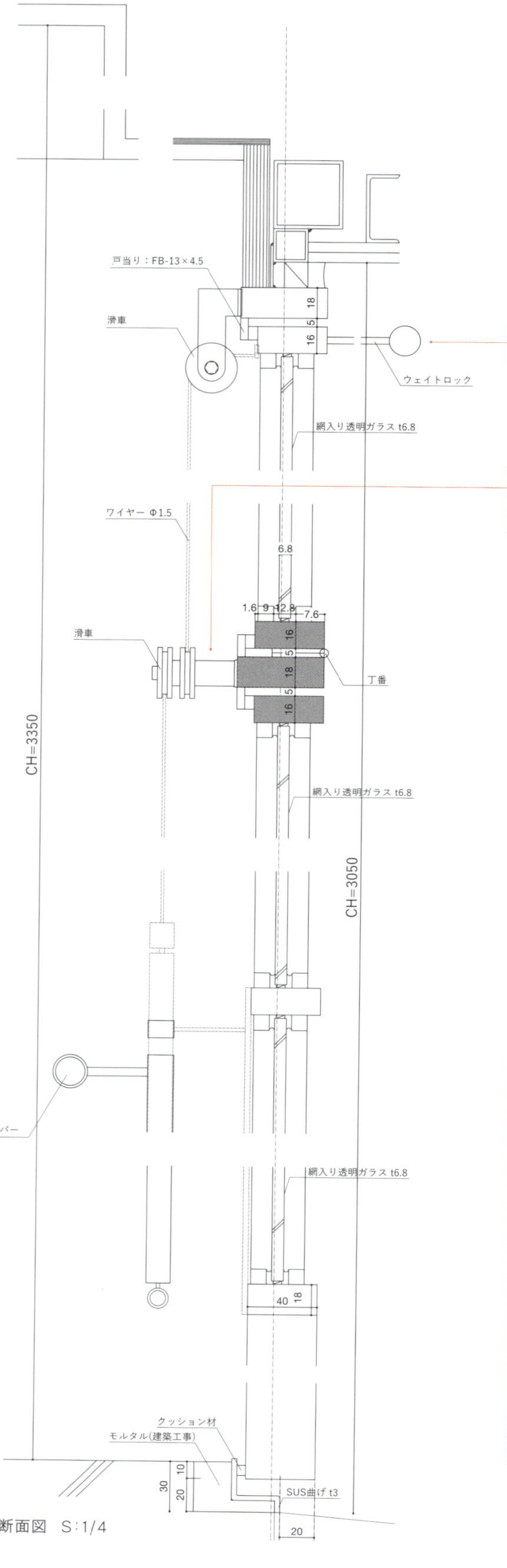

断面図　S:1/4

2階外部通路写真。2階でも住み手が不定期にオープンするパン屋が営まれている。ここには引違い戸が設けられ、オープン時はできたてのパンが並ぶショーウインドウと受け渡し窓になる。

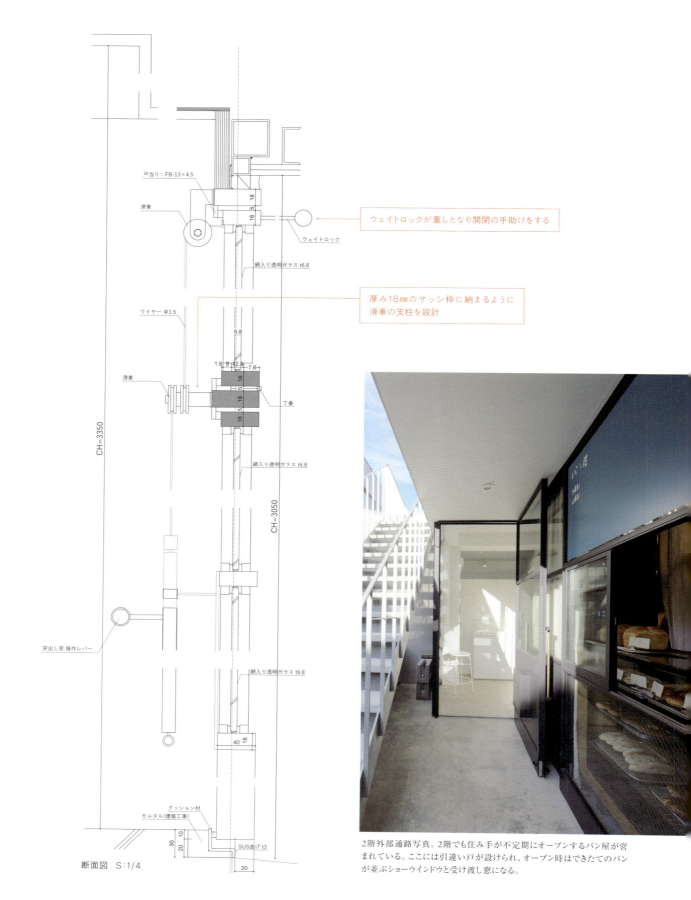

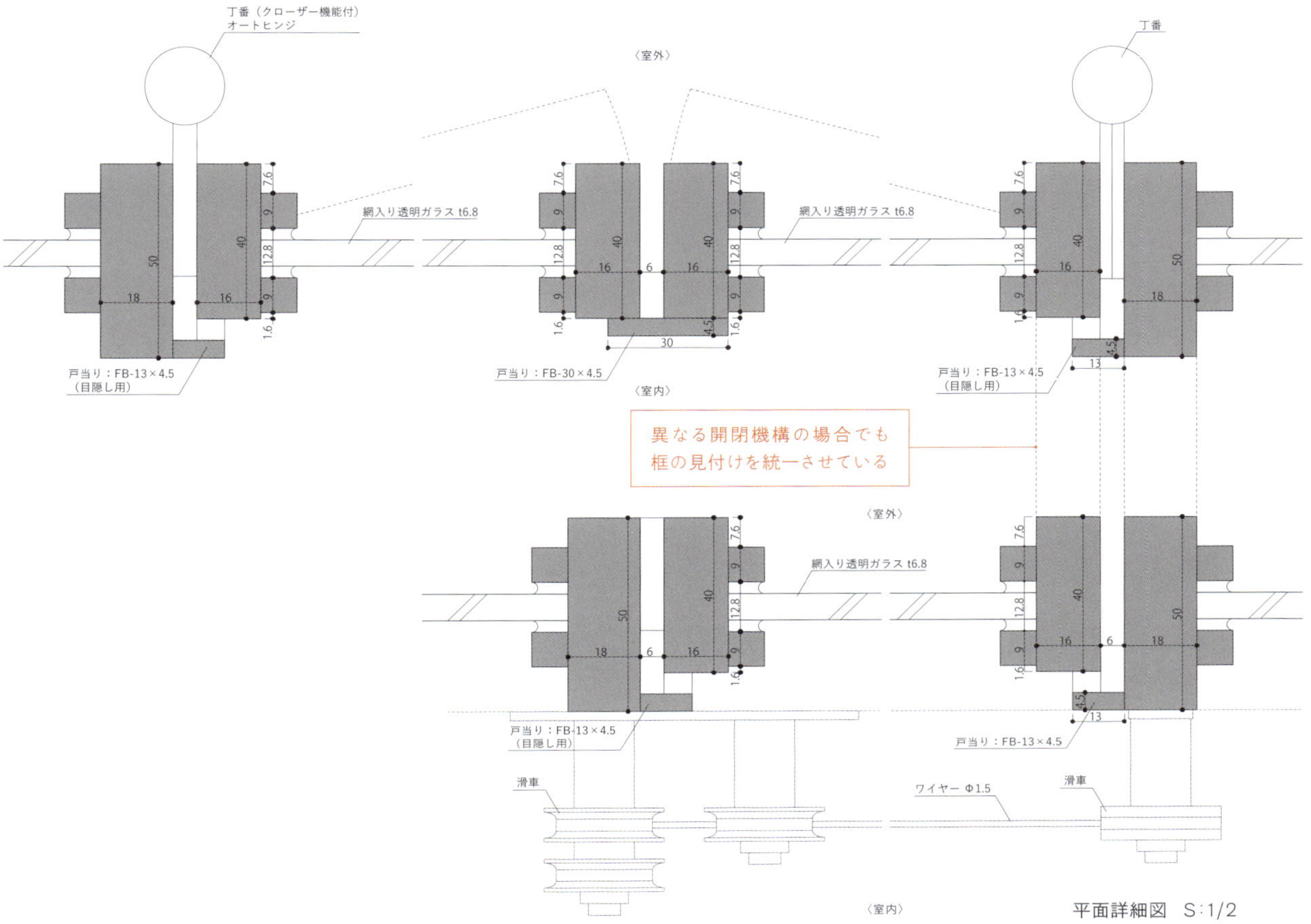

平面詳細図 S:1/2

排煙窓は、滑車とワイヤーとウェイトロックによって開閉する機構となっている。鍵は上げ下げをスムーズに行えるように、外側のカバーの切れ込みを曲線にしていて、細かな部分までの配慮が見られる。各部分の動きが可視化された、機械的な美を感じさせるスチールワークである。

house/studio O+U 木村吉成+松本尚子

——FRP板ファサードと軸組のずれによる「構え直し」

この家の施主は大庭大介と薄久保香、2人の画家である。元々は、100坪弱程度の広々とした織物工場兼住居だった建物である。ここを2人それぞれのスタジオと居住スペースが共存した、スタジオ併用住宅にリノベーションした。その改修設計者として白羽の矢が立ったのが木村松本建築設計事務所だった。施主の2人が設計者に話を聞きに行ってみた際に、事務所でFRP板のサンプルを見て、その現象性に魅了され、このマテリアルを使いたいという話になった。光にかざすと、ゴッホの描く太陽のような見え方をするのが面白かったという。そこで、FRP板を全面に用いたスチールサッシが、家のファサードという最も重要なマテリアルとして使われることになった。

施主2人の作品を知ると、この選択にも納得がいく。大庭の作品には、特殊な偏光顔料を使用したアクリル樹脂絵具で描いた抽象画や、珍しい鉱物を用いた立体的な平面作品などがあり、実際に目にすると平面から現れる現象の複雑さに魅了される。また薄久保は、写真撮影、デジタル画像の制作、ペインティングという3段階のプロセスを経て、現実と非現実を行き来するような超越的な作品をつくり出している。そして、ともに平面作品であるが、限られた厚みの中に奥行きをもたらし、そこにはない世界を表象する境界面として絵画が存在している。

大庭のスタジオには自然光が必要ないこともあり、細長い形状の建物の奥の方に配置され、道路側には薄久保のスタジオと、FRP板を用いたファサードが設けられた。FRP板は、樹脂を繊維で強化した板材であり、内部に繊維質が充填されていることから、不思議な繊維状の模様が現れる。そのため、絵の具を厚塗りしたような、肌理のある自然光の見え方になる。外部からは人影がゆらめくように見え、住人の存在が不思議な像となり映し出されている。

またFRPのファサードは、内側にある建物の軸組と揃えることなく等分されている。この住宅の前年に竣工した木村松本建築設計事務所によるhouse A/shop Bでも、構造体とファサードのずれが試みられ、お互いの存在がより際立つようになっている。加えてhouse A/shop Bなど近年の作品では、先に構造体の検討を走らせていき、その後にプランを発見していくという逆説的な進め方が行われており、それによって敷地と深く結びつきながら、プランからも自律した「構え」を見出している。一方、house/studio O+Uは既存建物のリノベーションであるため、新たな「構え」をつくることはできない。しかし、軸組とずれた割付けによるFRPのファサードが入ることで、変化しない軸組のあり方が強調され、以前から変わらずここに存在していた自律的なものとしての「構え」を獲得しているように思う。それは「構え直し」とでも言えるのではないだろうか。

〈参考文献〉
・木村吉成+松本尚子『住宅設計原寸図集』オーム社(2022)
・『新建築 住宅特集』2018年2月号、新建築社[pp.62~69]
・大庭大介ウェブサイト[https://www.daisukeohba.com]
・薄久保香ウェブサイト[https://www.kaoru-usukubo.com]

元は染織工場兼住居だった建物を、大庭と薄久保が自分たちのスタジオ兼住居として購入したものである。延床面積100坪弱、長手方向25m弱の広さを持つ建物である。ファサードはほぼ全面がFRP板で構成されている。向かって左下はガレージで、その奥は大庭のスタジオにつながっている。

〈上左写真〉軸組とFRPのファサードのスパンのずれが現れている。
〈上右写真〉2階スタジオは天井のシルバー塗装によりFRP板ファサードからの光が鈍く映り込む現象性が高い空間となる。
〈下左写真〉FRP張りの鋼製扉に組み込んだハンドルと錠前。
〈下右写真〉1階スタジオはエントランスと連続しており主に薄久保が使っている。

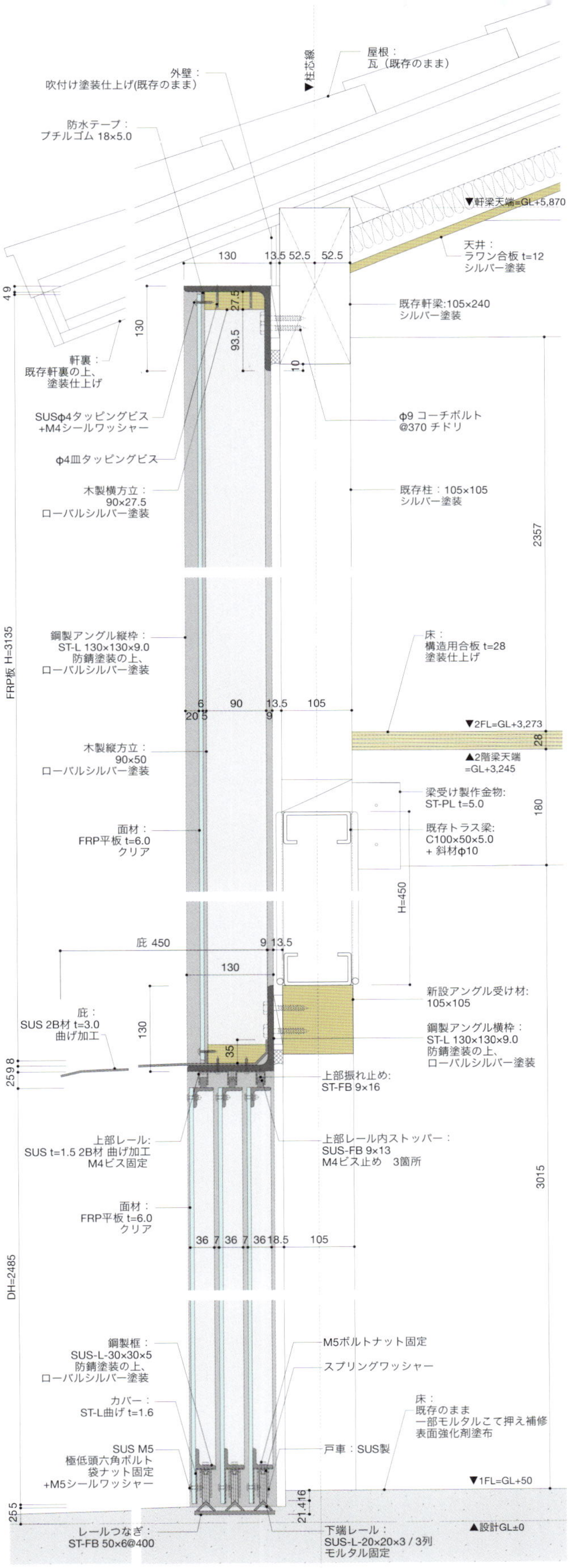

〈上写真〉130mm角のL型鋼で枠を組んでいる。
〈下写真〉正面足元までFRPが来るよう金物で受けている。

ファサード断面詳細図　S:1/10

FRP板によるファサードは、既存の躯体から外側に持ち出した納め方になっている。これはカーテンウォールで見られるディテールであるが、興味深いのは木造住宅で採用している点である。

著者事例

2-1

花畑《はなはた》団地27号棟プロジェクト

建具が再編する団地風景

東京都足立区にある、花畑団地のボックス型住棟を1棟リノベーションしたものである。壁式RC造のため、大胆な間取りの変更が難しい構造であること、事業主である都市再生機構の定める標準設計仕様を元にした設計にする必要があることなど、制約の多い条件下で計画を進めた。その状況の中、設計の主対象を開口部の操作に絞ることで、団地に新たな価値を生み出すことを考えた。

具体的には、既存のスチールサッシを木製サッシに交換し、さらに各住戸ひと部屋ずつサッシを取り除いたままの半屋外の部屋＝ルームテラスという場所を設けた。木製サッシは断熱性の高さと無垢材の感触が魅力だが、メンテナンスフリーでないことや高価であること、また框の寸法が大きい製品が多く、いまだ一般的な開口部の選択肢にはなり得ていない。戦後、住宅公団による団地供給の時代にアルミサッシがシェアの拡大と低価格化を実現したが、今後の団地再生においては高断熱で自然素材によってつくれる木製サッシがキーマテリアルとなりうると考えた。また、南面採光・冬至日照4時間による住棟の配置計画により、多くの団地はパッシブソーラーの建築になっている。好条件で採光を得られるため、高断熱の木製サッシを導入することで、相乗効果でエネルギー効率の高い建築に更新することを考えた。

この木製サッシは、新潟県加茂市の地場の建具屋が協同で開発したものである。耐風圧や耐水性などの性能面が優れていることや、框の寸法が木製建具と大差ないことから採用に至った。

ルームテラスは、均質な間取りの住戸が積層する団地建築の断面構成に、動きと変化をもたらしている。元は4畳半程度の広さだった部屋であり、穿たれた開口部から風や外気が入り込むが、バルコニーほど開放的ではなく、外でこもれる空間となっている。配置は周辺の自然環境や方角やプランから決めており、全部で4タイプある。左右の住戸で配置するタイプを変えているため、タイプ数以上のバリエーションがあるように見える。ルームテラスの穿たれた開口部からは、洗濯物や植物など生活の一部が顔をのぞかせ、木製サッシとともに団地の構えを、機能主義から人間主義的なものに変えている。

このプロジェクトで試みたのは、団地1棟の特殊解としてのリノベーションを行うことではなく、都市再生機構が日本全国に保有する、約76万戸（当時）の団地風景を再編するための汎用解を提示することである。そのために開口部という部分に着目し、木製サッシへの交換とルームテラスの導入という2つの手法を提示することで、半世紀を経て育まれた団地風景の素晴らしさを最大限享受できる住環境に変容させることを目指した。

著者事例 2-1 | 花畑団地 27 号棟プロジェクト

施工中の写真。木製サッシ越しにルームテラスとなる場所を眺める。

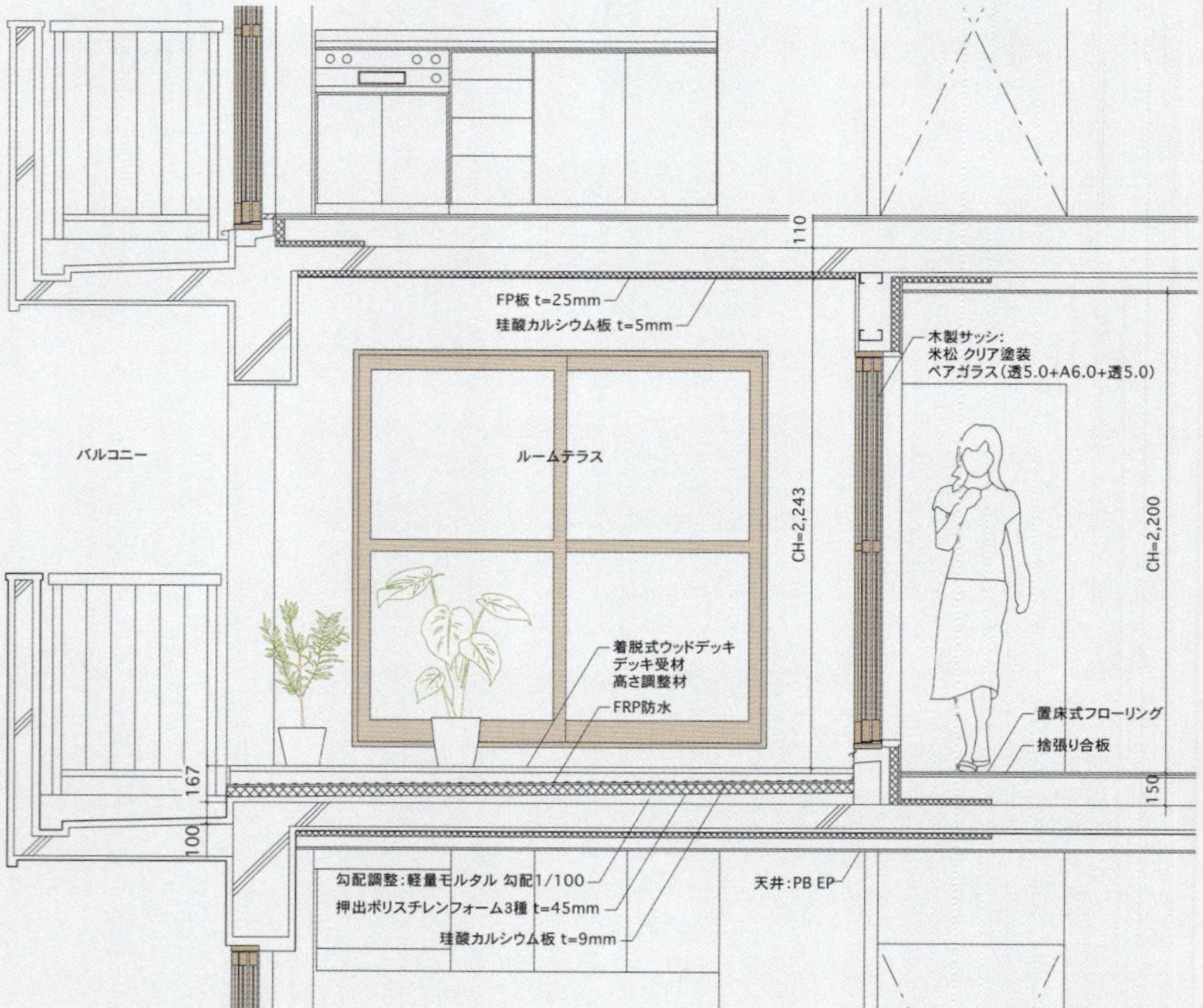

ルームテラス断面詳細図 S:1/30

〈上写真〉4畳半ほどの大きさのため、テーブルやベンチを出して外部空間を楽しめる場所になる。2014年の改修当時は想像もしなかったが、コロナ禍の時期には重宝されただろう。
〈下左写真〉木製サッシの框は米松ピーラー材で、見付けが細い場所で55㎜、見込みは36㎜と標準的な木製建具と同程度の太さである。木製サッシとしては、細い框寸法となっている。
〈下右写真〉木製サッシによって、窓辺が印象的なスペースになっている。また、外部の風景を切り取る額縁にもなる。

〈上写真〉ルームテラスから室内を見ると、その先にまた外部が現れる。
〈下写真〉ルームテラスの配置は4パターンだが左右でプランが反転するため、それ以上のバリエーションがあるように感じられる。バルコニーに面しているルームテラスは、一体化して使えるようになっている。

5F PLAN

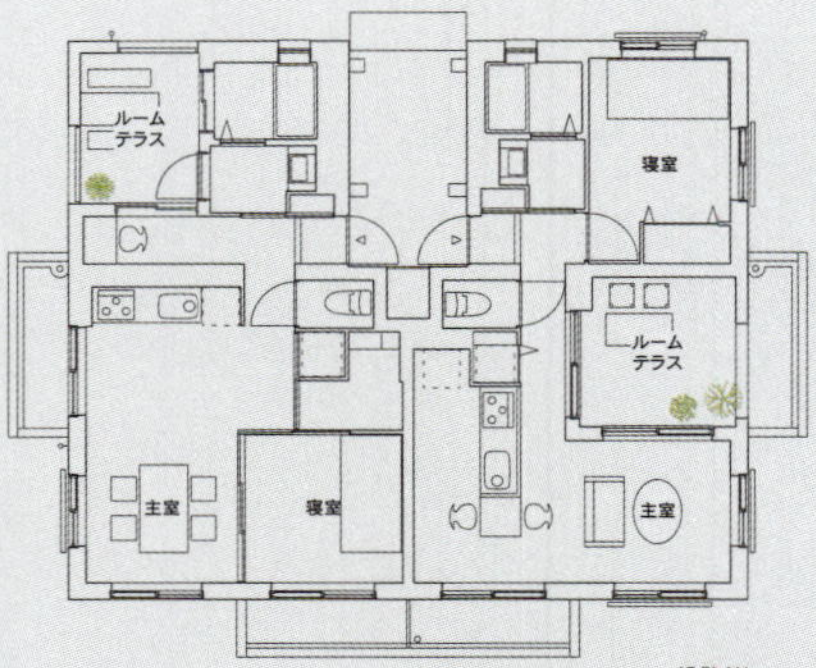

4F PLAN

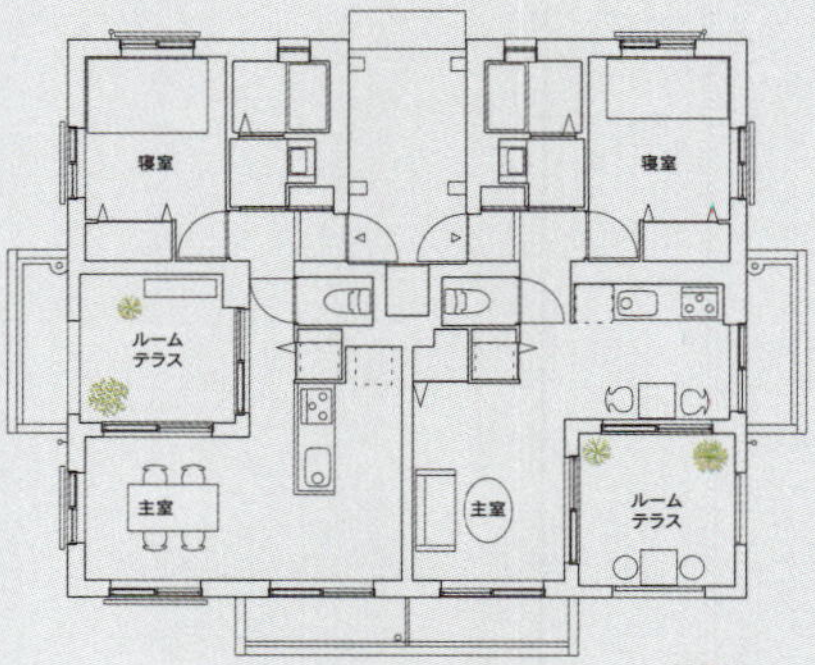

3F PLAN

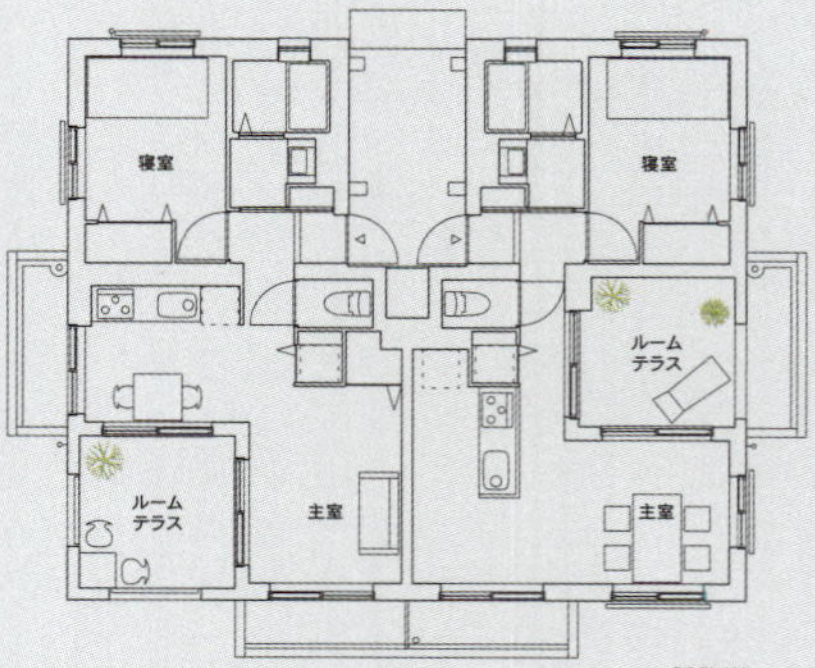

2F PLAN

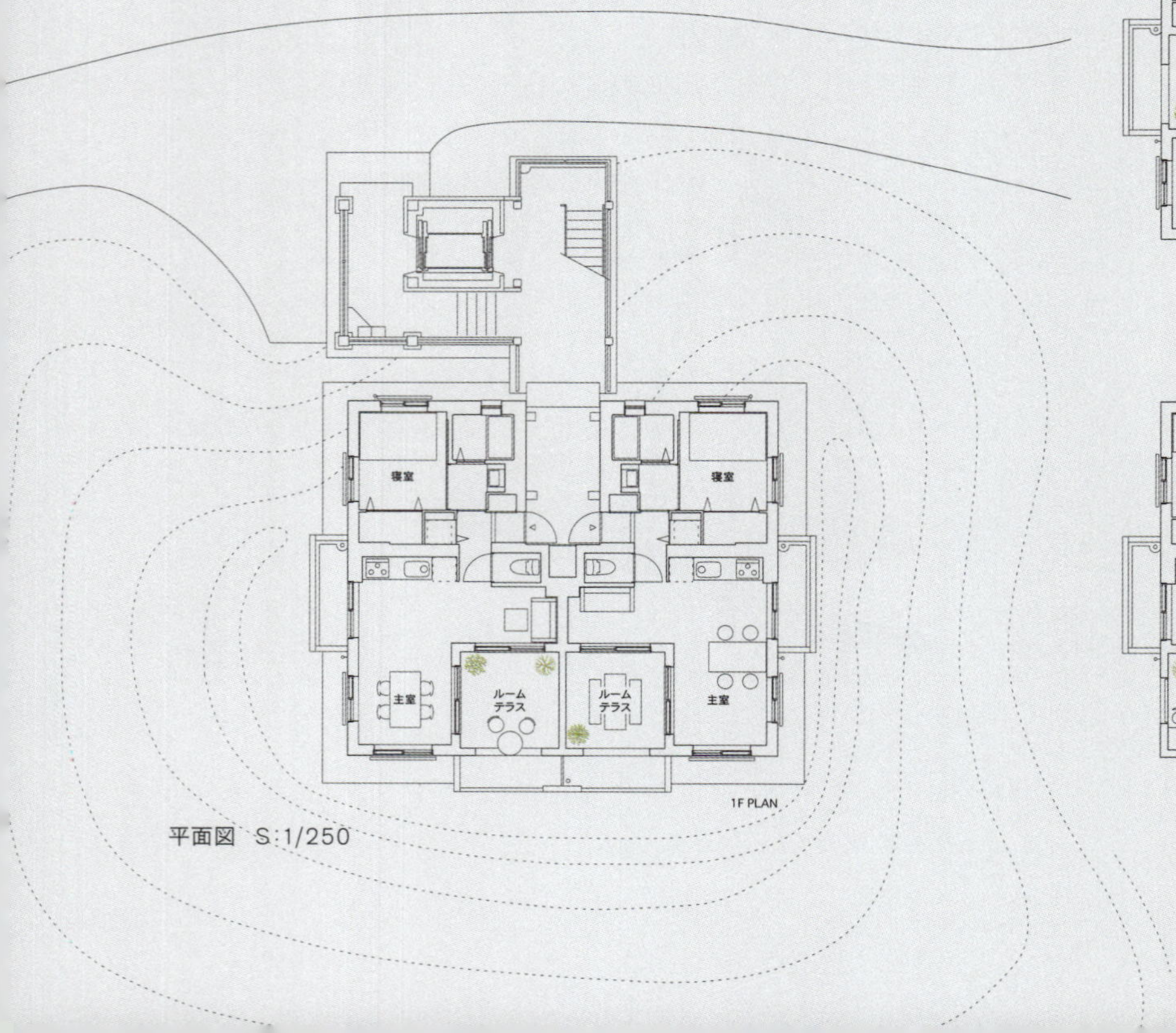

1F PLAN

平面図　S:1/250

〈左写真〉夕景外観。ルームテラスの存在がより浮かび上がる。建物の外形は変わっていないが、所々に凹みが生じているため、以前より表情豊かな建築となっている。〈右写真〉改修前の外観。

断面図　S:1/120

著者事例

2-2

傘と囲い

耐震補強と敷地への応答を兼ねた「建具的」な構え

ハウスメーカーによる鉄骨プレハブ住宅の改修である。元々クライアント家族が住んでいたが空き家になっていた家を、今はバラバラの場所に住んでいる家族が集まれる場所にしたいという要望から始まった。

鉄骨プレハブ住宅の改修は、法規上・構造上の問題から非常に難しい。できるとしても内装をリフォームする程度か、メーカーによる改修で、今回の予算や要望にそぐわないものだった。さらに、既存躯体には劣化が激しい場所がいくつかあり、耐震性能を向上させたいという要望もあったため、新たな構造体を加えて補強する手法を考えた。

まず既存基礎の外周部に10㎡以下の増築扱いで抱き基礎を行い、そこから木造の耐震補強となる壁を建てた。この壁は、既存の2階床と屋根下の大梁に緊結し一体化させている。その後で、錆びが回りアスベストも含有されていた既存外壁を撤去し、最終的に耐震補強壁が新たな「囲い」となり既存の「傘」のような躯体を支える存在となった。通常、外壁の更新を行うと主要構造部の大規模修繕になるが、行政に相談した上でこのような確認申請が不要なスキームを成立させ、進めることになった。

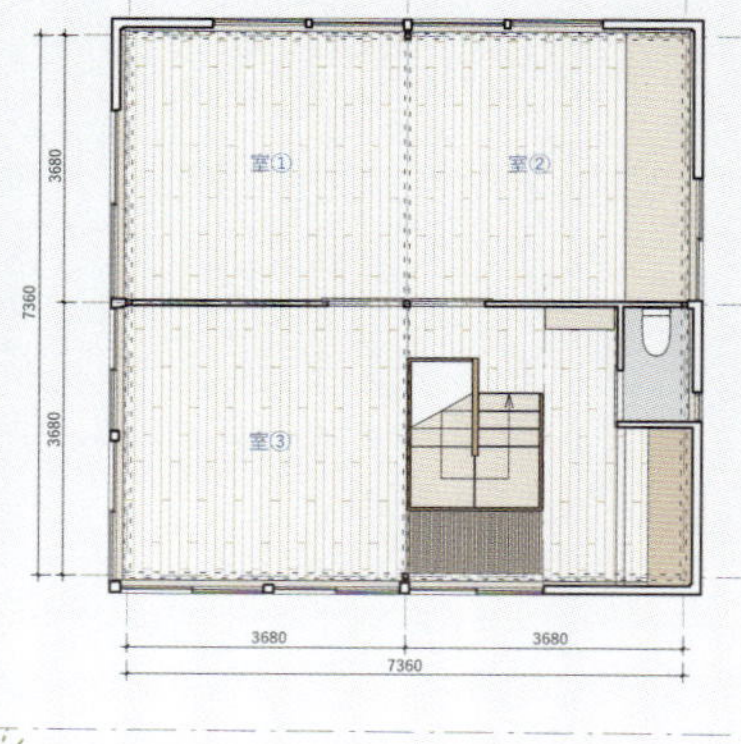

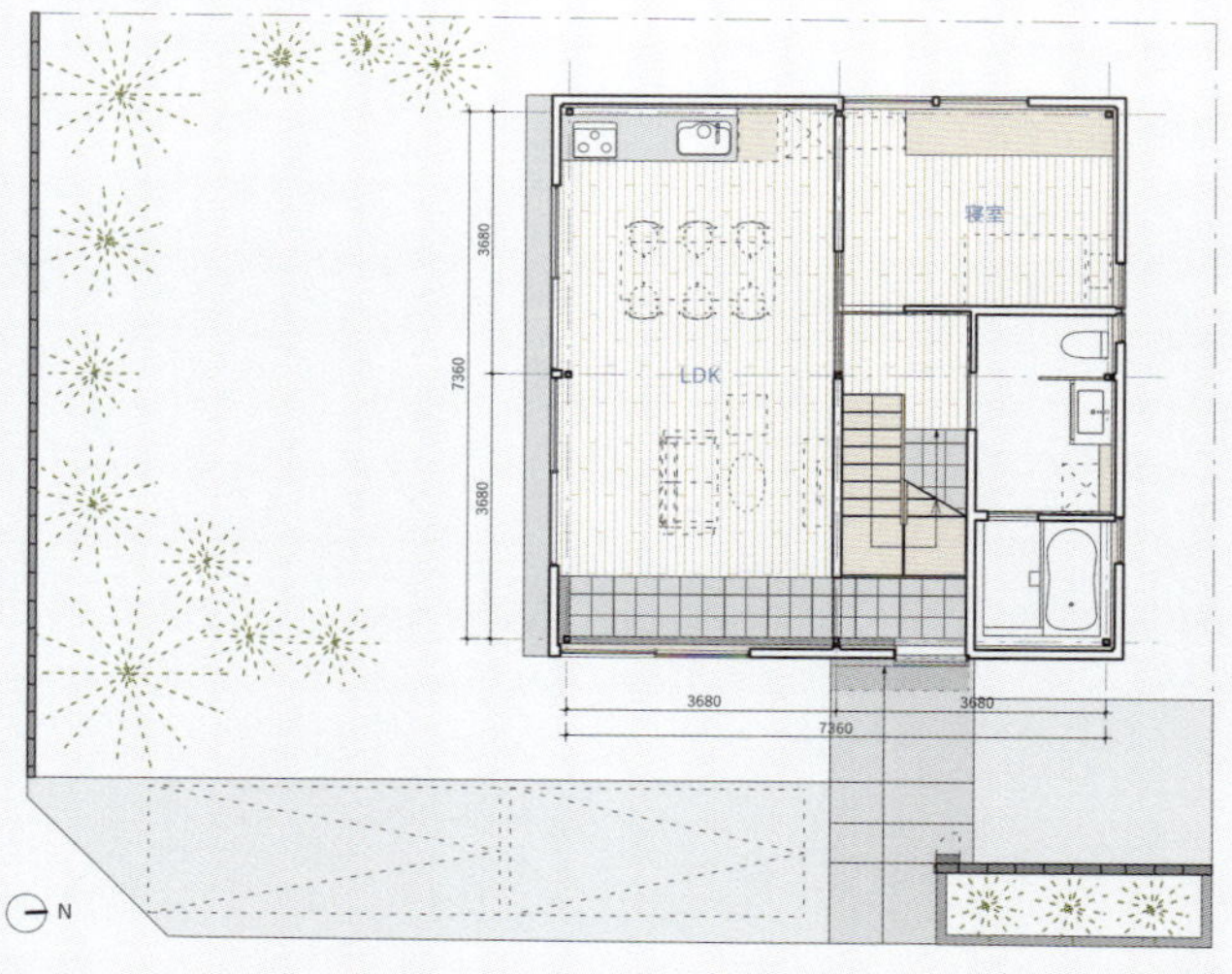

平面図　S:1/200

2階内観。新規の木造耐震補強壁の内側に、既存の鉄骨骨組が露出している。既存躯体は、ほぼ屋根裏や壁の内側に隠蔽されていたため、綺麗な状態だった。角地の開けた方角に向けて、水平連窓を集めて開いている。

耐震補強壁は、スパイラル状に巡る帯壁が水平力への補強となり、開口部が並ぶ壁が鉛直荷重への補強となる。これは木造における壁量計算と同様に、一定の合計距離が取れていれば入れるところは融通が利く仕組みになっている。そのため、既存では周辺環境とほとんど無関係に開口部が設けられていたが、今回の改修手法では開口部をコンテクストに応答させて開けることが可能になっている。つまりこの「囲い」は、耐震補強としての機能を持ちながら、周辺環境やプランに応じて開口部を設けられる、フレキシビリティーを持った「建具的」な存在だと言える。それは画一的なメーカー住宅の構えを、コンテクストに応答した個別性のある構えに変える手立てとなるだろう。

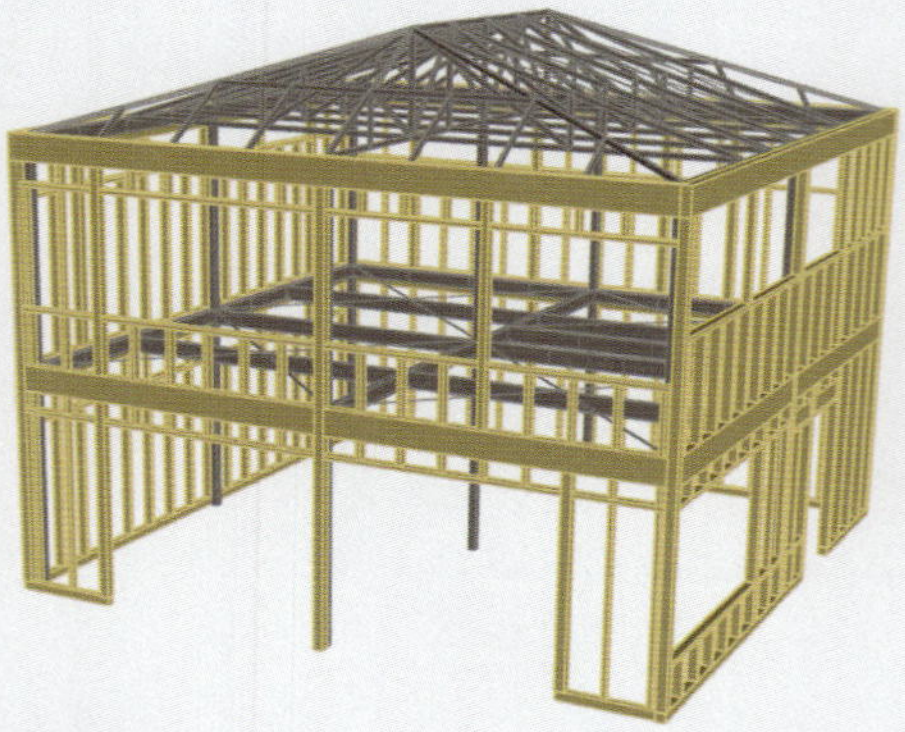

〈上図〉構造モデル。軽量鉄骨の既存躯体と、それを囲う木造耐震壁。改修が困難なプレハブ住宅も、改修プロセス次第で活かしていける可能性があることを提示した。[作成：yasuhirokaneda STRUCTURE]

〈右上写真〉グレーの外壁部分が、スパイラル状にまわる帯壁である。開口部が並ぶ白い壁は、鉛直荷重を確保する要素であり、それによって開口部のあけ方に自由度が生まれている。

〈右下写真〉敷地角に向かっている南面と東面は大きく開いている一方、北面や西面は隣地に面していることもあり、開口部は少なくハイサイドライトが中心となっている。

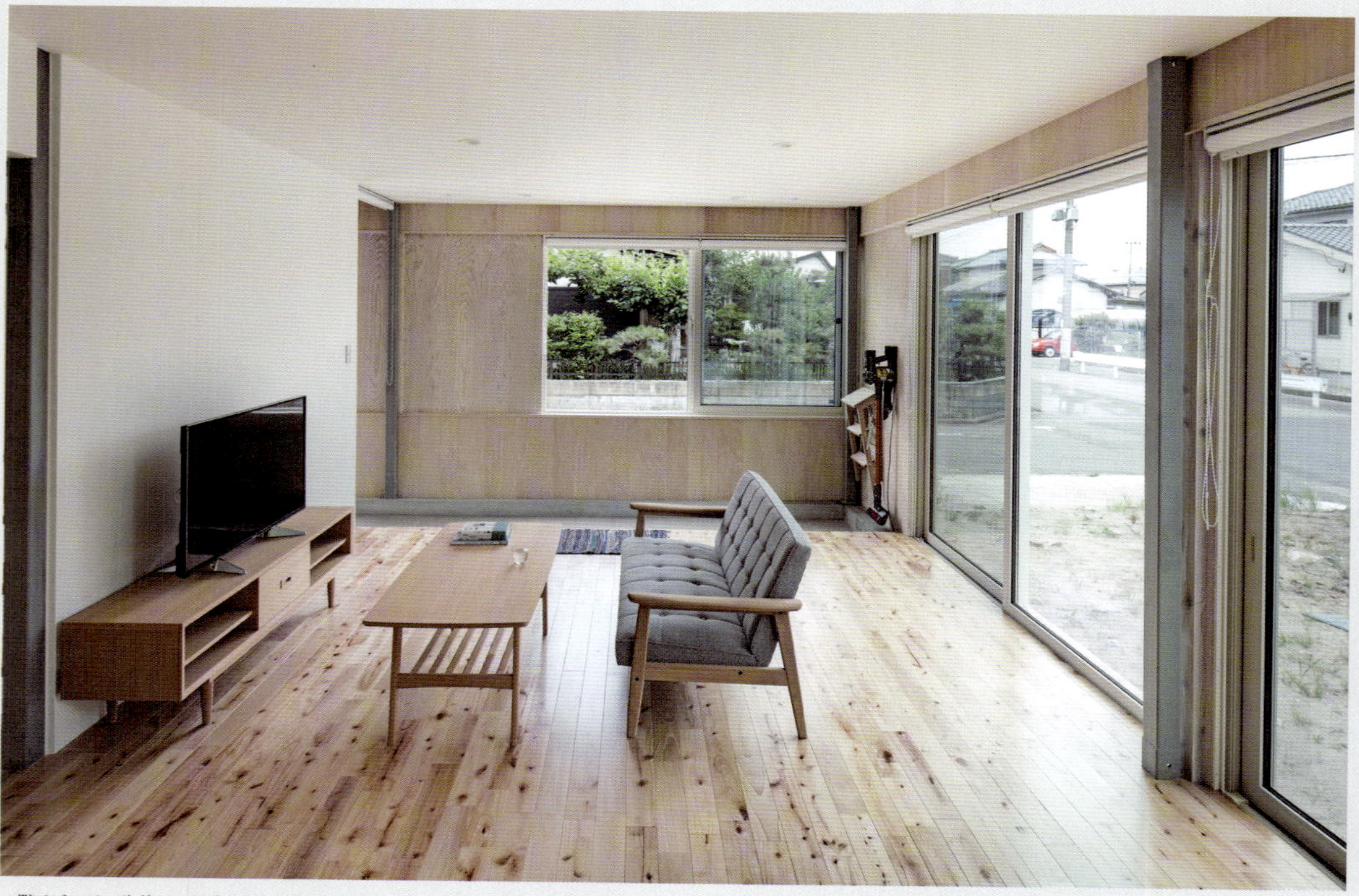

1階リビング。改修により道と庭との塀を撤去して、住宅街に大きく開くことができた。1階では、既存の鉄骨柱だけが室内に現れている。

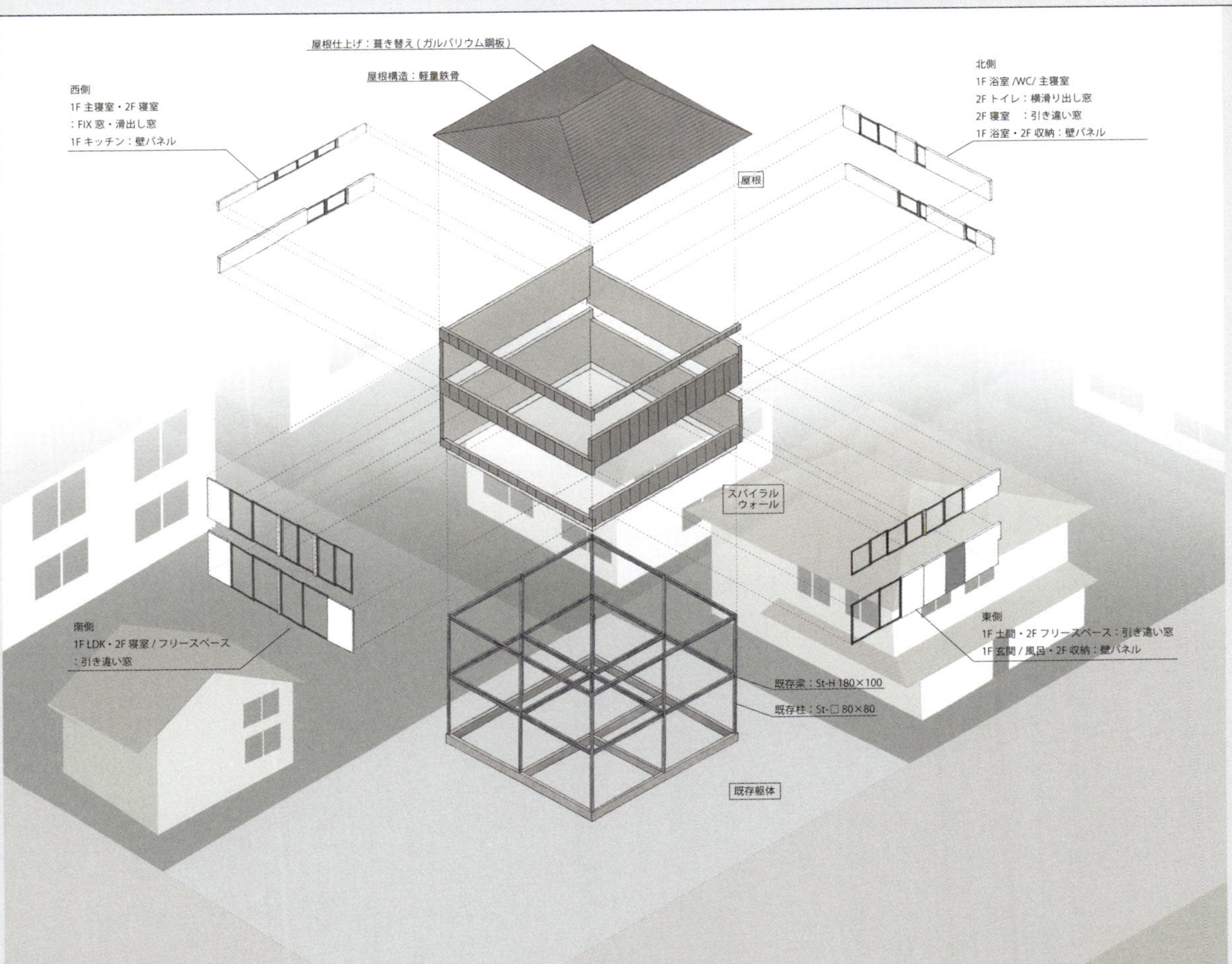

コンセプトアクソメ

〈上左写真〉木造の耐震補強壁の上棟後、既存躯体と緊結したのち、既存外壁を解体した。

〈上右写真〉既存建物内観。我々が関わる前に内部は解体された状態だった。

〈下左写真〉既存外壁の外周部に、10㎡以下の増築として抱き基礎を施工した。

〈下右写真〉既存外壁を残したまま、抱き基礎の上に木造の耐震補強壁を建ち上げた。

コラム2

生産と建具

日本における古代の建築は、設計と生産をともに統括する大工が超越的な存在として、民衆の労働力の動員まで行う役割を果たしていた。当時の加工技術は、その後のものに比べると低かったが、大工は技術の未熟さを設計の工夫によってフォローする能力も持ち合わせていたという。中世に入ると、民衆の労働力に頼ることが難しくなり、労働組織は専業化し、さらに血縁の相伝と工具の発達により、木材の加工精度などが飛躍的に向上していく。この頃には、番匠大工と呼ばれる地位にあたるものが設計と施工を統括していたが、その元で各専門職種の統括者となるものを、瓦大工・鍛治大工・鋳物大工・畳大工などと区別していた。近世になると、労働組織の成員が一様に大工を名乗るようになるが、その中で統括的な役割の者が「棟梁」と呼ばれるようになっていく。この頃には、「大工」が一般的な職人を指す名称になり民主的な存在になる。このように、日本における建築生産の歴史は、大工という設計と施工を統括していた絶対的な存在が、施工のみを行う専業の職人となり、その技術が徐々に民主化されていく過程と見ることができるだろう。

建具を専門とした職人が現れるのは、近世に入ってからである。元は大工だった者が、建具屋を専業とするようになったと言われている。現代では、既製品建具の普及により減少の一途を辿っている建具屋だが、その歴史はそこまで古くない。

筆者はそんな時代に逆行するように、設計と並行して建具メーカーを運営しているわけだが、建具屋が残っていってほしいという気持ちと、建具がもう少し家具のように扱いやすいものになるべきだという気持ちもある。実際、家具に比べて精度が求められるケースが多いため、気軽にDIYでつくるにはハードルが高いだろう。確かに建具はどのような構造になっているか、その姿を見てもわかりにくく、また、形の自由度も低く感じる。建築生産の歴史が辿ってきた大工技術の民主化が、現代ではデジタルファブリケーションによって加速している状況も踏まえて、以前展示用に製作したのが、レーザーカッターで製作可能な室内窓である（写真）。アクリル板を挟むように合板を貼り合わせ、上下に角が出るようにする。アクリルの嵌まった鏡板の形状は、規則性のない曲面の穴を開けてつくったものだ。データさえ公開すれば、ごく簡単につくれる建具になる。現代的な建築生産の一種であるデジタルファブリケーションを使って、建具をつくりやすいものにすることも、今後必要ではないかと考えている。

〈参考文献〉
・渡辺保忠『工業化への道』不二サッシ工業（1963）

＜3章＞

環境

——建具の重なりから生まれる多元的な快適性

建築の熱環境について考えると、開口部はもっとも弱点になりやすい部分である。屋根・壁・床には断熱材を入れられるし、基本的にはそれらを動かすことはないので、外部からの熱を遮断しやすい。もちろん、断熱材の厚みや構造形式やその他もろもろの仕様によって左右されるが、適切な仕様を採用すれば安定した熱環境を確保しやすい。しかし、開口部は他の部分とは勝手が違ってくる。まず動く必要がある。動くためには、建具同士に数㎜の隙間が必要になる。ここが熱の出入りを許し、気密性を下げる弱点になる。また動かなくても、ガラスなど壁よりも大分薄い素材で内外を仕切ることになる。ペアガラスやそれ以上の高断熱性を持つガラスを入れたとしても、壁と同程度に断熱性を高めることは難しい。

内外を仕切る建具であるサッシの変遷を辿っていくと、環境性能に対する工夫の歴史も見えてくる。現在では最も一般的な、アルミサッシが定着していくのは戦後しばらく経ってからだ。それまではスチールが主な素材だったが、1950年代後半からさまざまなメーカーがアルミサッシの製品化に乗り出し、ノックダウン方式を足がかりに普及していく。この方式は、サッシメーカーが日本全国のガラス施工店や木製建具屋等を卸し先にして、枠と框材を送り各地で組み立てて現場に納品するものである。ノックダウンによる効率的な供給方式は徐々に浸透し、安価で安定的な供給ができるようになったアルミサッシだが、断熱性が劣ることは避けられない短所としてあった。そこで、断熱性を高めるためにアルミ材の間に断熱ゴムを挟んだ製品や、断熱だけでなく防音も兼ねた二重サッシ製品などが生まれた。[1] 現在では、住宅用サッシの大半がアルミ樹脂複合サッシになっており、ガラスはlow-eペアガラスが標準となっている。より断熱性の高い木製サッシも日本で広がってきているが、標準的に高価格であることが影響してか、サッシ全体の中でのシェアの割合は低水準のままだ。このように、国内の既製品サッシは1950年代以降に、独自の供給方式を編み出し急速に浸透していったが、その後は環境的な性能面の試行錯誤が現在も続いている。

だが私見としては、ひとつの層の開口部の断熱性をひたすら高めるのでは、本質的な意味での室内環境の向上にはつながりにくいと考えている。例えばリノベーションでは、既存の開口部をすべて交換するとコストがかかるし、マンションなど集合住宅だと開口部は共用部の扱いになるケースが多いので、個別の住戸の改修で手を入れることは簡単ではない。そのため、リノベーションにおける開口部の扱い方のひとつとして、サッシは既存のまま使用し、室内側に建具を設けて二重窓にしたり、バッファーゾーンを設けた内側に建具を設ける場合がある。ひとつひとつの建具が遮るものは多くないが、建具を複層に重ねることで、グラデーショナルに環境を調整する境界のあり方が見えてくる。さらに境界に付随して、さまざまな場が生まれる。このような境界のつくり方は、建築の内外を一気に切り分けるのではなく、その切り替わりを曖昧にすることで、都市や外部環境との関わりしろも増やしていく。

　また、現代では使用するマテリアルが、長い時間の中で分解や循環され地球上に負荷をかけないものであるか、建築家側が意識する必要があるだろう。建築家の能作文徳は、分解・循環が難しい素材を建材に用いることが当たり前になっている現状に違和感を覚え、基礎や断熱材やその他の部材に生分解可能なマテリアルを積極的に用いて建築をつくっている。例えば「明野の高床」という住宅では、リサイクル可能という観点から鉄板の基礎を用いて、断熱材にはストローベイルという藁をブロック状に圧縮したものを用いている。そして開口部に連なる障子は、木と紙という生分解可能なマテリアルによる建具であり、断熱性を高めつつ日射を調整し快適性を得られる。能作は障子を、物質循環・環境負荷低減・室内の快適性向上、という3つの側面から再評価している。[2]

　本章では、ある建築が持つ確固たる質を補強するべく、複層的な建具によって多元的な環境快適性を獲得している作品たちを取り上げている。約100年前につくられた環境建築の源流ともいうべき名作住宅[3-1]や、幾何学の強さから一見奇抜に見えるが住み手への配慮が内在した建築[3-2]、複層に重ねた建具が複数用途の一体化に寄与した建築[3-3]、夏と冬の気候の変化に応じて大きな軒下空間の質を変える山荘の建築[3-4]、明るく湯気が立ち上る銭湯のような空間性を建具を用いて生み出した建築[3-5]などがある。いずれの建築も外部との境界だけで内外を仕切るのではなく、1枚では高性能とはいえない弱い建具を重ねて、断熱性・通風・採光・日射遮蔽・素材感など多元的な快適性を追求している。環境と一口に言っても、現代では非常に複雑化している。単一の性能を向上させた建具で仕切っていくのではなく、複層に建具を重ねることで、本当の意味での環境快適性の高い空間をつくれるのではないだろうか。

1 真鍋恒博『図説 近代から現代の金属製建築部品の変遷：第1巻 開口部関連部品』建築技術（1996）[p.39, 42]
2 能作文徳建築設計事務所「明野の高床（藁）」『新建築 住宅特集』2021年10月号、新建築社[p.61]

聴竹居‖藤井厚二

――境界の重なりから環境を制御する

聴竹居は、藤井厚二が改良を繰り返し設計した5つ目の自邸である。最後の自邸となった聴竹居は、それまでの自邸における試行錯誤、そして西洋の模倣ではない「日本の住宅」についての理論を盛り込んだ住宅となっている。藤井は多角的に日本特有の生活様式を検証し、この住宅に結晶化させた。

建具・境界の視点から見ると、縁側の三面にわたる木製ガラス戸が印象的である。3段に分かれた上部は、軒裏を見せないためにすりガラスを入れ、下部には空気や風を招き入れるすりガラスを嵌めた引き違い戸、そして目線の高さに風景を切り取るピクチャーウィンドウが設けられており、それぞれの環境因子をいかに接続し制御するか熟慮した上で、完成度高く統合されている。また、室内の空気を排気するため天井面に設けられた排気口や、夏季にクールチューブの冷気を取り込む導気口建具も知られている。これらの工夫は、藤井の環境工学の研究の成果であり、この時代において非常に先駆的な試みだった。

聴竹居は、主に9つの室が連続した構成となっているが、室同士が接する境界面は各々が機能を持ち、境界のレイヤーを重ねることで住環境を成立させている。例えば、客室や寝室1（平面図参照）の外部窓は、防犯を考慮した面格子となっている（藤井は雨戸を嫌って面格子を用いたとも言われている）。桟は美しい文様でありながら、その割付はガラスが割れても人が入れない寸法になっている。縁側の木製ガラス戸は、ガラスを割られると侵入できてしまう防犯性の乏しい境界だが、その内側にある室内建具には鍵が設けられており、縁側・読書室までは侵入できても、その先には入れないように制御されている。境界に求められる機能すべてを外壁面で取るのではなく、境界を重ねることで機能を補完している。そうして、内外がシームレスにつながっていく独特の連続性が生まれているのではないか。

また引き戸だと、開け放しにしたり閉じ加減を調整でき、空気の流れを操りやすいが、開き戸はそういった調整は難しい。藤井は基本的には開き戸は閉じたままにしておくのが常であり、壁の一部として考えていた可能性がある。近年大規模な修復工事が行われた際に、既存の引き戸に張られていた紙から、他の部分では見られないブルーグレーの色が出てきた。そのことから、藤井は引き戸のみ紙色を変えることで、壁や開き戸といった、空気や風を通さない要素との違いを示そうとしたのではないだろうか。そして修復工事により、引き戸には当時の色に近い紙が、開き戸には壁と同色の紙が張られた。引き戸はフレキシブルに風や空気を流し快適性を高め、開き戸は必要なときに通り抜けられる壁のような存在ということが明確に表された。

藤井は建具による接続と制御を、さまざまな次元で巧みに扱うことで、聴竹居において絶妙な連続性を感じる空間の質を獲得するに至ったのではないだろうか。

〈上写真〉南側の庭には、さまざまな植栽が植えられている。中でも晩秋の紅葉は素晴らしいようだ。庭向こう正面に男山を望み、三川合流部の風景を見ることができる。
〈下写真〉客室南面に設けられた面格子。次頁上の図面にあるように、桟の見付けは25㎜ほどで、ガラス面の幅は163㎜と細く仕上げられている。頭が通り抜けられない程度の寸法で、防犯性が担保されている。

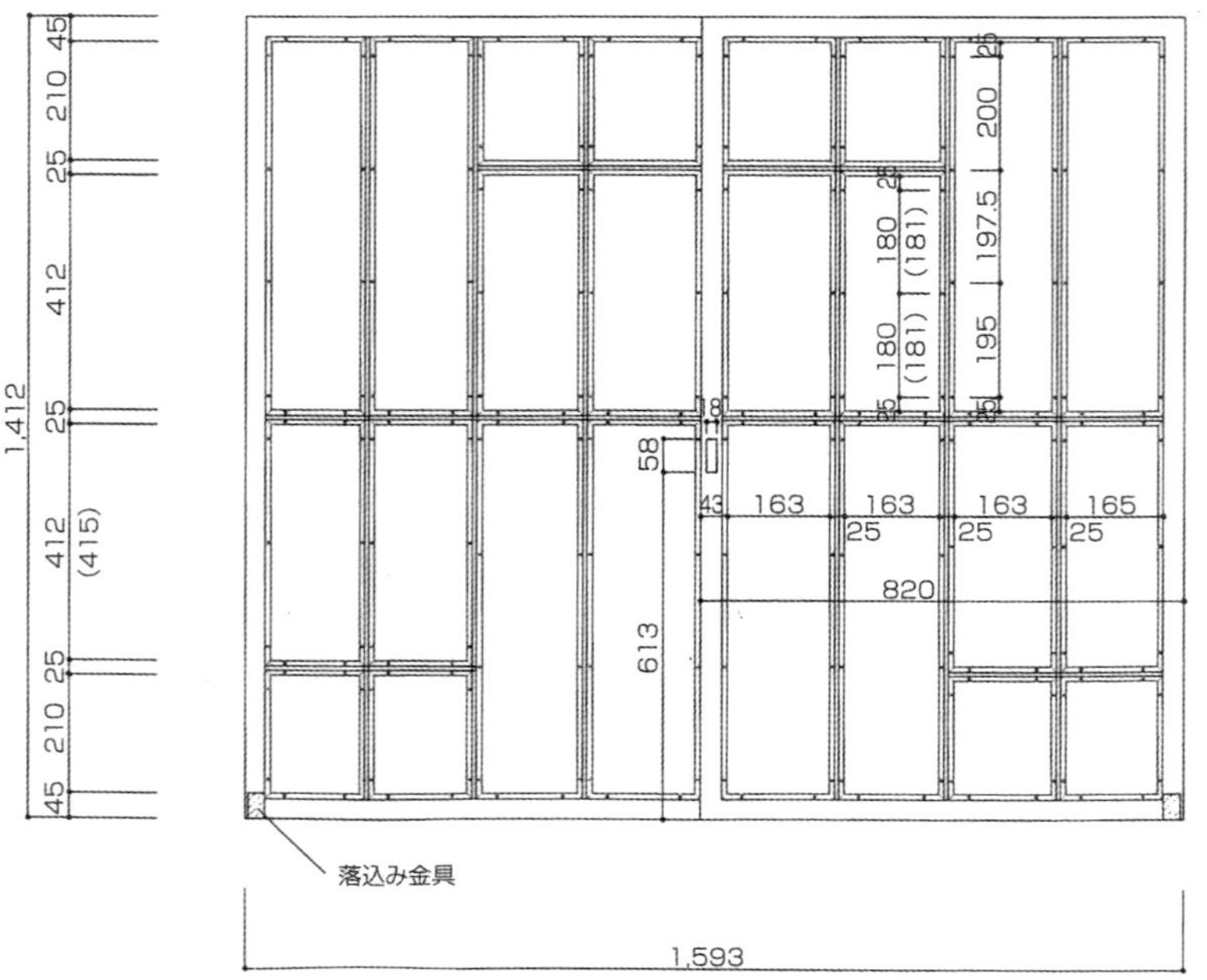

客室開口部詳細図 S:1/20

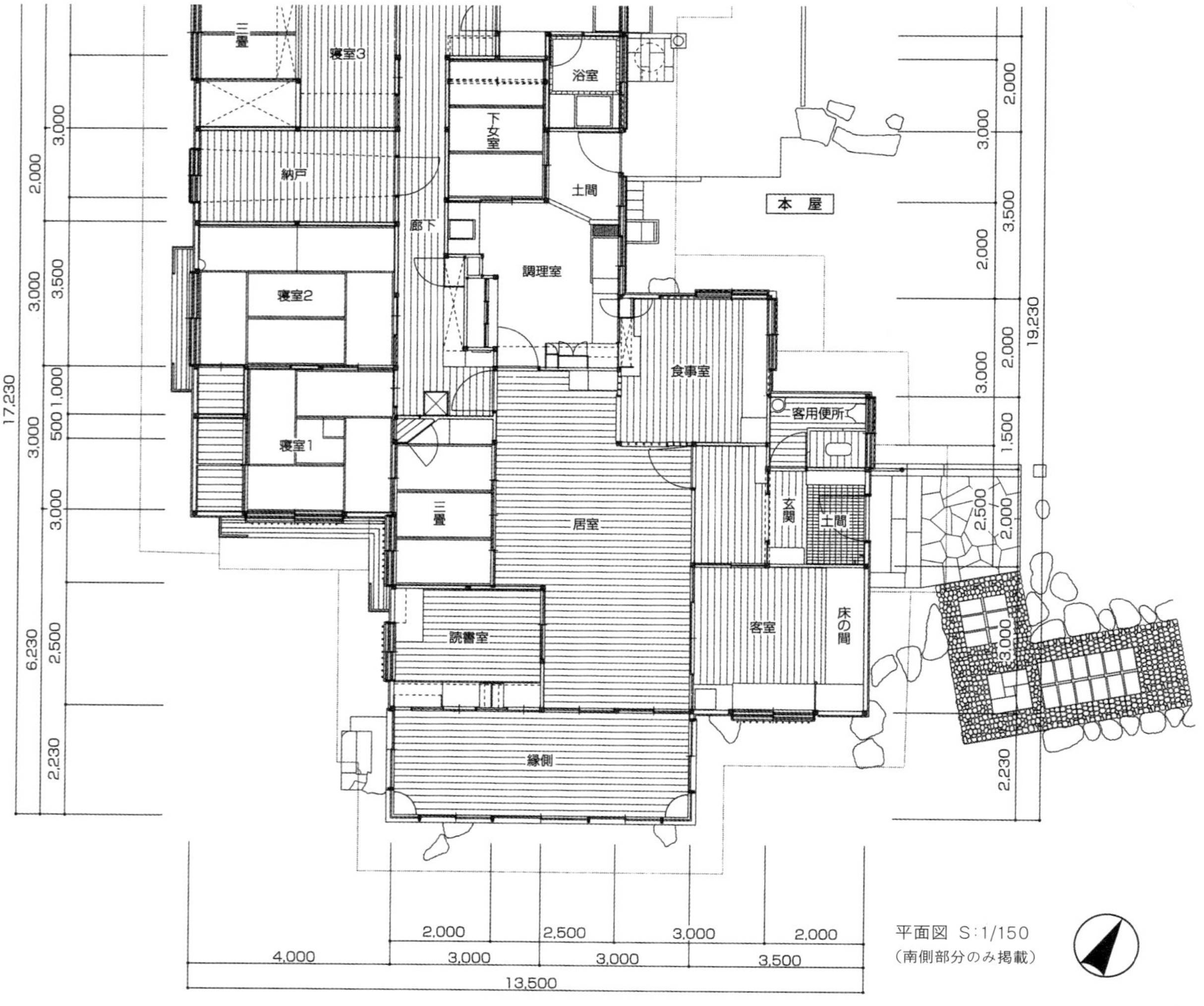

平面図 S:1/150
（南側部分のみ掲載）

〈左写真〉縁側部分外観写真。枠はすべてテーパーがかけられており、端正な仕上がりになっている。

〈右上写真〉正面左の建具は玄関につながる開き戸で、色は壁と合わせたベージュ色。框の色も巾木やまわり縁と合わせられている。正面右の建具は、客室につながる引き戸で、框の色は開き戸同様に壁と合わせられているが、面の色はブルーグレーで壁と異なる存在であることが示されている。

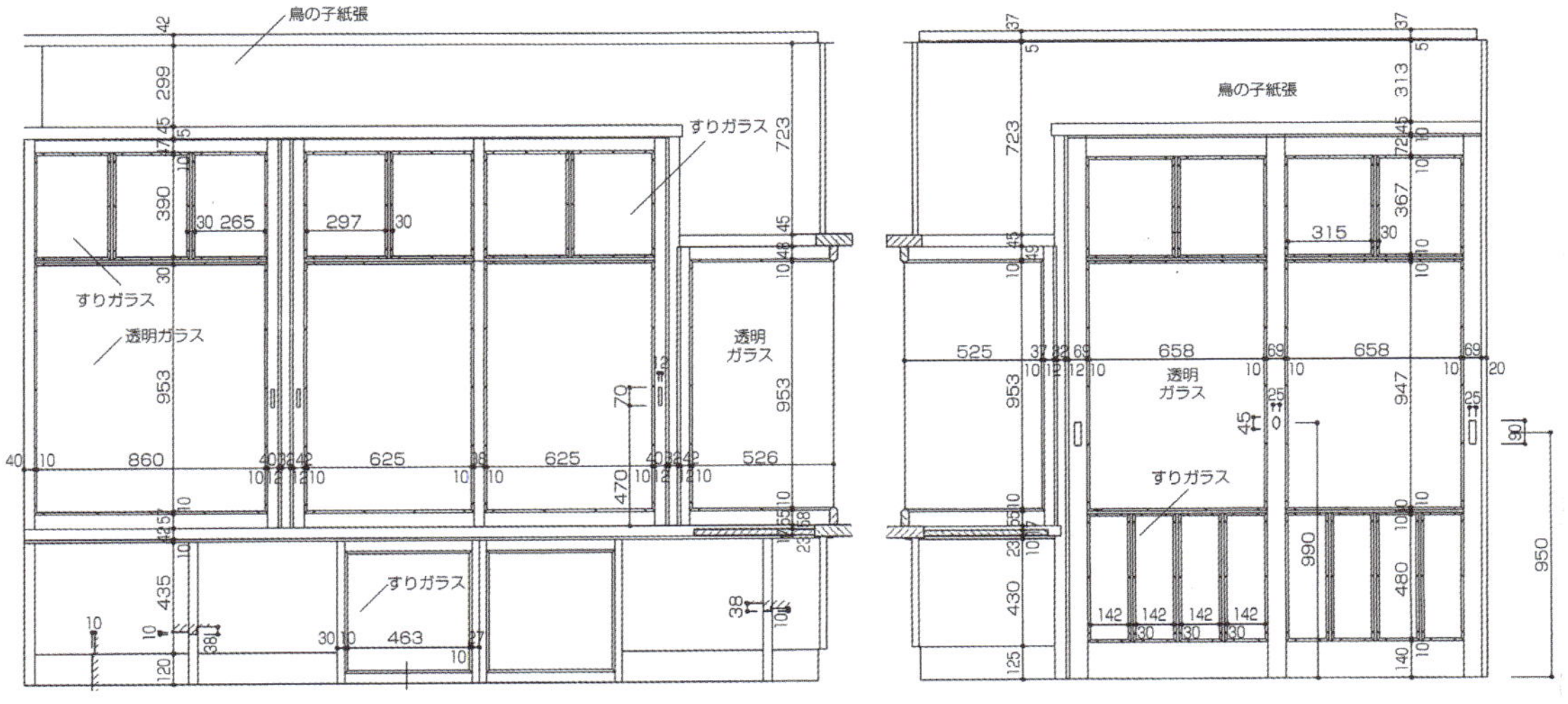

縁側開口部展開図 S:1/40

反住器‖毛綱毅曠

——奇抜な形の中に配慮が垣間見える室内窓

北海道・釧路に建つ、設計者＝毛綱モン太（のちに毅曠に改名）の母が1人で住まうために建てられた立方体の家は、反住器と名付けられている。その名の通り、住むための器であることを拒絶したかのような幾何学の箱である。立方体を斜めに切り取るように、屋根面とファサードに大きなガラス面の開口部が設けられており、外観の印象をより強めている。3層の器の入れ子となっており（図面参照）、一番外側の箱は「環境暗号器」と呼ばれ1辺の長さは7・4m、その内側に「肉体応答器」と呼ばれる3・8mの箱があり、最後に「皮膚反応器」とされた1・7mの箱があった（この箱は竣工後、数年経った頃に分割されて家具として利用されていた）。毛綱は「部屋が人間の容器であれば、部屋の内部にも又、箱、柵、器等多くの容器がある。あなたの生きている空間は、従って、器と器との間際の空間（空相）なのである」[1]と書いており、毛綱の原理的な思想が純粋に形になった家である。内部の器は重心をずらしながら重なり、その間に階段や回廊がある。そして、器の表面に設けられた三角形を帯状に割った形の室内窓は、その一部が開閉可能となっている。帯の幅は450㎜程度になっており、女性でも簡単に開閉可能なスケールに分割されている。

暖房の方式に間欠暖房というものがある。これは建物全体を常時暖めるのではなく、人のいる場所や時間だけ暖める方式である。反住器のように入れ子の構成を取ると、器ごとに暖めることができるようになる。亡くなるまで住み続けた毛綱の母は、2層目の器と、少しずれて半地下となっている部屋を日常的な居場所にしていたという（前者は居間として使い、後者は寝室となっていた）。これらの器の内部は冬場こそ24時間暖房がたかれていたが、その外の「空相」（図面上では「回廊」）には暖房設備は設けられていなかった。しかし、屋根面とファサードの三角形の開口部から入ってくる日射により、暖房がなくとも不便に感じない暖かさだったという。夏場は釧路の人には暑いほどで、1層目の開口部は、開けられていた時間が多かったそうだ。また、2層目の器の室内窓は、冬場にこもった熱を逃したり夏場の風通しを確保するため、熱や空気の応答を促す調整弁として機能していた[2]。

さらに、この室内窓は内外で仕上げが異なっている。外側は「空相」の設えに合わせて白く塗装されているが、内側は木目が残るようにクリアオイルで仕上げられ、器内の仕上げと相まって落ち着いた印象になっている。このあたりは、どのような設えにすると居心地が良いかを熟慮した、毛綱の母への配慮が現れている部分である。

毛綱は「都市のなかのあなたは、建物と建物との間の空間で棲息している。ストリート、小路、モール、ギャラリー、廊下。… すべてが〈空相〉といえる」[1] と書いており、反住器の思想は一住宅に納まるものではなかった。

奇抜な印象の強い反住器について、「この住宅は住みにくくないですか?」と聞かれた毛綱の母は「こんなに住みやすい住宅はない。（中略）こんな住宅を残してくれたのは最高の親孝行だ」と反論したという。[3] このエピソードからも、入れ子の構成とその境界に設けられた室内窓により、寒さの厳しい釧路においても暖かく快適な住環境が生み出されていたことが推測される。実際には、その快適性は熱環境だけに留まらず、入れ子の構成と大きな開口部によって、室内からでも空が近く感じられたことや、構成を崩さずに機能性を同居させた巧みな動線計画など、多岐に渡るという。強い思想と形態のイメージが先行しつつも、機能性豊かで釧路の環境にうまく応答し、さらに母への配慮に溢れた建築であることがうかがい知れる。

1 『建築』1972年11月号［pp.96~97］
2 毛綱毅曠のご子息・毛綱康三氏へのヒアリングをもとにしている。
3 「穴が開くほど見る　建築写真から読み解く暮らしとその先」『新建築 住宅特集』2019年8月号、新建築社

2層目の「肉体応答器」の内部。回廊の白く塗られた壁の印象と異なり、生活の切実さを受け止める仕上げになっている。
右写真の端（手前）の黄色い家具は「皮膚反応器」が解体再利用されたもの。

〈左写真〉夕暮れ時には回廊が赤く染まる。

〈右上写真〉2010年頃に、外壁の大規模なメンテナンスが行われ、当初のスチールサッシからアルミサッシに交換されている。

〈右下写真〉三角形の開口部は、外部に面した1層目も、室内にある2層目も同じピッチの帯になっている。

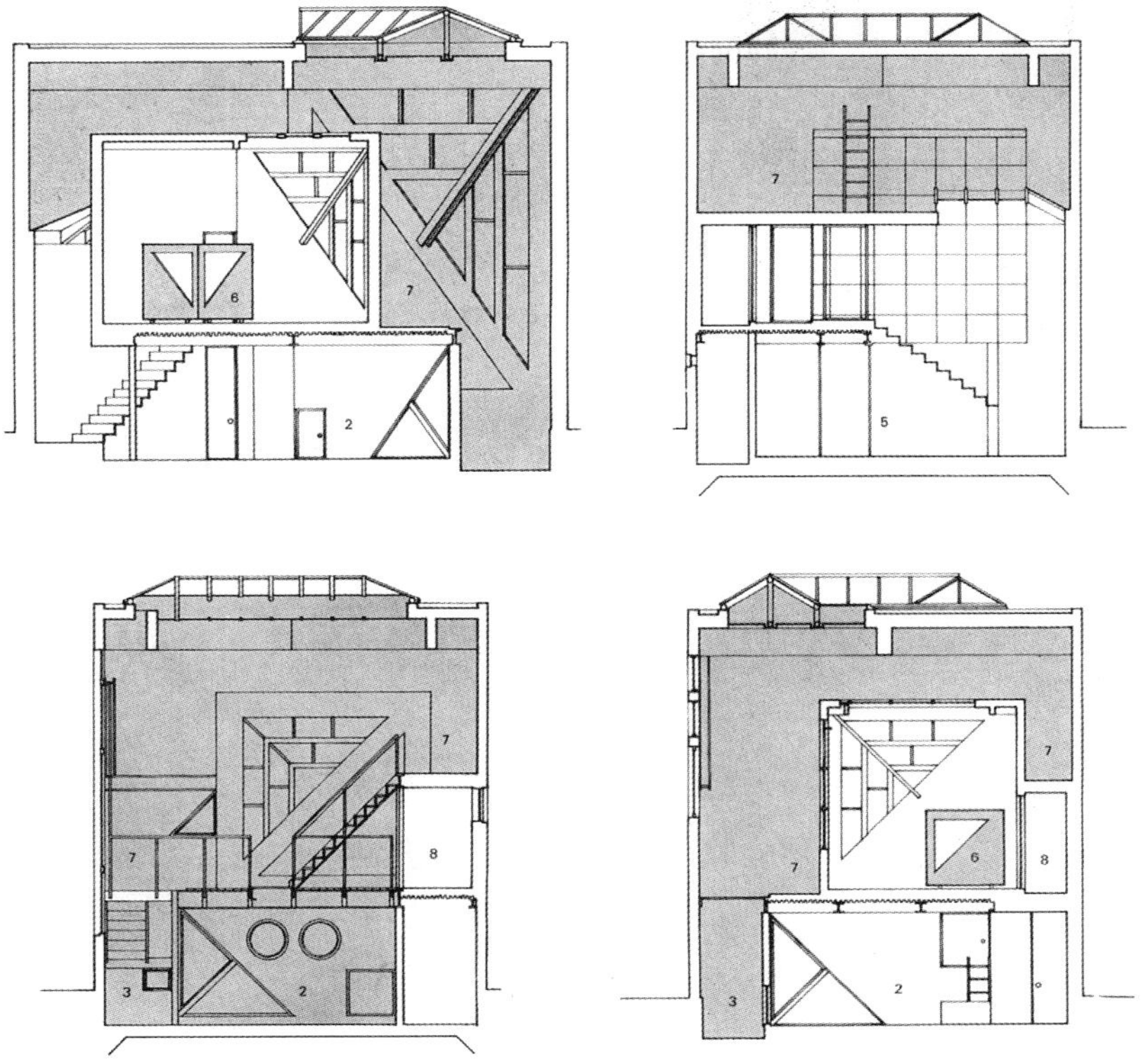

断面図 S:1/200

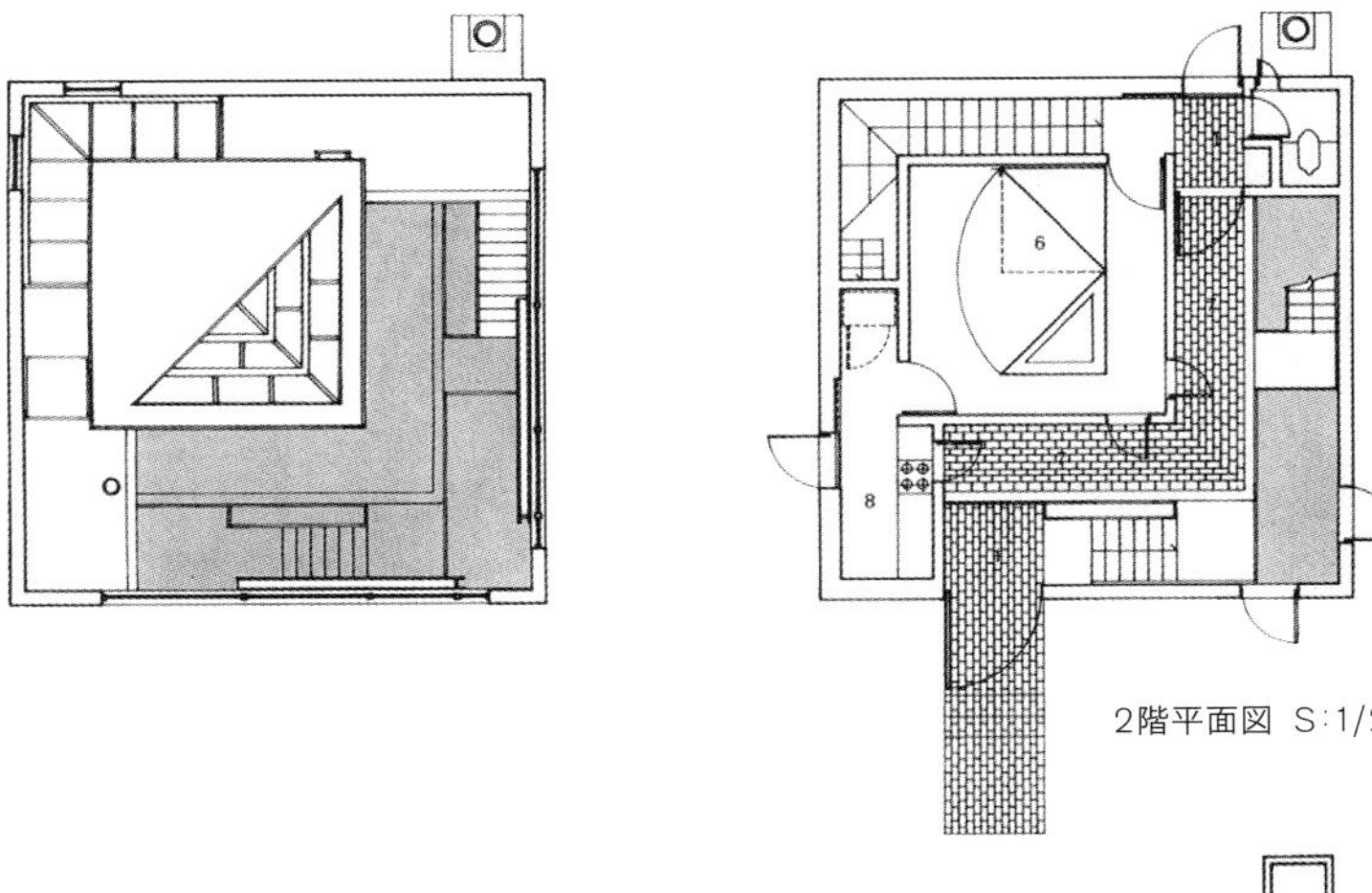

2階平面図 S:1/200

1 玄関
2 個室
3 サンクエリア
4 ボイラー室
5 収納
6 ファニチャー
7 回廊
8 厨房

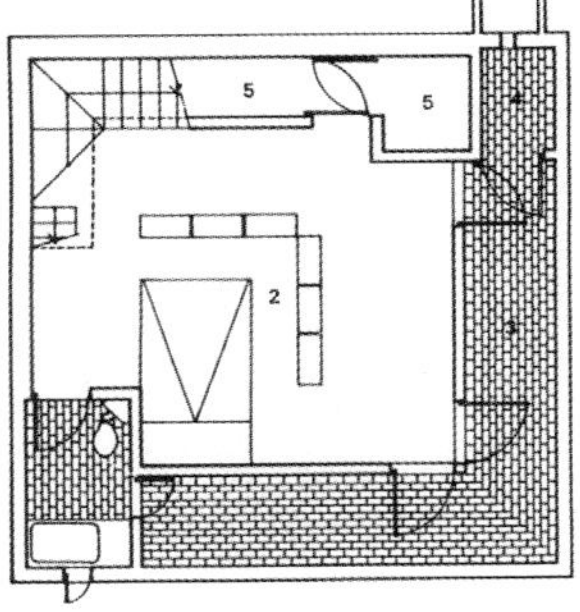

1階平面図 S:1/200

牛久のギャラリー＝堀部安嗣

——「調整する」という建具のコモンセンス

堀部安嗣の初期の代表作で、住宅・ギャラリー・アトリエが一体になった併用住宅である。建っているのは、茨城県の新興住宅地の一角。戸建住宅が整然と建ち並ぶ中に、築20年ほどを経て豊かに育った樹木が顔を出し、この一角だけ特別な場所になっている。この建築の特徴は、3つの異なる機能が複合しながらも、外観はそのことを声高に語らず、朴訥にひとつの家として存在していることだ。しかし同時に、ボリュームの間からのぞく中庭と、そこに面して一定のリズムで並ぶ縦長の開口部が、この建築がただの家ならざる佇まいであることを外部に伝えている。

異なる場が同居する上で中庭が大きな役割を果たしているが、さらに中庭との境目となる建具が、季節ごと時間ごとに繊細に互いの関係を調整する役割を果たしている。中庭に面した外壁面には、均等に建具の引き込みを兼ねた外壁が並ぶ。開口部には、3種類の建具——木製ガラス引戸・簾戸・障子が層状に組み込まれている（このうちの2種類のみが入っている場所もある）。その時々の状況や気候で建具を組み替えることが、中庭と内部の関係を身体的に調整することにつながる。

堀部は、自著『建築を気持ちで考える』でルイス・カーンの建築から「コモンセンス」の重要性を学んだことを記している。コモンセンスとは、人類に共通した感覚や認識のことを指す。「カーンは建築の表現が枝分かれする前の状態を見つめていた」[1]と堀部が述べるように、現代では建築の表現が多様さをきわめたことで、我々は建築のコモンセンスを見失っているのではないか。ここでは、複数種の建具を重ねて、それらを手で動かすことで内外の関係や風と光を調整するという、建具のコモンセンスに基づいた建築を、緻密なディテールの積み重ねによりつくりあげている。

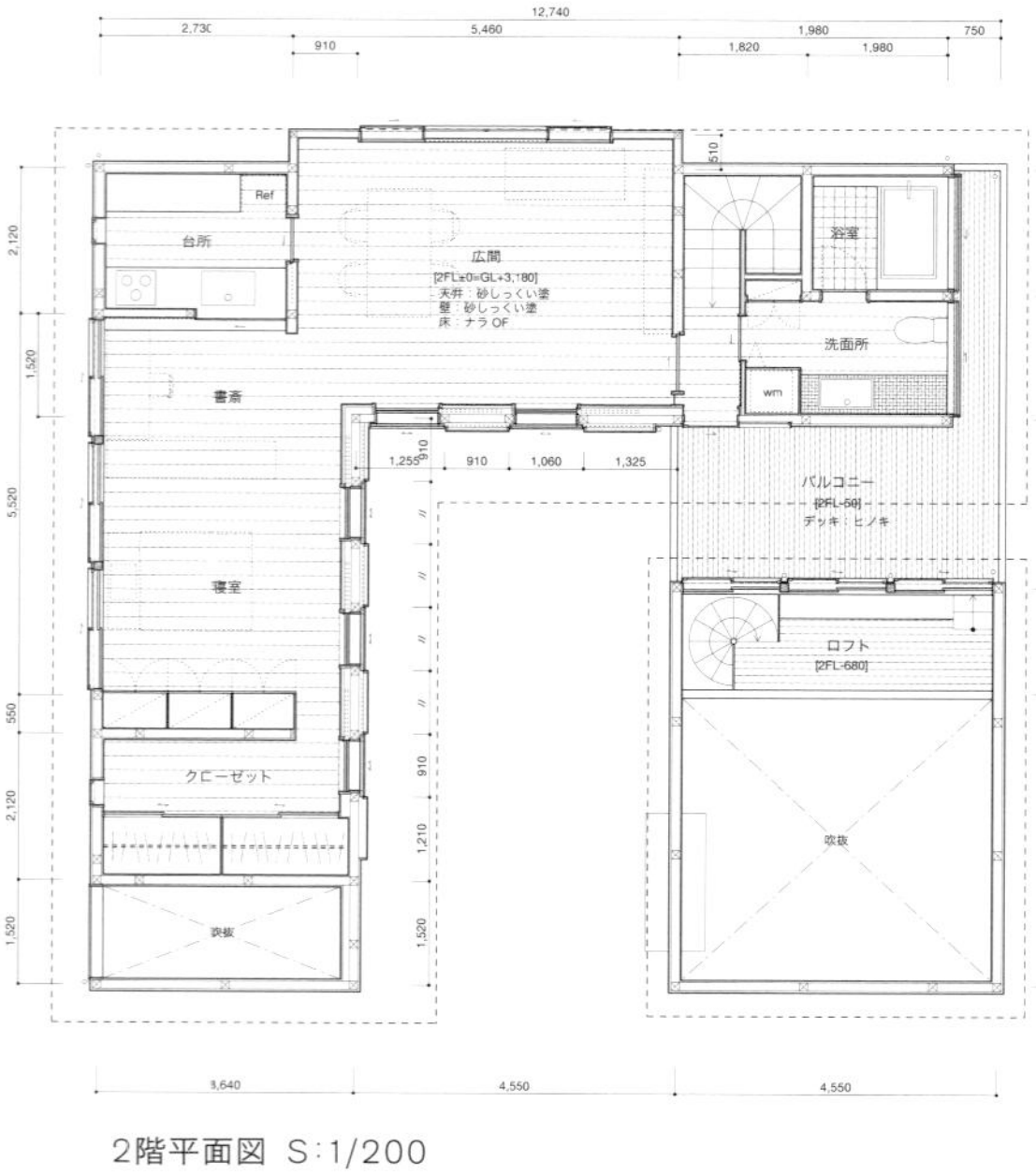

2階平面図 S:1/200

今後、ギャラリーやアトリエがどのように使われるのかは定かでない（2024年6月現在）が、静謐な空間は竣工当時と変わらないようだ。

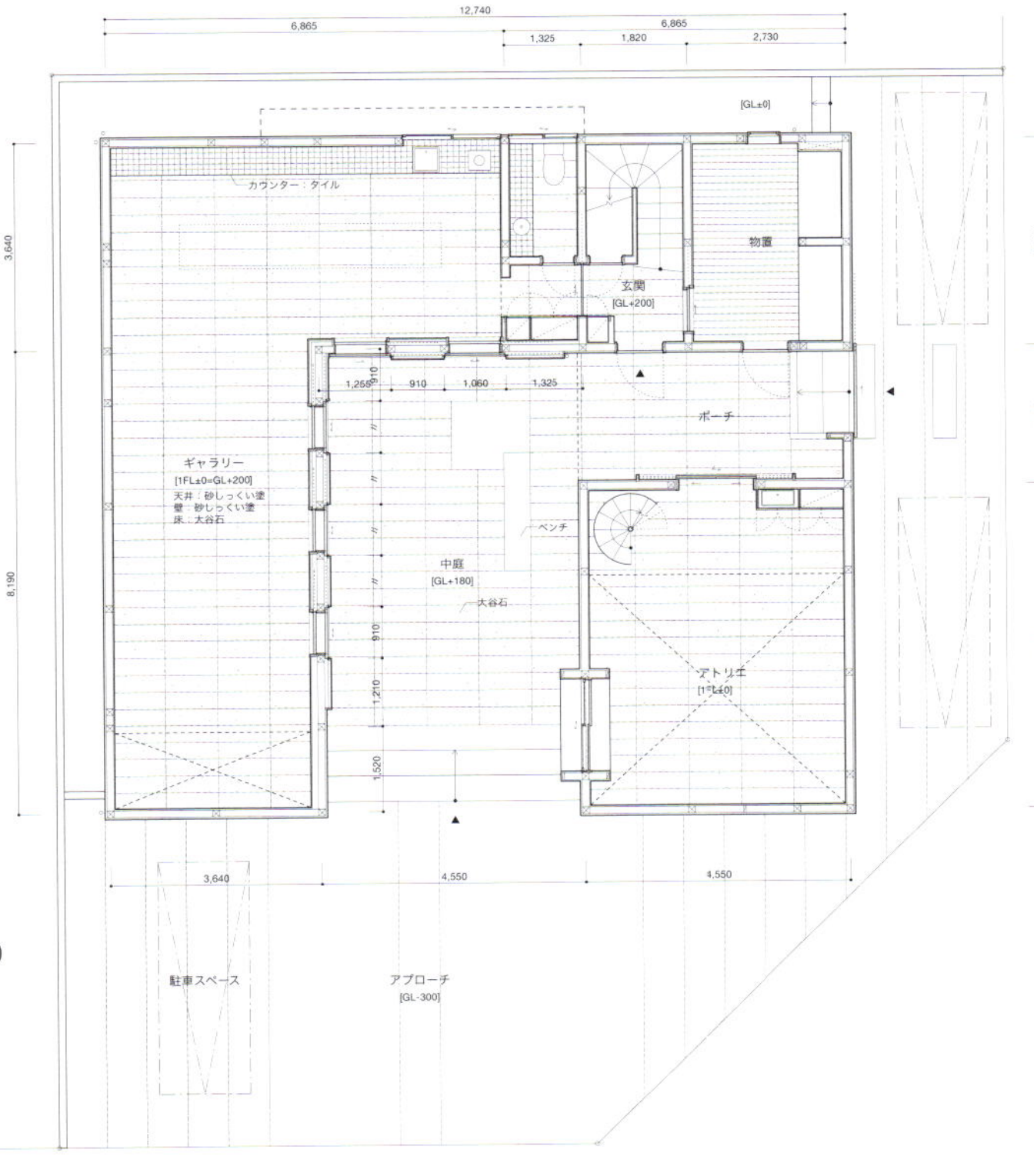

1階平面図 S:1/200

1 堀部安嗣『建築を気持ちで考える』TOTO出版（2017）[pp.61～62]

〈上左写真〉2階広間の開口部にも、1階ギャラリーと同様に3枚の建具が組み込まれている。

〈上右写真〉中庭に面したアトリエには、腰かけられるように奥行きのある開口部が設けられている。

〈下右写真〉築20年以上が経ち、樹木も大きく育って外観が隠れるほどになっていた。当初のオーナーが高齢になられたことから、この建築は2023年に住宅遺産トラストの助力により、新たなオーナーに継承されることが決まった。

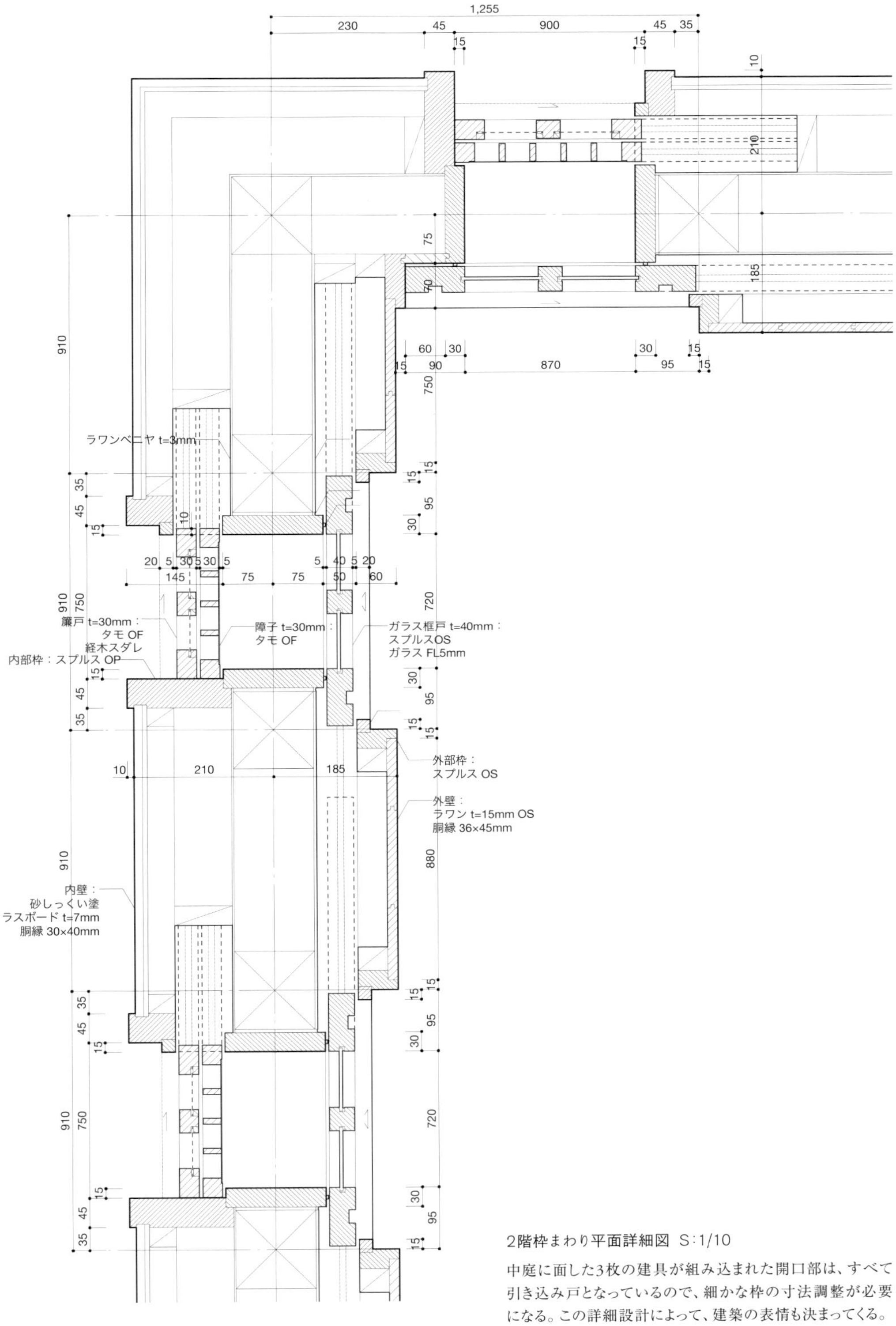

2階枠まわり平面詳細図 S:1/10

中庭に面した3枚の建具が組み込まれた開口部は、すべて引き込み戸となっているので、細かな枠の寸法調整が必要になる。この詳細設計によって、建築の表情も決まってくる。

白馬の山荘‖仲俊治＋宇野悠里

——自然との戯れを楽しむエコロジカルな境界

　長野県白馬村は日本有数の豪雪地帯でありながら、夏はそれなりに暑く年間の気温差が大きい地域でもある。ここに山荘を設計するにあたり、仲俊治・宇野悠里はこの地の気候の特徴を捉えながらさまざまな実験を試みた。

　構成は、透明ポリカーボネートの折板がかけられた屋根が全体の半分以上を占め、その下に半分に満たない面積の2階建の母屋と平家のバスルームが分棟で配置されている。それ以外は、広場と呼ばれている広い軒下空間になっている。屋根の先の方にはカーテンレールが設置されており、夏は蚊帳・冬はビニールカーテンが張れるようになっていて、広場を包み季節ごとに様相が変わる場となる。冬は、土間に切り込んだ溝に水を流し凍らすことで、ビニールカーテンを固定し気密性を確保している。自然がつくり出す、簡潔で魅力的なディテールである。夏はビニールカーテンに代わり蚊帳を張り、快適な軒下空間が設えられる。室内においては、風通しを重視した工夫がなされている。また母屋にかかる屋根はダブルスキンになっており、換気用の天窓を開けると、重力換気により暖かい空気が上昇して棟から排気されるようになっている。これによって、山荘に滞在していない時期でも、自然換気が行われ建物を健全に維持できている。

　またこの地域では積雪のため1mほど高床にする慣習があるが、仲らはこれに倣うのでなく、地続きの床にすることで地熱を蓄熱できることを発見した。これにより冬の不在時でも、1階室温は大きく下がらずに環境を維持できている。想定外なことに、近所の人が冬にバイクを雪から避けて置いておける貴重な駐車スペースにもなっているという。

　「白馬の山荘」は、この地域の厳しい気候を丹念に観察し、設計を通してポジティブな要素に変換するアイデアと実験精神に満ちている。それらの試みは、床・壁・屋根といった外部と面する境界面を変容させ、それらに包まれた内部は、この地域の特徴的な自然を感じられる場となっている。移り変わる自然との戯れを楽しみながら、休暇を過ごせるこの場所は、特別な時間を与えてくれるだろう。

〈右写真〉軒先にある梯子は、蚊帳・ビニールカーテン張替えのためのもので、この屋根を支える構造の一部にもなっている。
〈上写真〉冬にビニールカーテンを張った状態。土間の溝で水を凍らせてカーテンを固定しているため、外部の見え方も映像的で美しい。

広場の屋根部分はすべて透明ポリカーボネートの折板がかかっており、明るく森の環境を十分感じられる場所になっている。

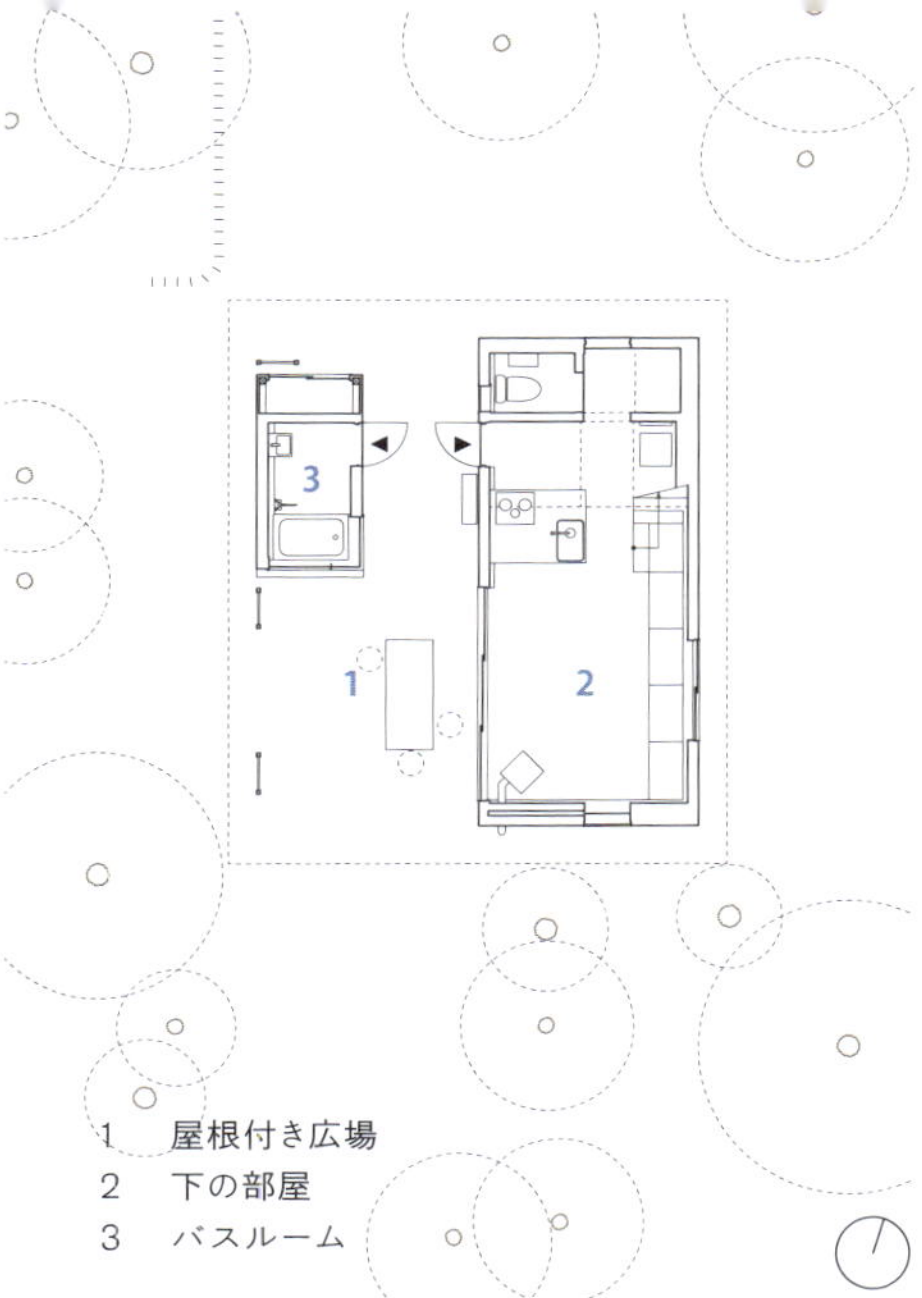

1階平面図 S:1/120

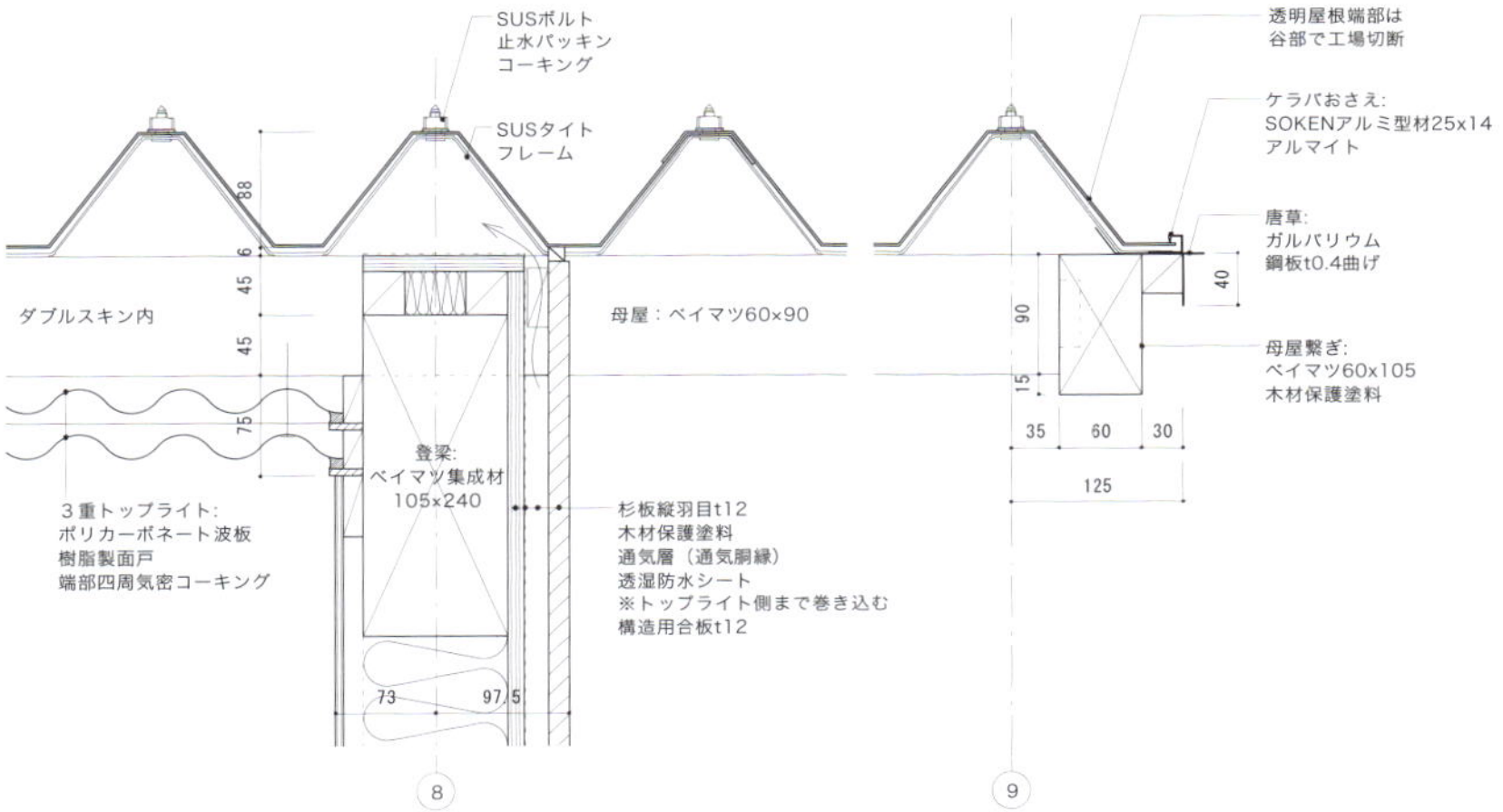

透明屋根詳細図 S:1/10

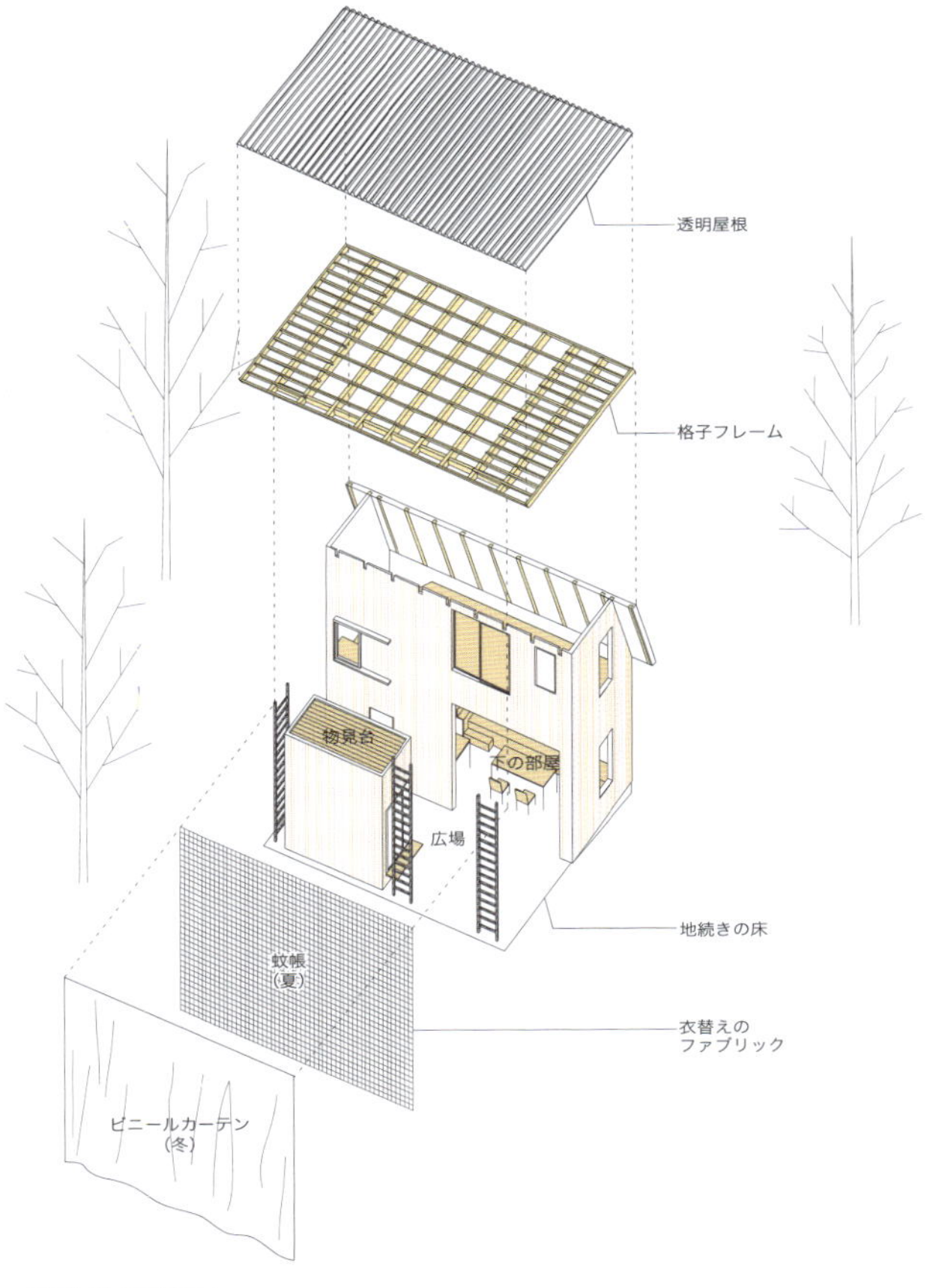

構成ダイアグラム

〈上写真〉冬用のビニールカーテンを固定するため、土間の溝に水を流し込んで「氷封」する。なお、氷封は仲の造語である。

〈下写真〉2階では重力換気を促す換気窓から採光が降り注ぐ。

小杉湯となり‖樋口耕介＋瀧翠

――「銭湯的」な現象を生み出す建具と環境層

東京・高円寺に昭和8年（1933年）創業の小杉湯という老舗銭湯がある。ここは多い日で、1日1000人近くが訪れる人気の銭湯であり、「銭湯のある暮らし」を文化として根付かせることにも積極的に取り組んでいる。「小杉湯となり」はその隣の敷地に建てられた、会員制の「銭湯付きセカンドハウス」である。

この建築でまず目に留まるのは、内部の半透明の天井スクリーンと「環境層」である。天井スクリーンは、木枠にポリエステルメッシュが貼られた天井用建具であり、メンテナンス用に開閉可能になっている。環境層は、天井スクリーン上部の天井懐にあたる部分であり、外壁面のスチールサッシから差し込む光が溜まる空間になっている。またサッシの開閉により、重力換気や通風を行うことができる。これらは外部にまわっている庇とともに、各階で異なる方角に向けて勾配が取られている。1階は台所・食堂、2階は書斎、3階は個室（予約制）と階ごとに性格が違い、それを空間的に補う上でも天井スクリーンの勾配の変化

〈右写真〉外部庇は、環境層に差し込む光量を増やす反射板としても機能している。勾配の向きも、各階の用途に応じて変化している。

〈左写真〉この建築の佇まいはゆらぎを持っていて、まるで建築自体が立ち上る湯気のようにも見える。

は効果を発揮している。1階は人の集まるスペースであり、勾配は北面に向かって上がり南面からの光を多く取り込む。2階は、個々で仕事や読書をするスペースのため、勾配の向きを逆にしており北面の安定した採光を取り込んでいる。天井スクリーンは室内を密閉しているのではなく、スクリーン同士の隙間を取っていて、そこにライティングレールや開閉に必要となる枠や金物が高い精度で組み込まれている。また、天井スクリーンのつくるグリッドの交点で、トラスが交わっているところも美しく、ディテールの詰められ方もこの建築の魅力のひとつである。

ところで本館の小杉湯の浴場は、大きな越屋根の側面から湯気を抜き通風・採光を取り入れる、特徴的な断面構成となっている。天井面で環境要素を取り入れ、湯気や光や風が混じり合う「銭湯的」な現象を、「小杉湯となり」では天井スクリーンの建具と環境層による断面の境界により具現化したのである。

〈参考文献〉
・『新建築』2020年5月号、新建築社[pp.120~126]

2階内観。この階はコワーキングスペースが主な使い方となっているため、天井面の勾配が北側に向けて下がっていて、常時安定した光の状態を得られるようにしている。

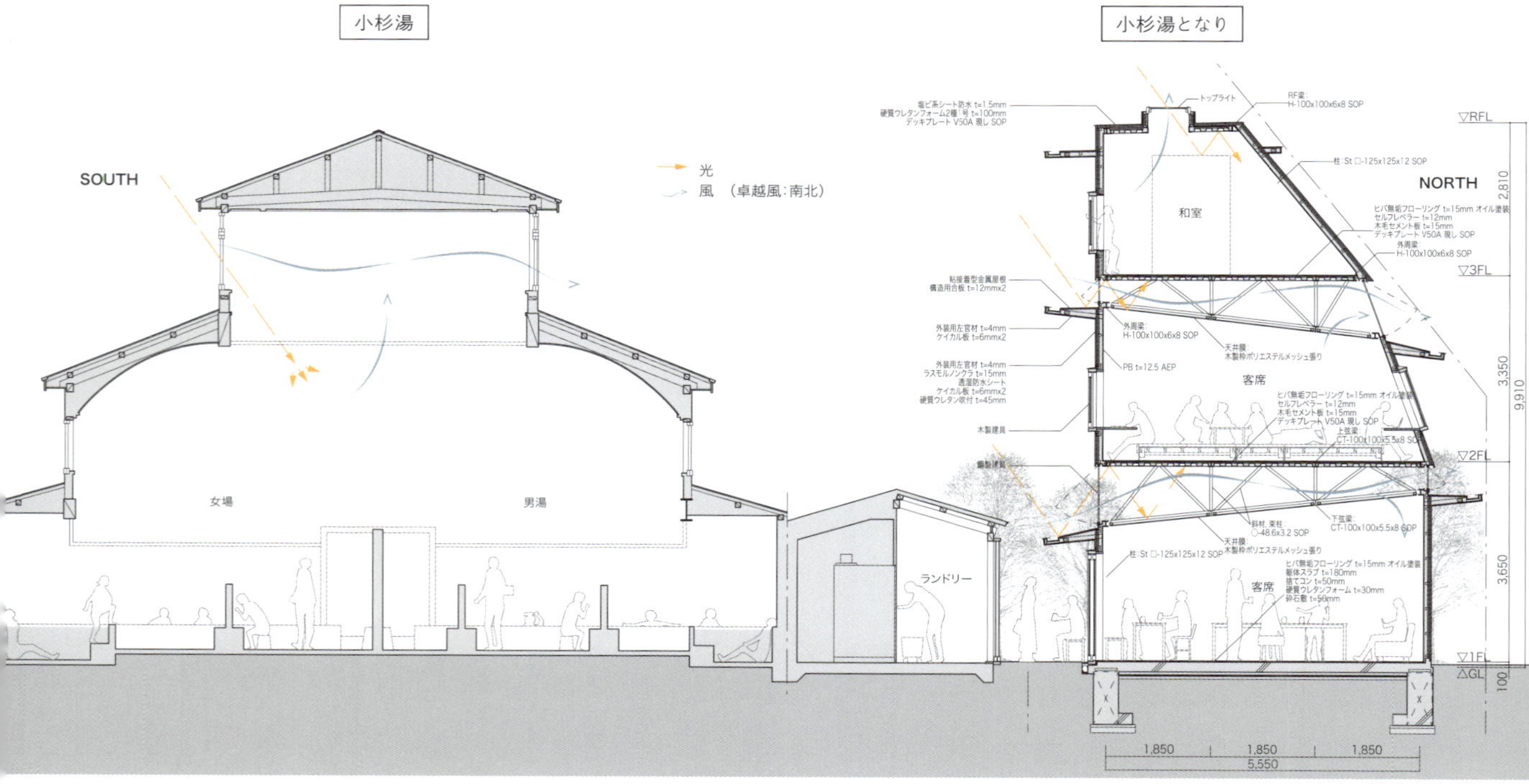

断面図 S:1/150

隣の小杉湯との関係を表した断面図。小杉湯では越屋根のハイサイドライトから、湯気が抜けていく。小杉湯となりでは、湯気は出ないが、環境層によって光や空気が通り抜ける。

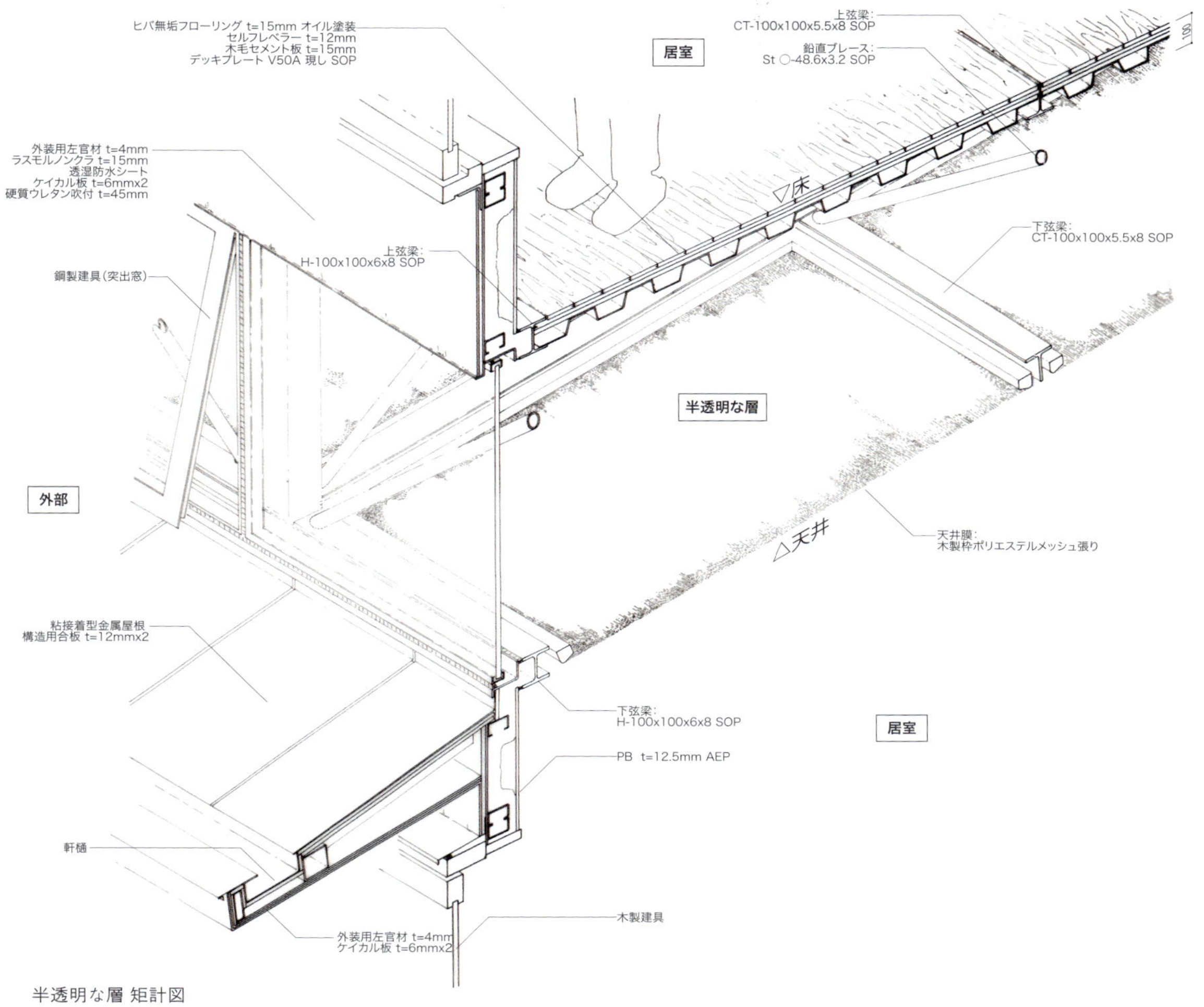

半透明な層 矩計図

天井建具詳細図。T形鋼が天井面の梁となっている。ここに建具用の金物類から、ライティングレールまで組み込まれており、天井に必要な要素が納められていることで、透過性のある天井面が強調されている。

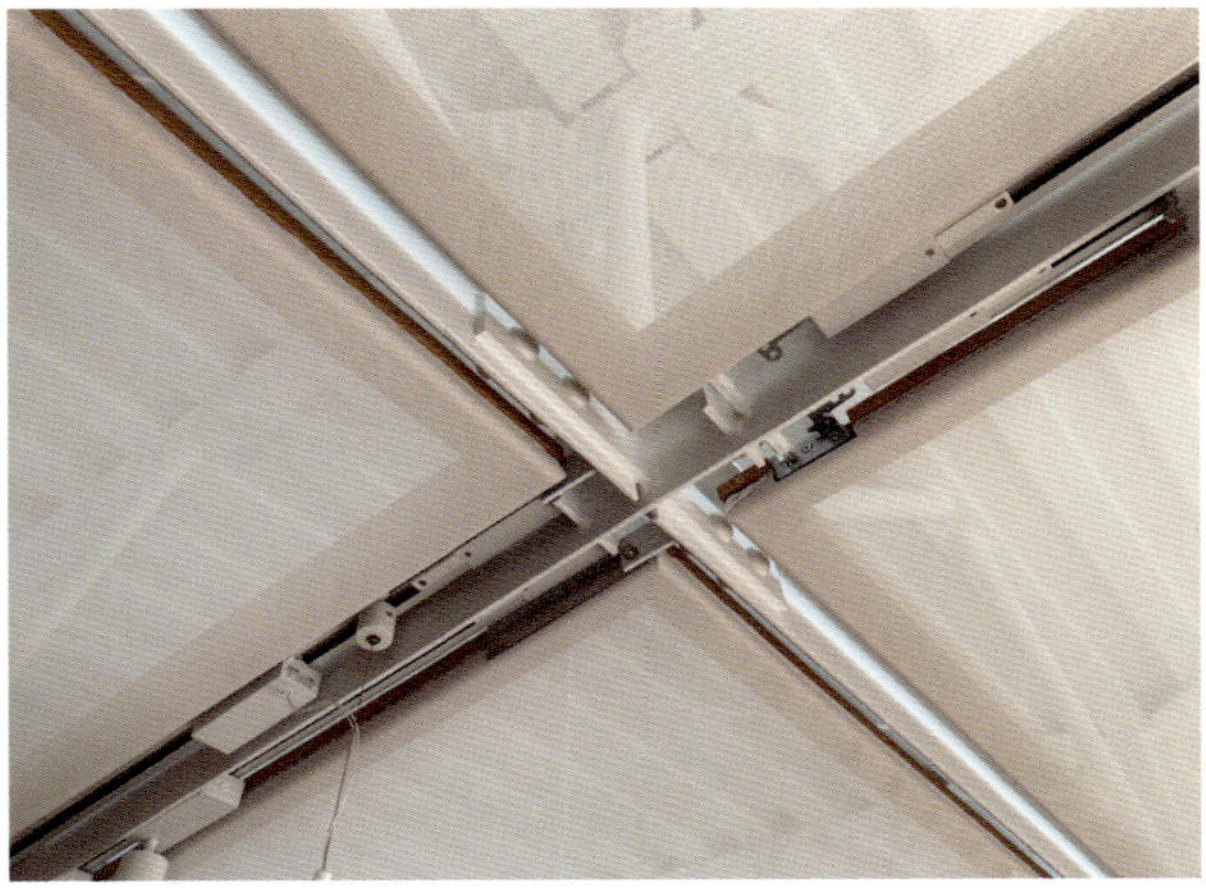

天井建具は、メンテナンス用に室内側に開く。環境層にはブレースや上階の床の構造が現れているが、配線は露出しないように設計されている。

著者事例
3-1

AKO HAT
サンルームと多面窓により熱と空気を調整する家

1970年代後半に建てられた、ほぼ断熱性のない鉄筋コンクリート造・打ち放しの住宅の改修である。現代においては過酷とも言える住環境であり、また周辺環境も時間の経過とともに大きく変化して、周囲から硬く閉ざされた存在になっていた。敷地は工業団地の跡地で、かつては疎《まば》らに住宅が建っているような場所だった。それが約40年を経て、北側に市民ホールと隣接した緑道、西側には公園ができた。また、5人家族で暮らしていた頃に南面に建てた離れは解体され、庭は明るさを取り戻していた。

この建物にborder hatと呼ぶ、各方角それぞれに異なる形状の庇と木質の外壁が一体になったものを被せることで、周辺に対してそれぞれの面で応答するように構えを更新した。各面で異なる形状の庇は、それぞれ片流れ・ボールト・切妻となっており、軒下では勾配の変化が動線としての抑揚を生み出している。少し上げた土間とともに、敷地外周部の風景を取り込んだシークエンスのある軒下空間となっている。さらに、南面の一部には木製建具やガラスでサンルームを設けている。

border hatは敷地をこえて地域の気候と呼応する装置となる。具体的には、サンルーム内の軒天に設けたガラリが、躯体とborder hatの間の50㎜厚の通気層を通して2階の開口部につながっている。この開口部の外部側は両開き戸で内部側は引き込み戸、さらに枠の見込み面の側

平面図 S:1/200

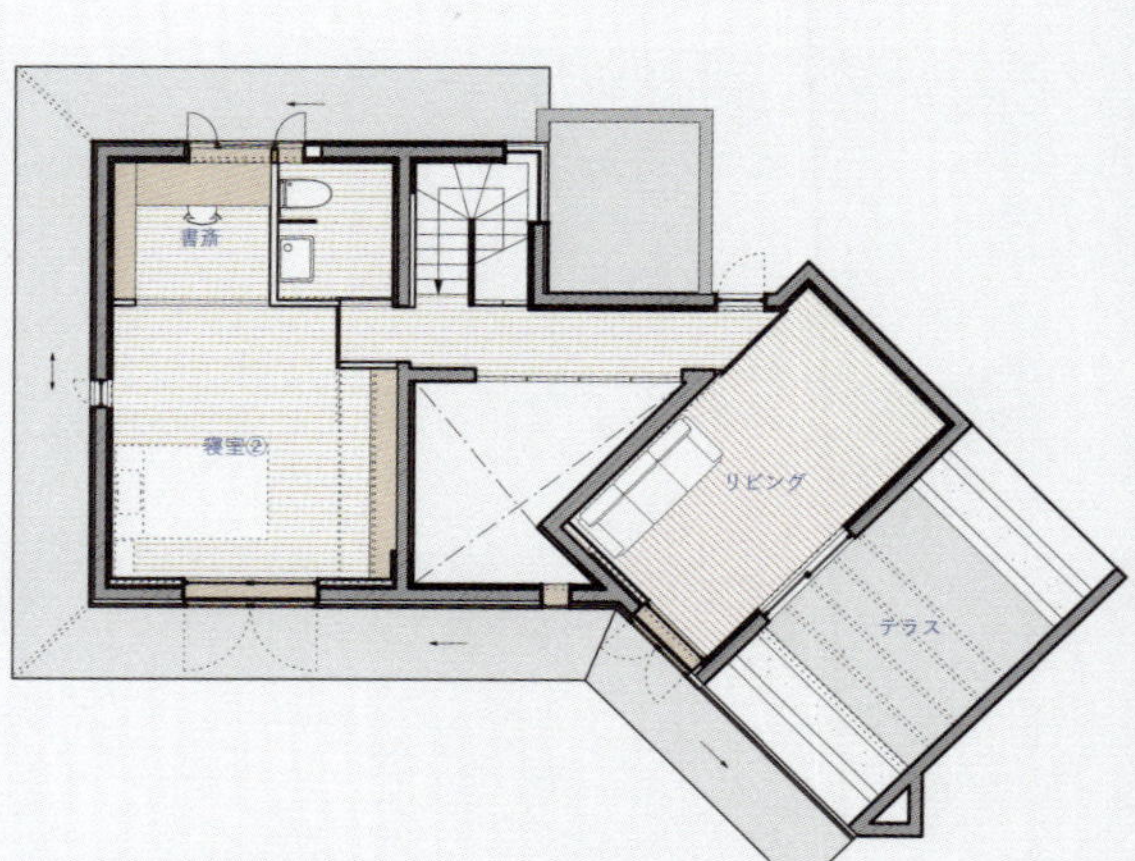

2階平面図

面には通気層につながる細い引き戸があり、さらに底面にはサンルームから上がってくる空気を通すガラリがある。通気層を介したサンルームと、これら多面的な建具による空気の操作によって、冬季には、日中サンルームで温まった空気が、夕方2階の室内側の引き込み戸を開ければ流入して、室温が3・5℃上がることがシミュレーションの結果として示された。

高気密・高断熱化し機械制御された快適性とは異なる、季節に応じた建具の扱い方によって空気と熱の動かし方を身につけ、地域性と身体性を伴いながら内部環境を自らの手で調整できる住み方を提示している。

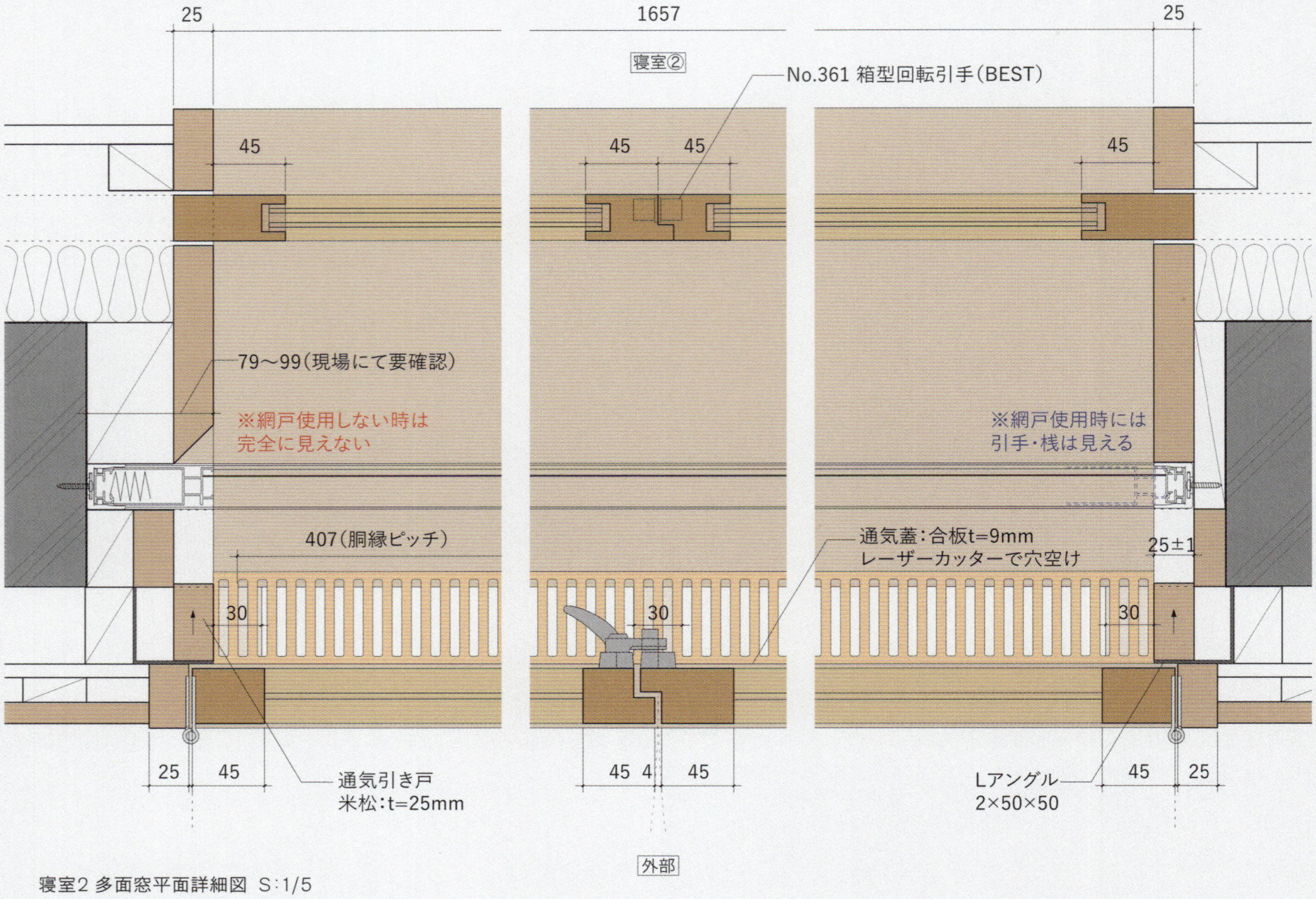

寝室2 多面窓平面詳細図 S:1/5

〈左写真〉サンルーム。軒天左側にあるのが上階とつながっているガラリ。

〈右写真〉手前に突き出ているバルコニーは1階の採光を遮っていたので解体した。

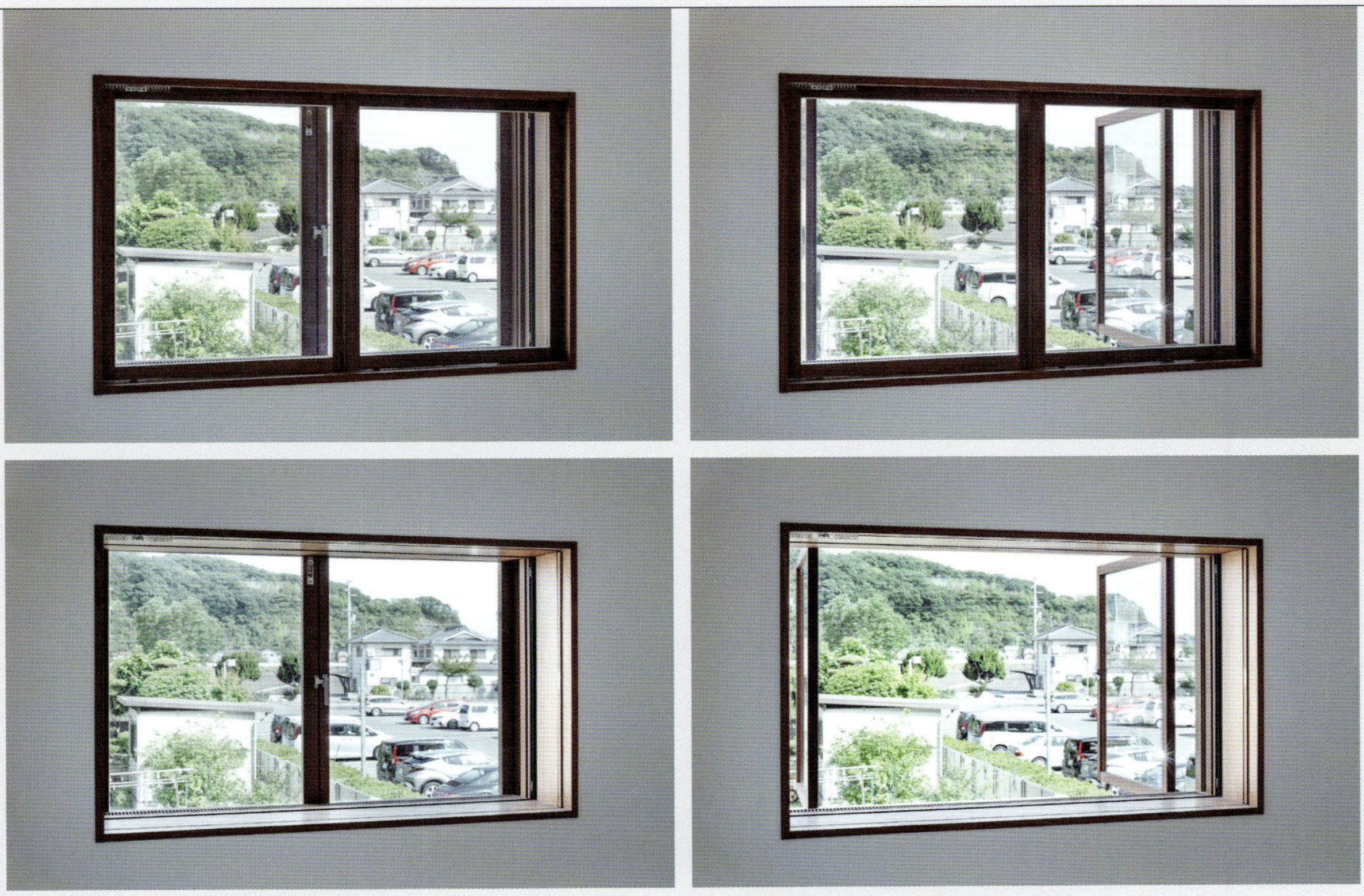

2階開口部　〈左上〉すべて閉めた状態だがサンルームからの空気は上がってくる。〈右上〉外側の両開き窓を開け放った状態。
〈左下〉内部側の引き込み戸を開け、側面の引き戸も開いた状態 。〈右下〉すべての建具を開いた状態。

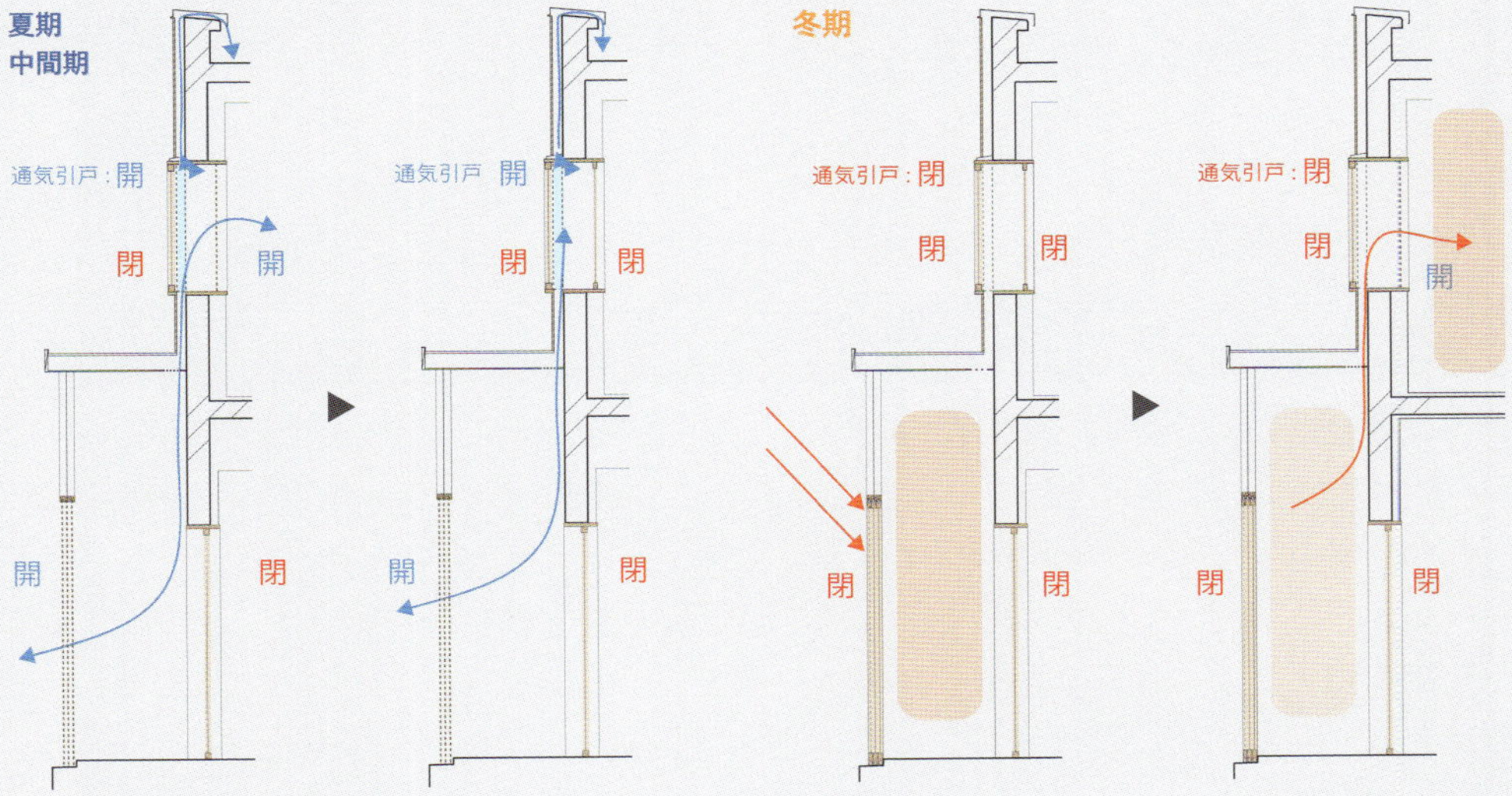

外壁に常時熱が蓄積され、室内温度の上昇の原因になっていたが、通気層と2階多面窓により上下階の通気・通風が促され室内温度の改善が確認された。

日中にサンルーム内外の建具を閉め切ると、空気が温められる。夕方に2階室内側の建具を開けると、温まった空気が2階に流入し3.5℃の温度上昇が確認された。

サンルームと多面窓の温熱・通気ダイアグラム

著者事例
3-2

公園上の家

開放感と安堵感を自在に選び取れる家

都心部の広い公園に面した場所に建つ、集合住宅の一室の改修である。この場所の特徴である、眼下に広がる公園や都市の風景を庭のように取り込みながら、小さな居場所の連なりをつくりつつ、建具の開閉により開放感と安堵感をどちらも選び取れる家を考えた。

クライアントは若い夫婦で、60㎡ほどの中にキッチン・ダイニング・リビング・寝室・2つのワークスペースを設けたいという要望があった。また、台形の間取りの中央に大梁が通っていて、部屋が分断されていたため、大梁を軸に左右にスペースを設けて、南側にはLDKを、東側には寝室とそれぞれのワークスペースを設けることにした。加えて、収納棚を組み込んだ腰壁で領域を仕切り、閉じる必要がある場所には障子や框戸を設けている。また、南面の掃出し窓に面して障子を設けており、閉じると落ち着いた室内環境に様変わりする。

これらの障子は、吉村順三が好んだ、框と桟の寸法を統一した障子［p.130］の写しである。寝室とリビングの間は、部屋同士の主従関係ができないように荒組の両面組子にした。また、南面の掃き出し窓に面したものは壁引き込みにしている。公園が広がる開放感と障子を閉じたときの静かな安堵感を、どちらも最大限実現する構成とディテールになっている。

〈上左写真〉右の写真の建具を閉め切った状態。障子を通して光は入ってくるが、落ち着きのある室内となる。
〈上右写真〉建具を開け放った状態を、寝室側から見る。天気の良い朝の気持ち良さは格別だろう。
〈下左写真〉寝室〜ワークスペース側を眺める。床のパーケットと合わせて、障子の組みも正方形に近いプロポーションとしている。
〈下右写真〉引き込み障子は、サッシの二重窓として断熱性を高める効果もある。

ダイニングからバルコニー側を眺める。障子や框戸を開け放っている状態。
都心部とは思えない開放感を味わえる。

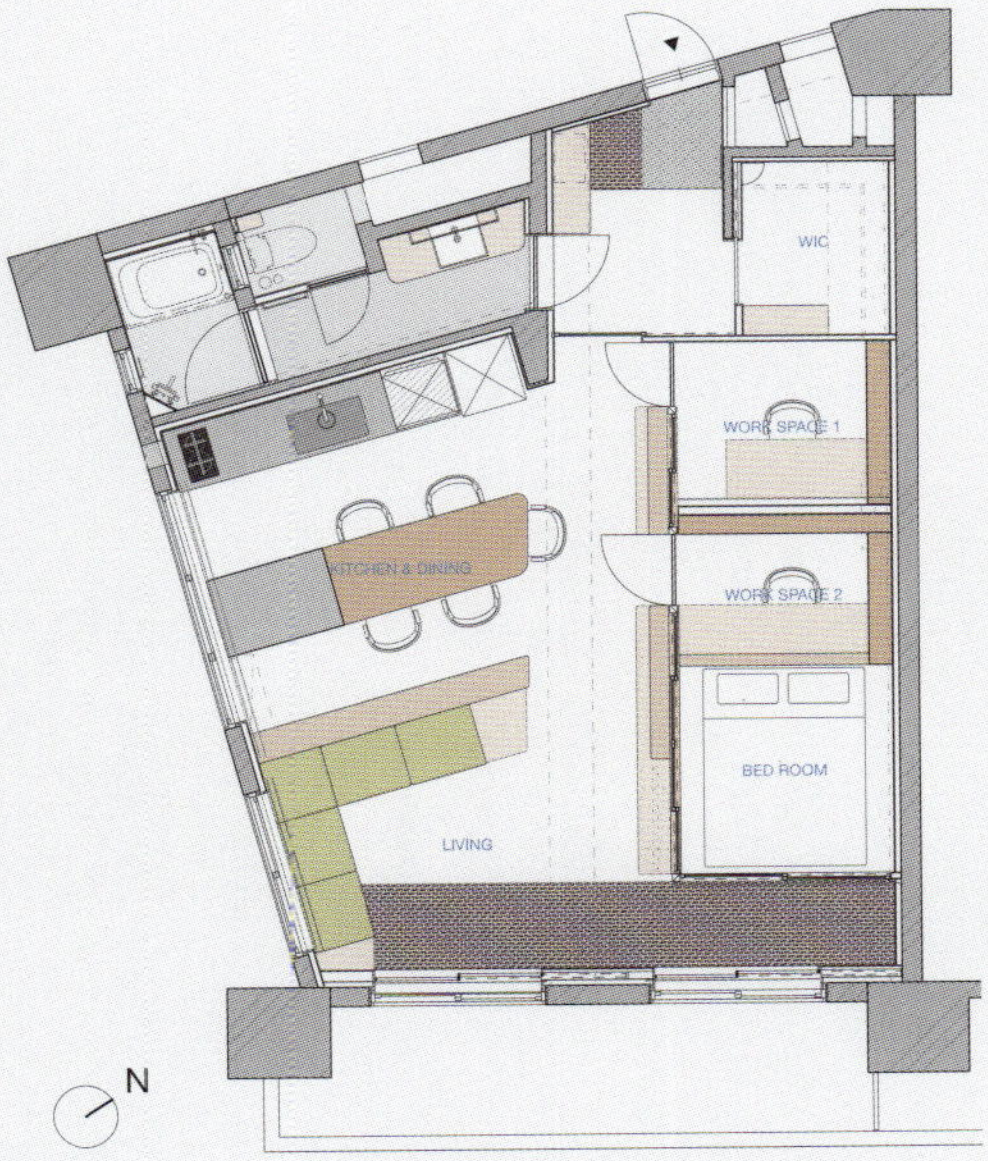

平面図 S:1/150

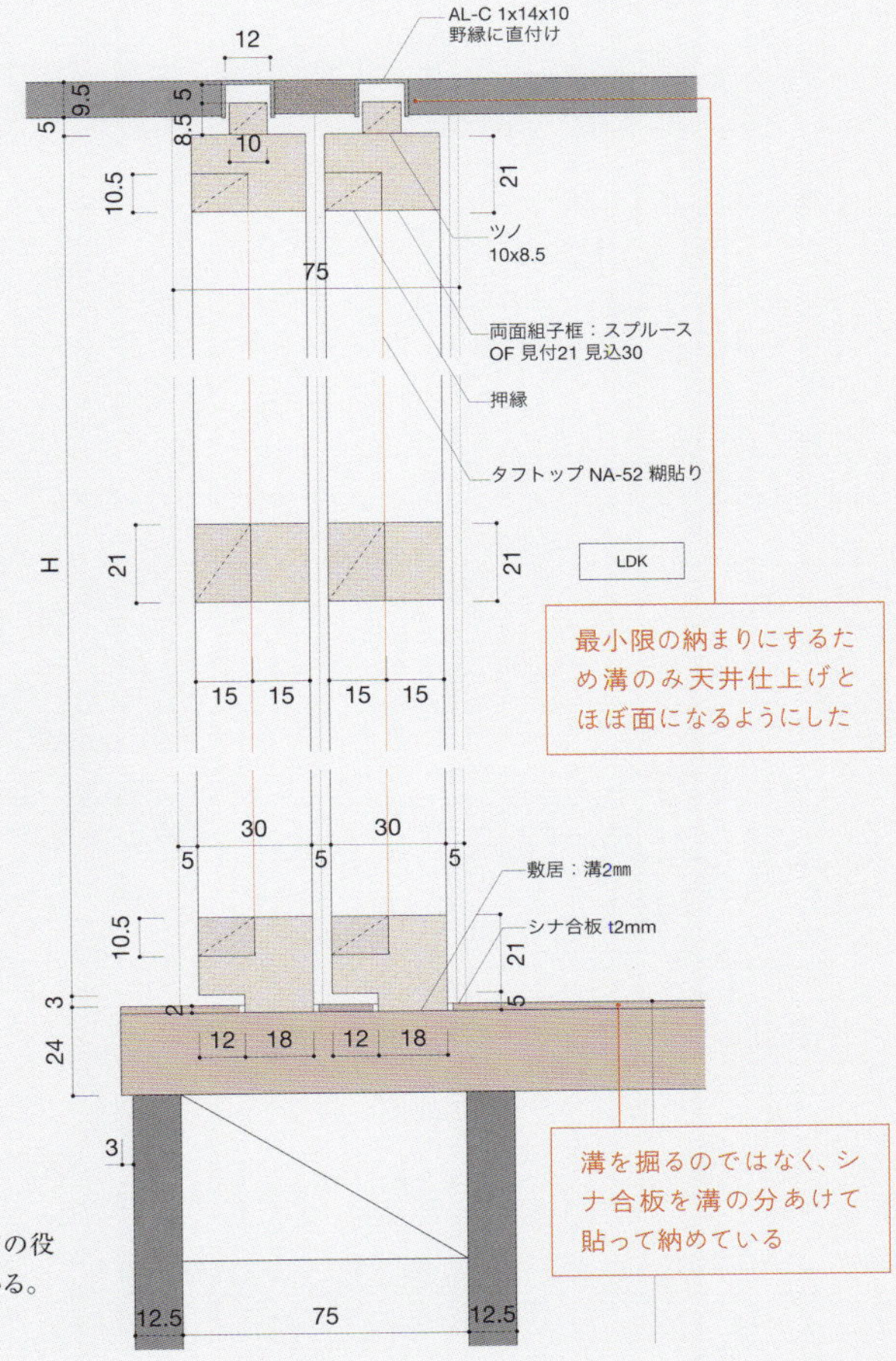

〈右図〉リビングー寝室建具 断面詳細図 S:1/3

この障子は枠の存在をなくすために、棚板の天板に溝を設けて敷居としての役割を持たせ、天井にはアルミチャンネルを埋め込むことで鴨居枠をなくしている。

著者事例

3-3

羽根木の住宅

光を灯し、建築の手触りを取り戻すための部品

リビタが手掛ける「HOWS Renovation」シリーズ［p.48］のひとつで、2×4の戸建て住宅の改修である。2×4は在来構法と比べると、改修する上での自由度が少ない。既存は1階を田の字型に分けるように耐力壁が入り、2階は広々とした空間の中央に壁と梁が入っていた。1・2階ともに間取りの大きな更新は難しいことから、街との境界である外皮を主な設計対象とした。

その上で外皮には、基本的な性能である構造、断熱、採光・通風に加え、新たな効果を付与している。壁と同じ天井高いっぱいの布を張った建具を用い、電線が間近にあるなどノイズの多い周辺の風景に帳《とばり》をかけた。窓からの光が布を通して行灯のように灯り、閉じつつも柔らかい光に満たされた静謐さが生み出されている。この建具を布《ぬの》襖《ふすま》と呼んでいるが、これは布框戸［p.178］の框を裏にして表面に布が現れるように改良したものであり、襖のように細い縁を四周にまわしている。この他、布框戸、布屏風、木のドアノブ・レバーハンドル・つまみなど、室内建具のほぼすべてにおいて、我々がデザインし市販している製品を用いている。これにより、大量生産部品で埋め尽くされた現代の住宅から失われつつある建築の手触りや、静謐な光による現象性を住まいの中にもたらしている。

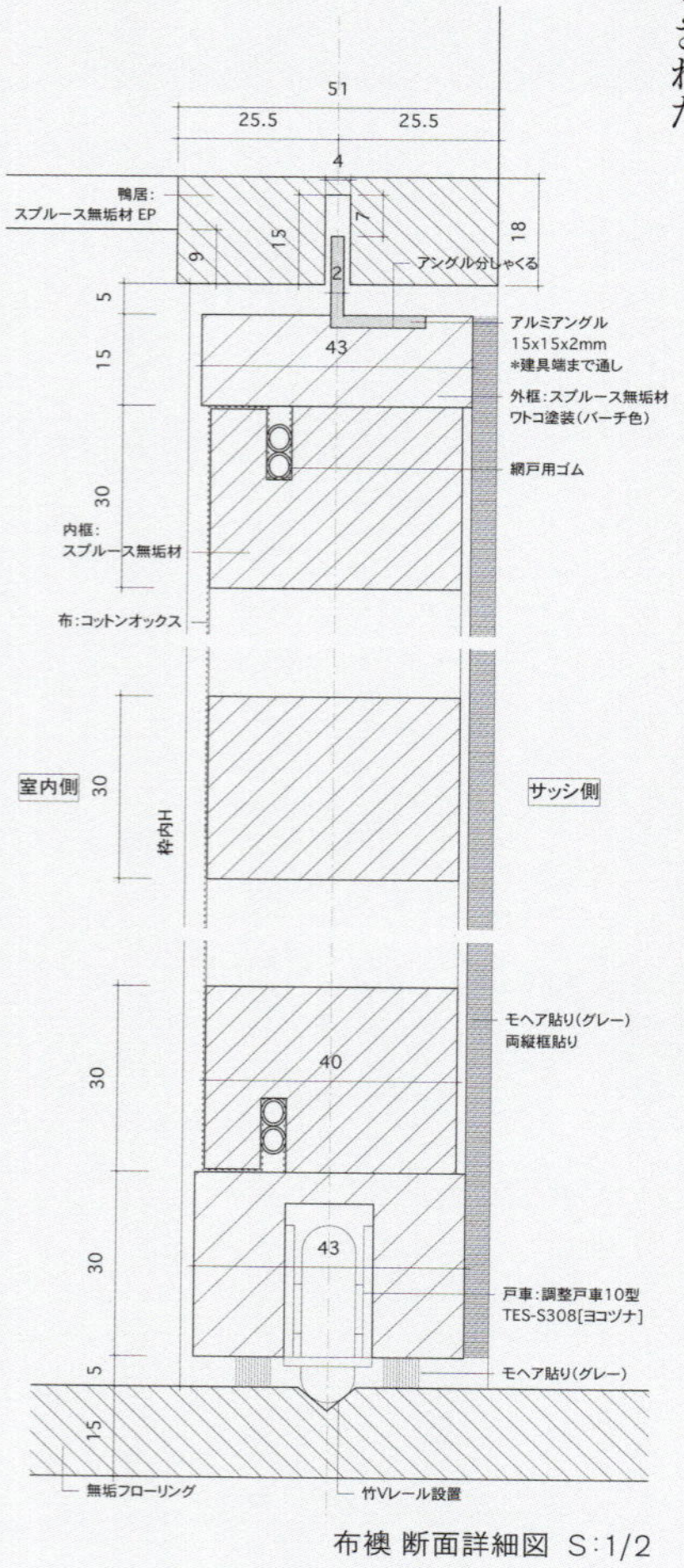

布襖 断面詳細図 S:1/2

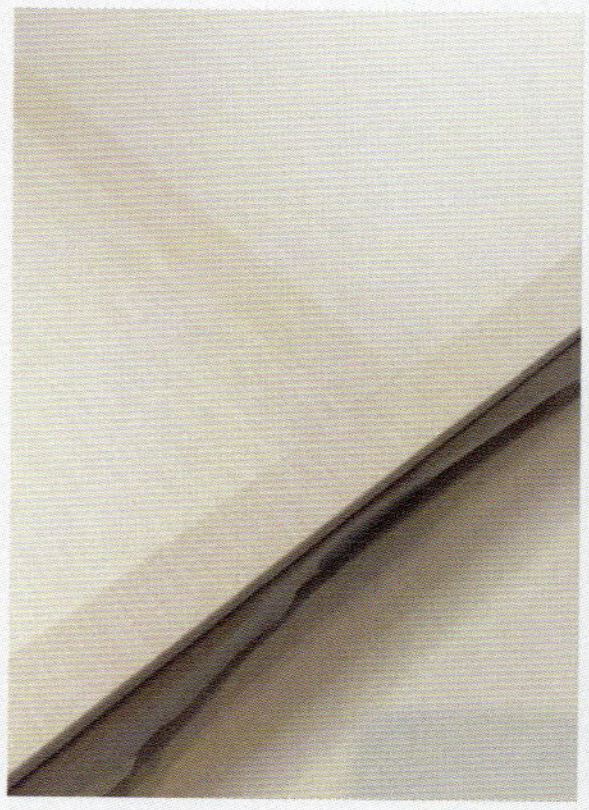

〈左写真〉布襖は、側面の溝にゴムを押し込めることで固定している。
〈右写真〉布襖を開けて直接光を取り込むことも可能。時間や気分に応じて、室内環境を変化させることができる。

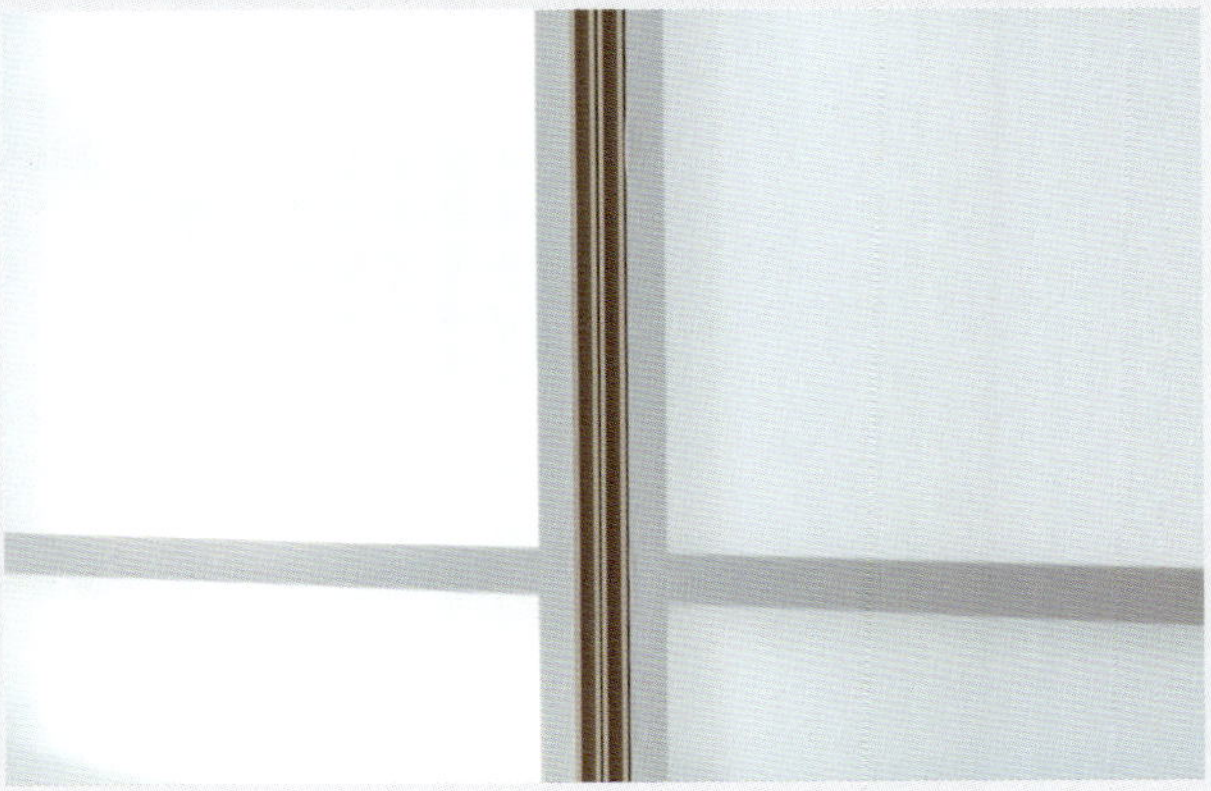

〈左写真〉陰影が布に映り、柔らかくも静謐な光が入る。
〈右上写真〉2階中央の耐力壁は取り除けないため、外壁仕上げに用いることの多い左官材で、分厚く存在感ある壁に仕上げた。
〈右下写真〉布襖の手掛けは見付け15mmの縁に溝を通している。

布襖は壁いっぱいの高さでつくっているため、建具でありながら外皮の一部のような存在となっている。背後のサッシの有無により、光の陰影が現れている。

コラム3

衣服と建具

現代では、建具は建築部品のひとつという見方が基本だが、本来的には衣服に近い存在だったのではないだろうか。1章の総論でも触れているが、平安時代になるとさまざまな屏障具が現れた。その中には几帳《きちょう》という、柄が施された着物のような布地を垂らしたものがあった。また、平安時代は十二単が生まれた時期でもある。これは女性が着飾るための装束だったが、防寒具としての役割もあったと言われている。「家は夏を旨とすべし」と吉田兼好が言ったのは鎌倉時代だが、それより前から日本建築は夏の湿度に対応するべく高床式が多かった。平安時代の寝殿造ももちろん高床式である。夏は快適になったかもしれないが、逆に冬は風通しの良さから寒さが増していたことが想像できる。

さらにこの時代、建築の内外の境界は蔀戸が主流だった。しかし、蔀戸はかなりの重さで、朝に開けると夜まで閉めることはなかったようだ。そのため真冬の日中、屋内にいても外気に晒されたままだったので、非常に寒かったようだ。火鉢などはあったが、室内を暖めるには不十分であった。そういった切実な状況と、宮廷文化の興隆が合わさり、華やかに着飾りながらも防寒具として機能する衣服として、十二単が根付いたのではないだろうか。このように、平安時代は建具と衣服が一体となり、人々の身体を守っていた。具体的な時期は不明だが、平安時代の間には明《あかり》障子(現在の一般的な障子)も生まれたようだ。これによって、徐々に建具の扱い方により室内環境を維持しながら、外気を遮断できるようになっていく。

その後、中世から近世にかけて、町家など庶民の住宅でもさまざまな建具が用いられるようになる。特に京町家で見られる建具替えは、現代では忘れ去られているが、梅雨入り前に簾戸や御簾など風通しの良い建具に入れ替える風習であった。代わりに、衣替えは現代でも行われている。もちろん、衣服はより直接的に身体に触れるものだし、どういった衣服を身につけるかは、身体を守ることと同時に、社会の中で生きる我々にとって重要な要素となっている。対して建具は、住居形式の変化や外壁そして開口部の性能の向上にともなって、身体と無縁になっていった。この流れは必然とも言えるが、それでもなお建具は建築の中で最も身体と近い要素である。平安時代の建具と衣服のような一体の関係とまではいかずとも、改めて身体と建具の関係性を模索するべきではないだろうか。

〈参考文献〉

・平井聖『改訂版 図説 日本住宅の歴史』学芸出版社(2021)

＜4章＞

ディテール

——受け継がれつつ、積み重ねられる工夫

具体的な詳細図を描くのは、動く要素が介在する部分が多い。中でも開口部は、特に詳細な検討が必要である。単純に建具が開閉するだけでなく、雨や空気の流れを意識する必要がある。さらに、経年変化や材料の変形も起こり得る。そういった多くのパラメーターを集約しながら、どのような納め方をできるかが建築の質を決める。1分の1の詳細図を描いて、ミリ単位の検討を行う建築家は多いだろう。筆者が勤めていた手塚建築研究所では、A3のトレーシングペーパーに1分の1の詳細図を手描きすることが慣わしだった（使うペンは黒のサインペンと決まっていた）。実際にそのスケールで描くと、物質の大きさを把握することもできるため、納め方を検討する上で非常に有効な作業だった。CADで描くのとは違う感触があり、自分の事務所でもなるべくA3のトレーシングペーパーに手描きするようにしている。

　建築のディテールは、雑誌や書籍などのメディアを通して数多く共有化されている。これは非常に稀有なことであり、素晴らしい慣習である。そして、かく言う本書も、その慣習の上に成り立っている。清家清は、一時必要に駆られていくつかのディテールの特許を取得したが、本心としては「特許というのは、こと建築のデザインに関してはナンセンスだと思います。デザインというものは、たとえばディテールならディテールをマネしたからといって怒る人がいたらそれは大間違いで、マネもしてくれないようなディテールなんかはダメなディテールだと思ってあきらめるほうがいいのではないかと思います」[1]と述べている。個人的にも、設計には真似されてこそ宿る価値があると思っている。特に建具のディテールは、その積み重ねの上に成り立っている。序［p.13］で触れているように、建具のデザインはコモンズ化しており、1000年以上の試行錯誤の上に成り立っている。細かな建具の納め方は、時代ごとに変化している部分と、変わらずに受け継がれている部分があり、その両方が併存していることは健全なことだろう。

　吉村順三は、「建築ってのは、建築家が、注文主からいわれた注文を解決し、それを満足させればいいわけなんですね。けれどもそれだけでなく、建築家であるがために自発的にそれ以外に苦労しなきゃならんそういう仕事があるでしょう。それは、主として納まりとプロポーションでしょう」[2]と述べており、まさに納まりとプロポーションは建築家に託された最後の領域であるとも言える。実際、具体的なディテールの納め方について、注文者であるお施主さんから聞かれることはほとんどない。

あるとすると、仕上がりのイメージのようなものである。建具枠のチリを仕上げから何㎜出すか？もしくは、目透かしにするか?といったことは、建築家の領分と言える。一応のイメージの共有として、こういった納め方を伝えることもあるが、基本的には専門的な領域として託されている。そのため我々は、建具の動きや雨や空気の流れ、材料の挙動、経年変化などの性能面を担保しつつ、長い時間の使用に耐えうる納め方を選択する。その検討の中で、基本的な部分は過去の納め方を踏襲することになるが、そこに少しだけ新しい工夫を盛り込めるかが、設計の醍醐味でもあり腕の見せどころにもなる。

本章では建具のディテールにおいて、歴史的な部分を引き継ぎながら、同時に新たな工夫が加味されている事例の数々を取り上げている。もちろん、それらの工夫はただ湧き上がって生まれたものではなく、建築の全体性から導かれているものもあれば、建築家が一貫して考えている思考の先に生まれている場合もある。「明朗性」を追求した建築家による引き込み戸の別の側面［4-1］や、厳密な規則性があるようで緩やかな形式による、美しい障子のスクリーンを持つ家［4-2］や、建築家夫婦の共同作業から見える互いの個性の現れ［4-3］や、間戸としての開口部を純化させるための精緻なディテール［4-4］や、建具と建築を一体化するべくそれぞれの理を見出した設計による建築［4-5］がある。これらの建築で展開されている納まりの工夫は、細かな部分だけを参照しても形骸化してしまう恐れがある。その建築がいかなる思考の先につくられたのか、もしくは建築家がどのような理念を持って設計しているのか、ということを読み込んだ上で参照していく必要が当然ながらあるだろう。

1 デザインシステム編著『清家清のディテール　間戸・まど・窗』彰国社（1984）[p.6]
2 吉村順三、宮脇檀『吉村順三のディテール　住宅を矩計で考える』彰国社（1979）[p.9]

旧猪股邸 吉田五十八

——明朗性の中の「見えない境界」

吉田五十八は戦前～戦後を股にかけて活躍した昭和を代表する建築家である。数多くの邸宅をつくりあげてきた中で、「明朗性」をキーワードに数寄屋建築にさまざまな工夫を取り入れていった。吉田は、数寄屋住宅を「茶室趣味を取り入れた住宅」としたうえで、茶室には特有の「ウルササ」があり、そのため数寄屋住宅は「明朗性に欠け」「近代性に乏しい」住宅であると指摘し、具体的な手法と合わせて明朗性をもたらす必要性を説いた。[1]

この明朗性への意識は、建具においてもさまざまな形で現れている。例えば、吉田の考案した〈荒組障子〉は、組子の割りを大きくすることで障子の縦横の線を減らしている。元々、組子の大きさは手漉き紙のサイズに合わせていたため、割りは小さかった。しかし荒組障子は、組子のサイズを紙の制約から解放し、組子が減ることで多少コストも抑えられることから、一般住宅の和室にも普及することになった。[2]

旧猪股邸で見られる引き込み戸もまた、明朗性をもとめて考え出された建具だろう。従来の引き違い戸では、すべて開いても半分が引き残しになる。対して引き込み戸は、すべて壁に納めることで大開口による内外の一体化を実現しつつ、庭の風景をフレーミングする。この住宅の引き込み戸は、障子・ガラス戸・網戸・雨戸が左右それぞれ2枚ずつ用意されており、8本の建具が並ぶため建具枠と思えない分厚い面が現れる。

今回改めて旧猪股邸を訪れて気がついたことがある。吉田は板目を好まず柾目を好んでいたことは知られているが、[2]枠内に面した建具の小口には、板目がしっかり現れているのだ。枠外（戸袋側）に向いた小口は雨風が当たる機会が少ないからか、板目がはっきりと見られなかった。吉田といえば、柱のどの面を見ても柾目になるように、板目の面に柾目の板を貼った四方柾の柱をつくるほど、柾目への執着心が強かった。そのため、四方柾の框をつくることも考える気がする。しかし、ここでは板目がしっかりと現れている。

あくまで推測だが、吉田は引き込み戸が開いている状態では、木のレールによる敷居・鴨居、そして建具小口の板目によって、線の並んだフレームをつくり、境界の存在を浮かび上がらせようとしたのではないだろうか。敷居と鴨居がレールや溝で線が多くなることを踏まえて、柾目ではなくあえて板目の小口を意図的に出しているようにも見える。建具はそこにないが、境界をつくろうとしていて、大開口によって内外はシームレスにつながっているのだが、その間には見えない境界による閾の存在を感じずにはいられない。

引き込み戸に納められている4種類の建具たち。

居間の建具を開け放すと、開口部が庭の風景を切り取るフレームになる。

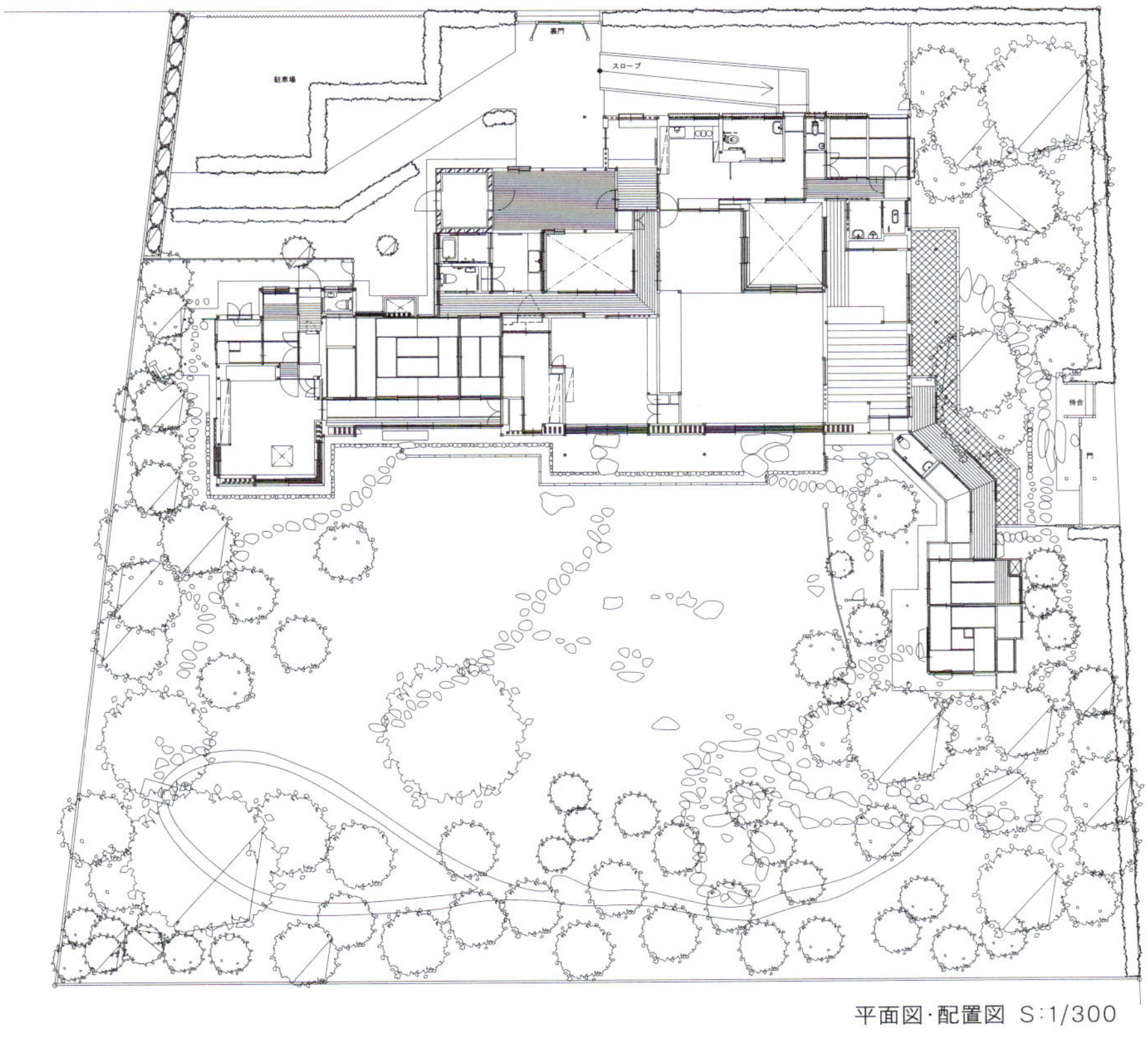

平面図・配置図 S:1/300

1 明朗性については、「近代数寄屋住宅と明朗性」(『建築と社会』1935年10月号)で詳細に述べられている。
2 藤森照信・田野倉徹也『五十八さんの数寄屋』鹿島出版会(2020)

〈上写真〉婦人室（手前）、居間（奥）を庭側から眺める。建具を開放すると奥行きのあるフレームが現れる。
〈下左写真〉引き込み戸 鴨居部分。〈下右写真〉引き込み戸 敷居部分。

〈左写真〉テーパーがかかった障子組子。交差部にもテーパーがかけられ高い技術力を感じる。
〈右写真〉居間の障子を閉めると、静謐な光が差し込む空間に変容する。

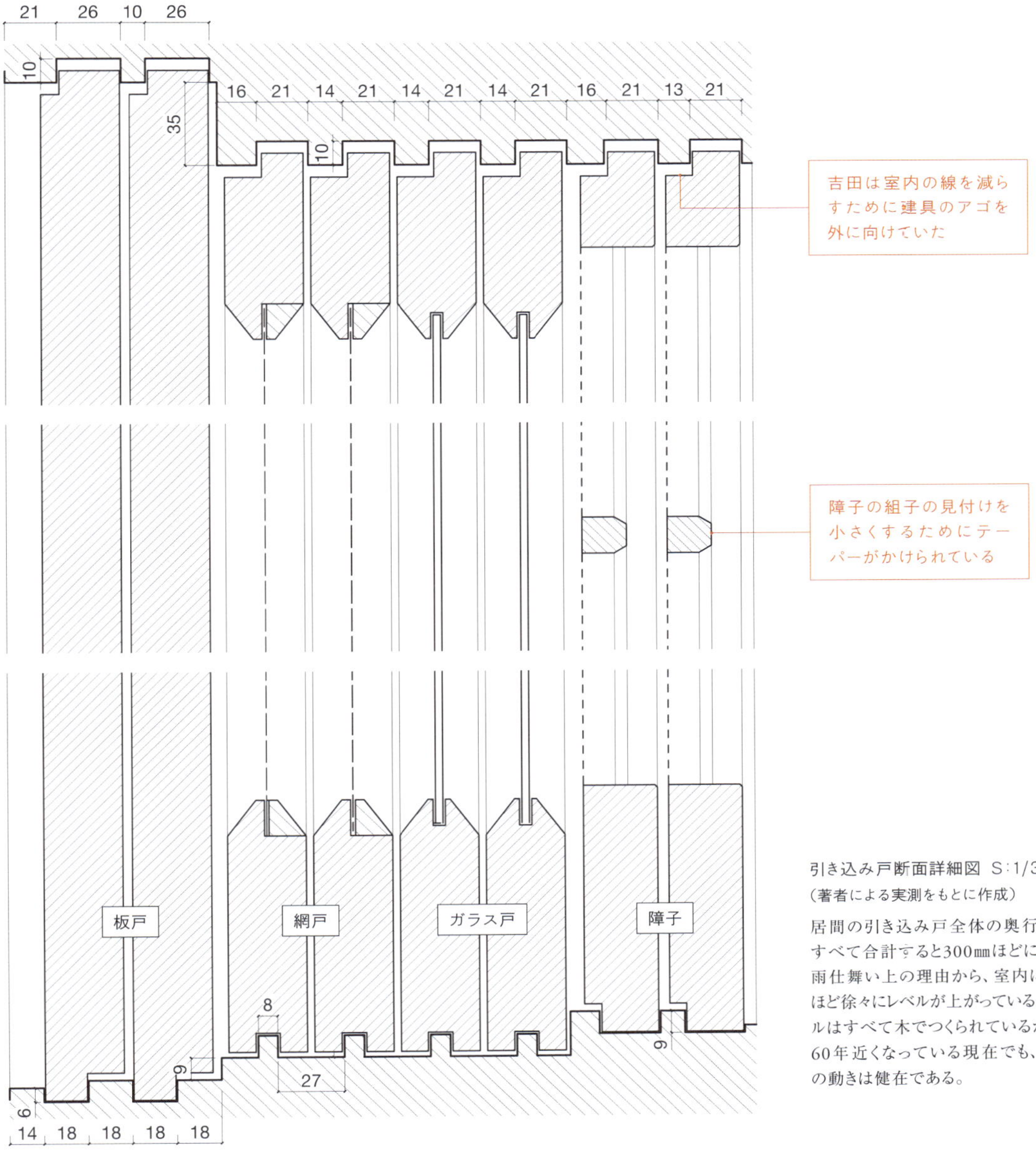

引き込み戸断面詳細図 S:1/3
（著者による実測をもとに作成）

居間の引き込み戸全体の奥行きは、すべて合計すると300㎜ほどになる。雨仕舞い上の理由から、室内に寄るほど徐々にレベルが上がっている。レールはすべて木でつくられているが、築60年近くなっている現在でも、建具の動きは健在である。

井の頭の家〃吉村順三［増築］日高章

——吉村障子と貸し室のある住み方に通ずる「緩やかな形式」

「井の頭の家」は1970年竣工で、吉村順三が60歳を過ぎた頃の作品であり、円熟期に入った時期に当たる。施主は吉村の姪で、現在はその息子である日高章さんと妻の初枝さんが暮らしている。日高さんご自身も、この家や吉村建築に若い頃から慣れ親しんだことから建築家を志し、現在はご自身の設計事務所を営んでいる。

「井の頭の家」を訪れ、実際に拝見すると、まず感じたのは空間の親密さだった。天井高はそれほど抑えているわけではないし、吹き抜けによって断面的な抜けもあるが、身を置くと親密な距離感を感じる空間だった。この家の特徴のひとつが、吹き抜けを挟んで上下階に設けられた吉村障子だ。庭に面したスクリーンとなっているが、思ったよりもこじんまりとしたスケールで、庭に入る光の移ろいを室内に美しく投影している。

吉村障子と言えば、框と桟の見付けを統一した繊細な建具のイメージがあるが、日高さんからお聞きしたところ、実は厳密な寸法の決まりはないという。確かに、この家の吉村障子は見付け18㎜だが、脇田山荘の障子の見付けは21㎜になっている。[1] 障子の見込みも、「井の頭の家」の中で場所によって異なっている。リビングと吹き抜けにある吉村障子の見込みは同じだが、隣の和室ではそれらより少し浅い。また、和室はリビングから150㎜上がっているが、障子もその分高さが短くなっている。そのため、隣り合うリビングと和室では桟の位置も微妙にズレている。設計する立場だと、桟のズレを揃えたくなるものだが、吉村は線を厳密に揃えることはしない。実際に空間に身を置いてみると、桟のラインがズレていることは気にならないし、生活する上ではなおさらだろう。逆に、線を揃えたり整えることで、かえって空間に緊張感を与えてしまうかもしれない。そのことも踏まえて、吉村はズレても構わないと考えたのではないだろうか。

この家のもうひとつの重要な点として、「貸し室」と名付けられた部屋が用意されていたことがある。日高さんの父は、日高さんが小学生の頃に亡くなられたため、この家は母子で住むために建てられた。そのため吉村は、出入りを別にできる部屋を1室設けて、家計の足しとなる家賃収入を得られるようにした。その「貸し室」では、母の妹夫婦が住む時期もあれば、祖母が一緒に暮らす時期もあった。また、駐車スペースだった場所には、2005年に日高さん設計による増築が行われ、少し前までは、初枝さんのご両親も住み2世帯住宅となっていた。「井の頭の家」は、さまざまな方とともに暮らしてきた家なのだ。

私には、このような住み方を受け入れる家のあり方と、吉村障子のあり方が、どこか重なっているように感じられた。「貸し室」を設けて家族のあり方を広げられる柔軟な住み方と、框と桟の見付けを揃えるが寸法自体は決め切らない吉村障子の融通性には、「緩やかな形式」とでも呼べるような変化を受け入れる許容力を感じた。だからこそ、この家には親密な空気が半世紀を経てもなお流れ続けている。

1 吉村順三、宮脇檀『吉村順三のディテール　住宅を矩計で考える』彰国社（1979）[p.76]

庭に面した一面が吉村障子のスクリーンになっており、吹き抜けを介して室内を柔らかく照らす。

〈左写真〉外観。竣工時からベンガラ色の外壁だったため、右側の増築部も同色の外壁で仕上げている。

〈中央・右写真〉障子の見込みは、居間側（中央写真）18㎜、和室側（右写真）15㎜と異なる。框は秋田杉。

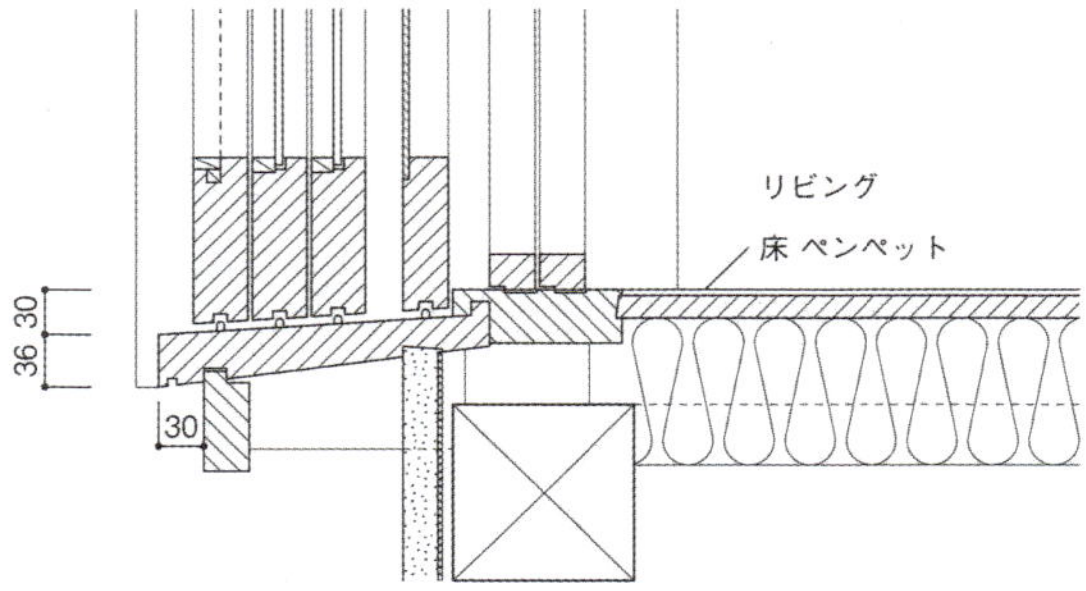

既存リビング建具断面詳細図 S:1/10

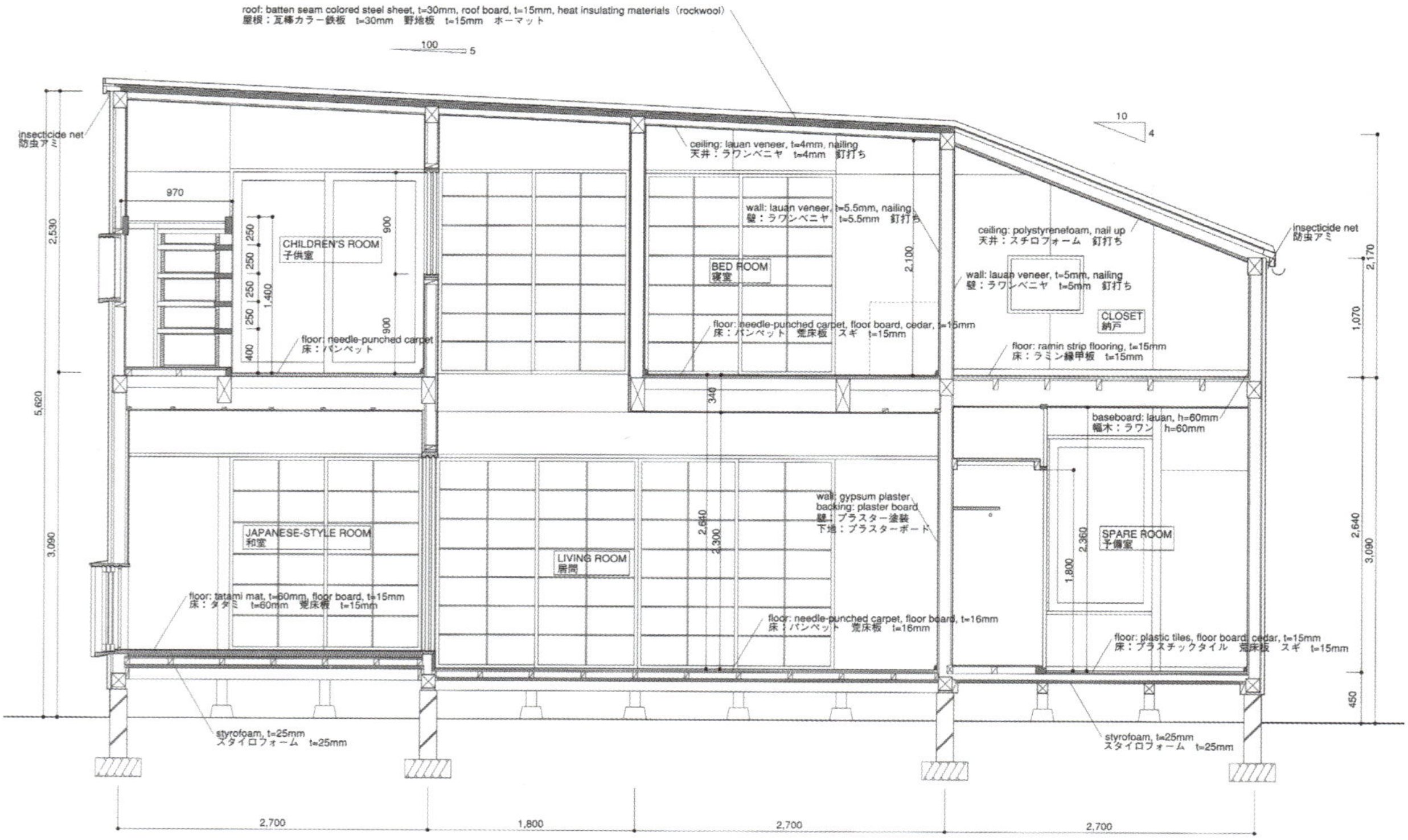

断面図 S:1/75

改築

新築時のままになっていた母の寝室を、
私たち夫婦の寝室に改修

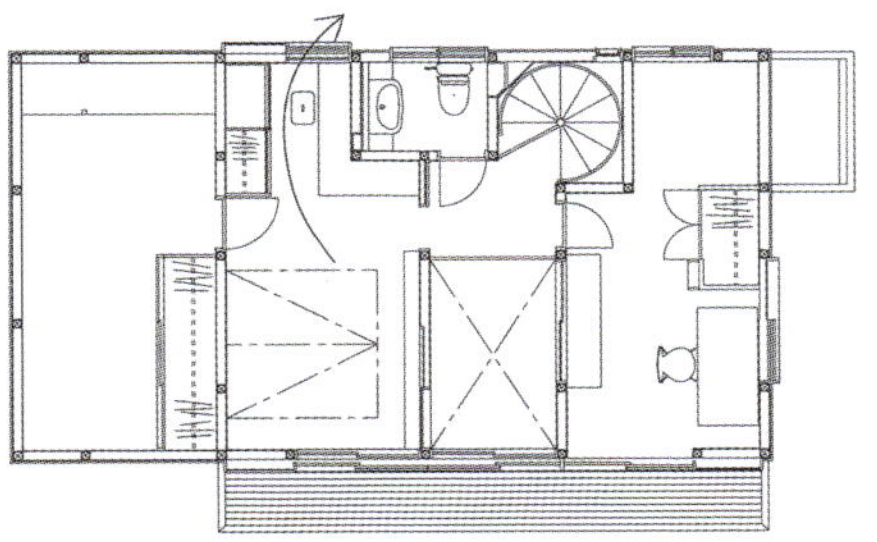

2階（1998年）

母の寝室を1階に移し、寝室に連続して
トイレ・浴室・洗面を整えた

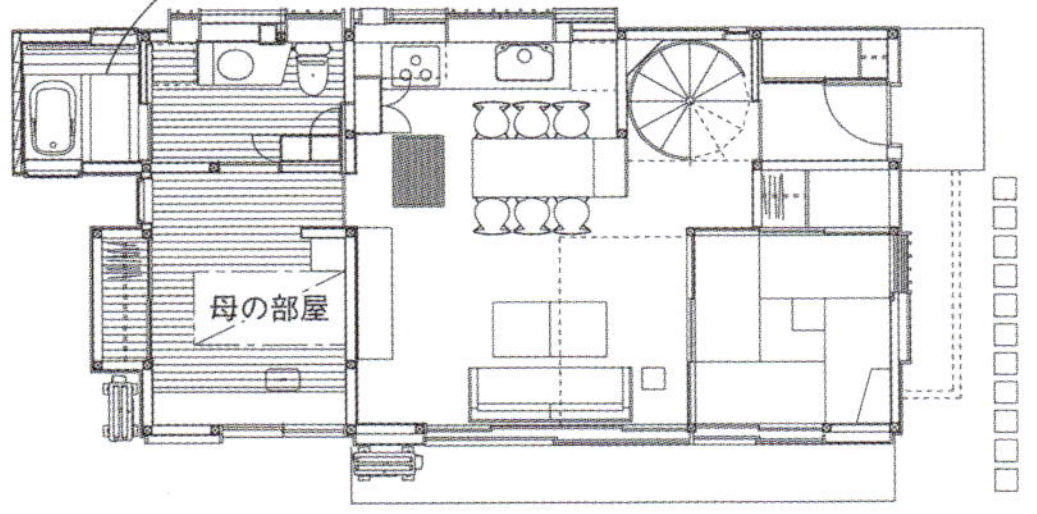

1階（1995年）

増築（2005年）

既存部分 ←→ 増築部分

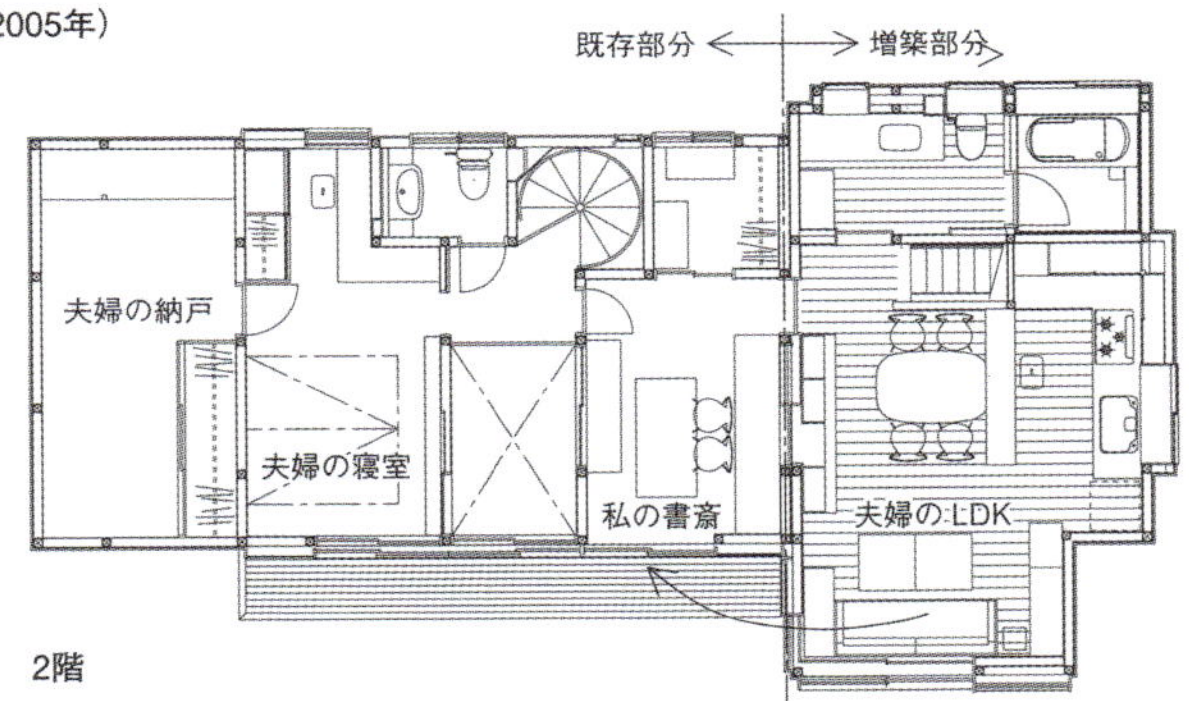

2階

吉村さんの「南台の家の音楽室」で体験した、室内から
自分の家が眺められる気持ちよさを再現したかった

水まわりのメンテナンス通路でもある「とおりにわ」の玄関

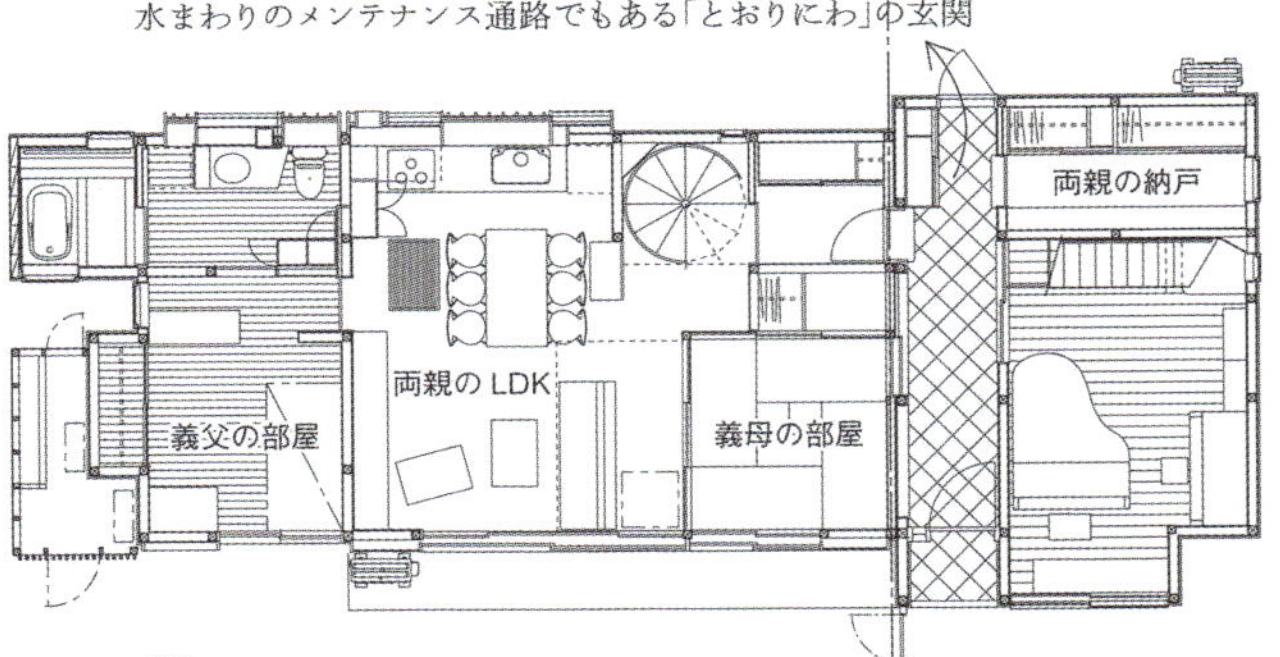

1階

平面図 S:1/200

〈上写真〉庭に面した開口部は、外部側から網戸・ガラス戸・雨戸・障子の順に建具が入れられている。雨戸が室内側に設けられているのは興味深い。

〈下写真〉障子は庭に面したスクリーンとなっているため、外のよしずや木陰の映り込みが美しい。

〈参考文献〉

・日高章「時間を織り込んだ住宅事例—井の頭の家」（彰国社編『時間を織り込む住宅設計術』2016［pp.90～93］）
・佐野由佳「わたしの家 第22回 ずっと家族で住んできた井の頭の家」『暮しの手帖』第4世紀71号（2014）［pp.78～83］

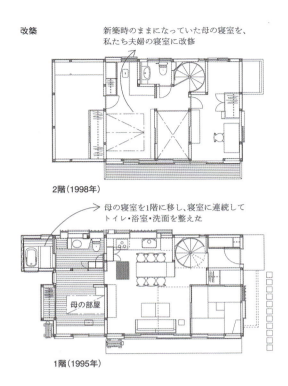

私たちの家‖林昌二＋林雅子［改修｜安田幸一］

――「空間の骨格」の中を自由に動く建具たち

今や世界最大規模の組織設計事務所である日建設計を率いてきた林昌二と、住宅設計を中心に活躍した戦後を代表する女性建築家の1人である林雅子、2人の有名建築家夫婦の自邸である。この家は、1期でコンクリートブロック造の平屋「平らな屋根のすまい」として建てられ、2期では1期の既存建築をそのまま残しつつ、三角形のボリュームを加え、既存の平屋の上に2階部分が増築された。林夫妻が亡くなられた後しばらくして、林昌二と同じ日建設計出身で東京工業大学で教鞭も取っていた安田幸一が夫婦でこの家を引き受け、2013年に改修して暮らしている。

1期の「平らな屋根のすまい」は、思いもよらず住宅金融公庫の抽選に当選し、公庫で定められた工期に間に合わせるため設計〜工事をして1955年に完成した。限られた予算の中でつくられたため、コンクリート打ち放し屋根とブロック壁で、断熱材はなく、床にリノリウムを張っただけで冬はかなり寒かったという。[1] そして、住み始めてから23年が経った1978年に、第2期として大規模な増築が行われた。だが、増築の少し前に法改正があり、既存建物の上に直接増築できないことがわかり、[2] 既存の平屋の上に三角屋根の2階が少しずれて覆い被さる方法が取られた。また南面の庭を囲むように、三角形平面の食堂・台所などのスペースも加えられた。

そして興味深いのは、庭との境界となっている建具である。既存部の庭に面した障子は1階で位置を変えて再利用され、さらに増築部のデッキの手前にも新たな木製建具が設置された。これにより、新旧それぞれの建築に設けられた建具による、特殊な距離を持った二重窓が生まれている。さらに、斜めの増築部の庭に面した部分には折れ戸が設けられ、正面の引き戸と斜めの折れ戸が戸当たりなしで閉じられるディテールとなっている。この他にも、既存建物で使っていた障子を、新たにつくった2階で再利用している。これはカーテンレールから上吊り戸として使っており、2階の高さの設定も障子のサイズに合わせて決められている。障子をカーテンレールに吊って使うという、発想の自由さに驚かされる。[3] さらに、増築された2階の書斎には、「エルミンサッシ」というペアガラスのガラス同士の間にブラインドが内蔵されているサッシが使われている。[4] これは、通常オフィスで使うもので住宅で使うことは極めて珍しい。他にも、外開きと内開きが親子扉で組み合わさった玄関ドアなど、自由な発想の建具が随所に見られる。

現オーナーである安田幸一・みどり夫妻によって改修された現在の状態。大きく間取りは変えておらず、家具やキッチンなどの色味は以前より明るい配色に変えている。
〈右頁写真〉2階屋根裏部屋、右手には書斎が見える。屋根裏部屋は「雅子レッド」と呼ばれた鮮やかな赤が塗られており、既存のまま残されている。書斎の窓になっているのがエルミンサッシで、水平連窓として使われている（外観写真参照）。

ところで、1期の「平らな屋根のすまい」は夫婦で設計したものだが、2期の「私たちの家」は林昌二がすべて図面を描いている。林雅子は、プロの住宅作家として設計料の入らない仕事はやらない、という考えのもと隣で別の仕事をしながら口を出していた。[5] さらに、林昌二は2期の完成後に『私の住居・論』という、この家について事細かに記した本を上梓している。この本では、彼の生活に対する独自の自由な発想が綴られており、その考え方は建具を始めとしたあらゆる要素で展開されていることがわかる。そのため、「私たちの家」には林昌二の建築・住居観が色濃く出ているように感じられる。

一方で、林雅子の建築といえば「空間の骨格」を建築ごとに提示していく特徴がある。平面図を見れば、その建築に与えられた骨格の存在を感じずにはいられない。特に敷地形状に対する、形のつくり方が印象に残る。「私たちの家」においても同様の骨格が見られる。増築された三角形平面の斜めのラインは、「平らな屋根のすまい」の居間中央に消失点を持ち、そこから庭を見ると余計なものがないヴィスタが確保されている。この敷地と建築・庭の三位一体を生み出すのに、他にはない形の組み合わせである。

そして、このような確固たる空間の骨格があるからこそ、自由な発想による一筋縄でない、建具たちのふるまいが際立って見えてくる。そういう意味では「私たちの家」も、類い稀なる個性を持った2人の建築家夫婦による蜜実な共同作業だからこそ、生まれた建築と言えるだろう。

1 林昌二・林雅子「対談「私たちの家」」(林昌二『林昌二毒本』新建築社、2004[p.144])

2 この敷地の地盤である関東ローム層の許容地耐力が、15t/㎡から5t/㎡に変わってしまい、既存建物の基礎補強をできないことが理由となっている。(参考文献=林昌二「暮らしから住まいへ」『新建築』1981年2月号[p.168])

3 林昌二『私の住居・論』丸善(1981)[pp.79~80]

4 エルミンサッシは、180度回転できることから外部面を室内で清掃できる機能的なサッシである。二重窓の部分はメンテナンス用に開けることができるようになっている。(参考文献=真鍋恒博「アルミサッシの多様化と高性能化」(窓研究所ウェブサイトでの連載「窓の変遷史」第4章、2015)https://madoken.jp/series/910/)

5 林昌二『私の住居・論』丸善(1981)[p.170]

居間右手には新規構造壁が建具の引き込み壁になっているのが見える。居間左手には斜めに入れられた玄関ドアが見える。

引き戸の手前のラインには、「平らな屋根のすまい」で用いられていた障子が、ここに入れられている。

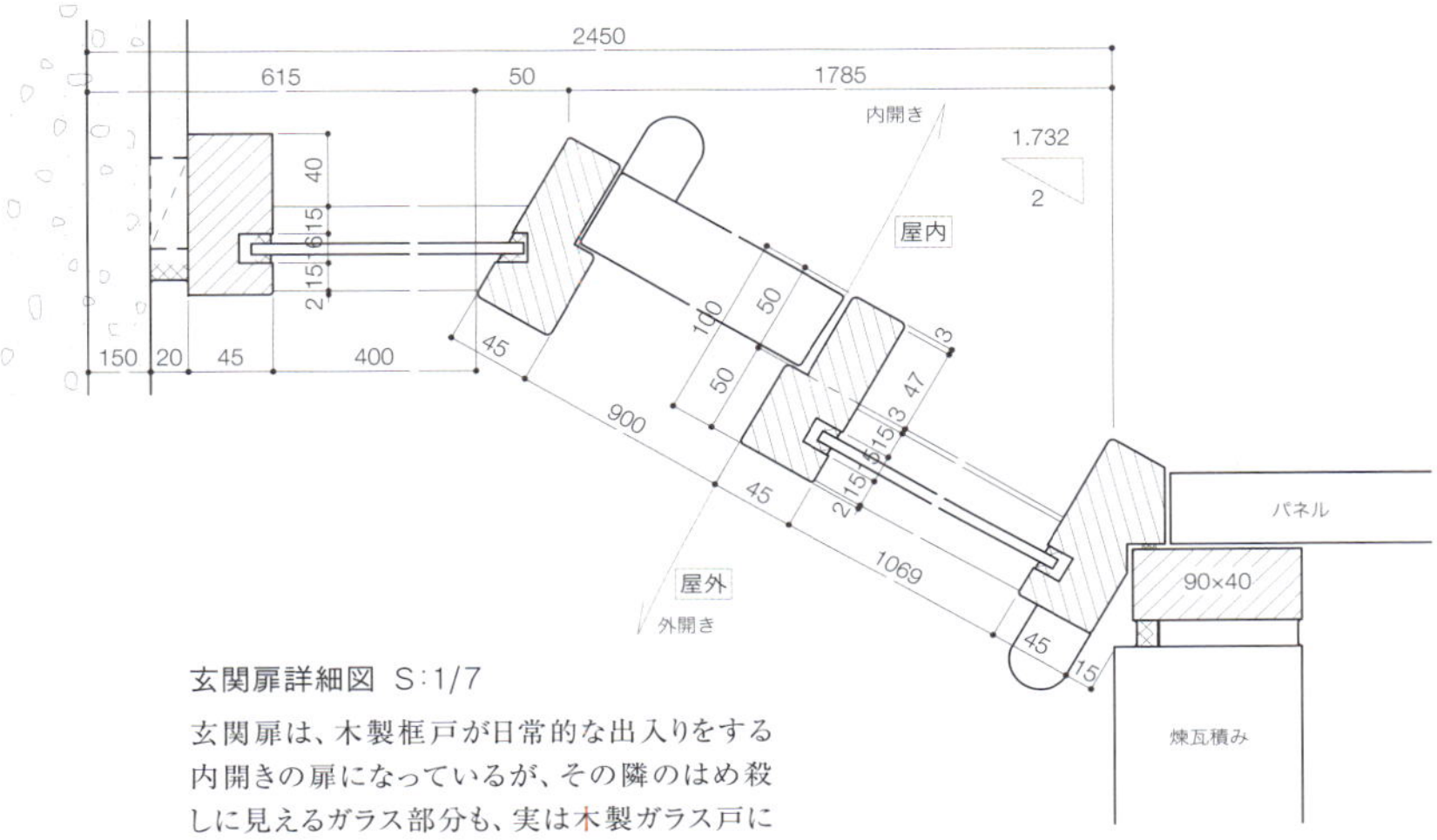

玄関扉詳細図　S:1/7

玄関扉は、木製框戸が日常的な出入りをする内開きの扉になっているが、その隣のはめ殺しに見えるガラス部分も、実は木製ガラス戸になっていて外開きの扉になっている。

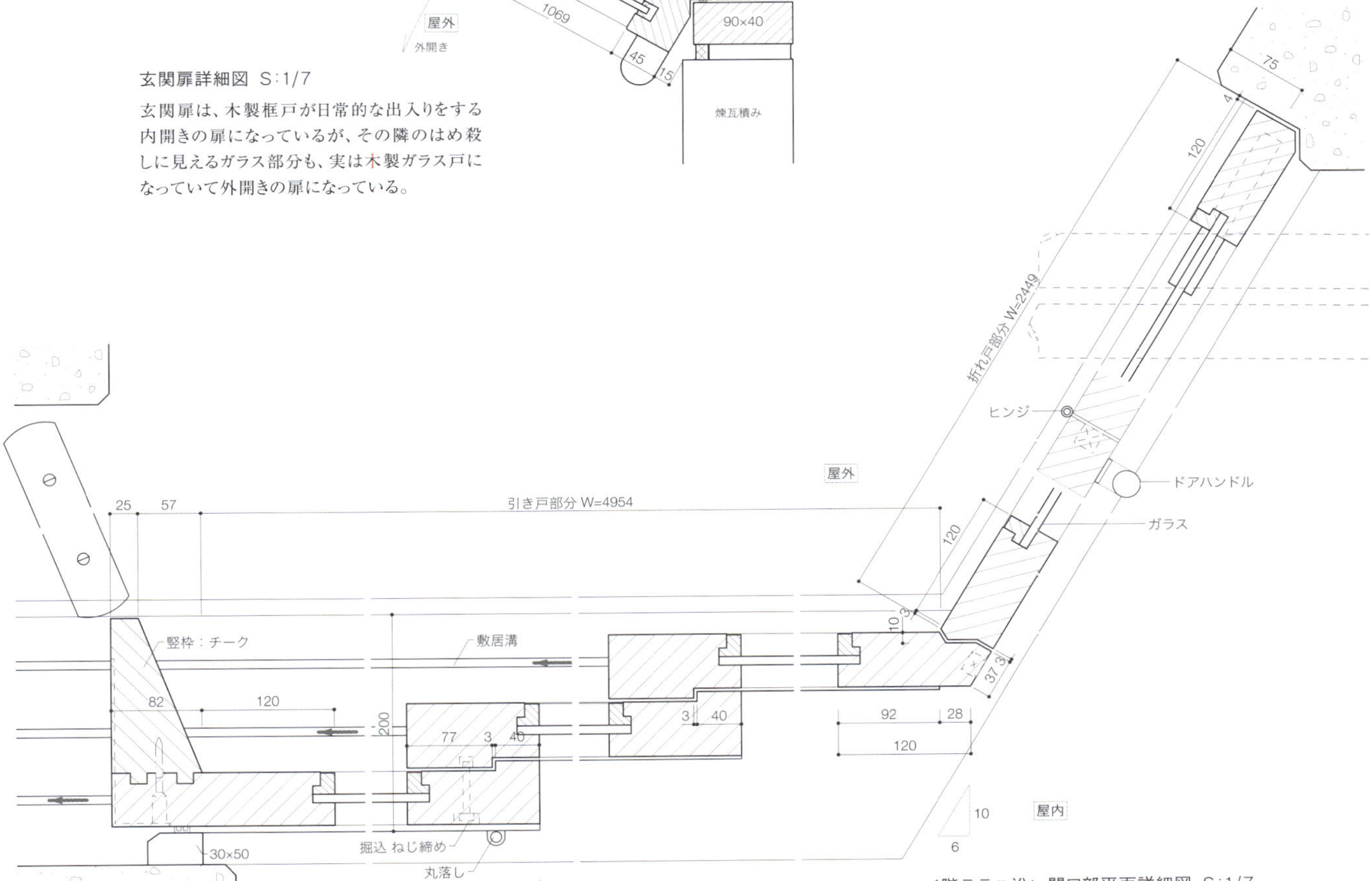

1階テラス沿い開口部平面詳細図　S:1/7

3枚引き戸と折れ戸がぶつかる部分は、どちらが先に閉じてもいいようになっており、先端部のおさまりが秀逸である。

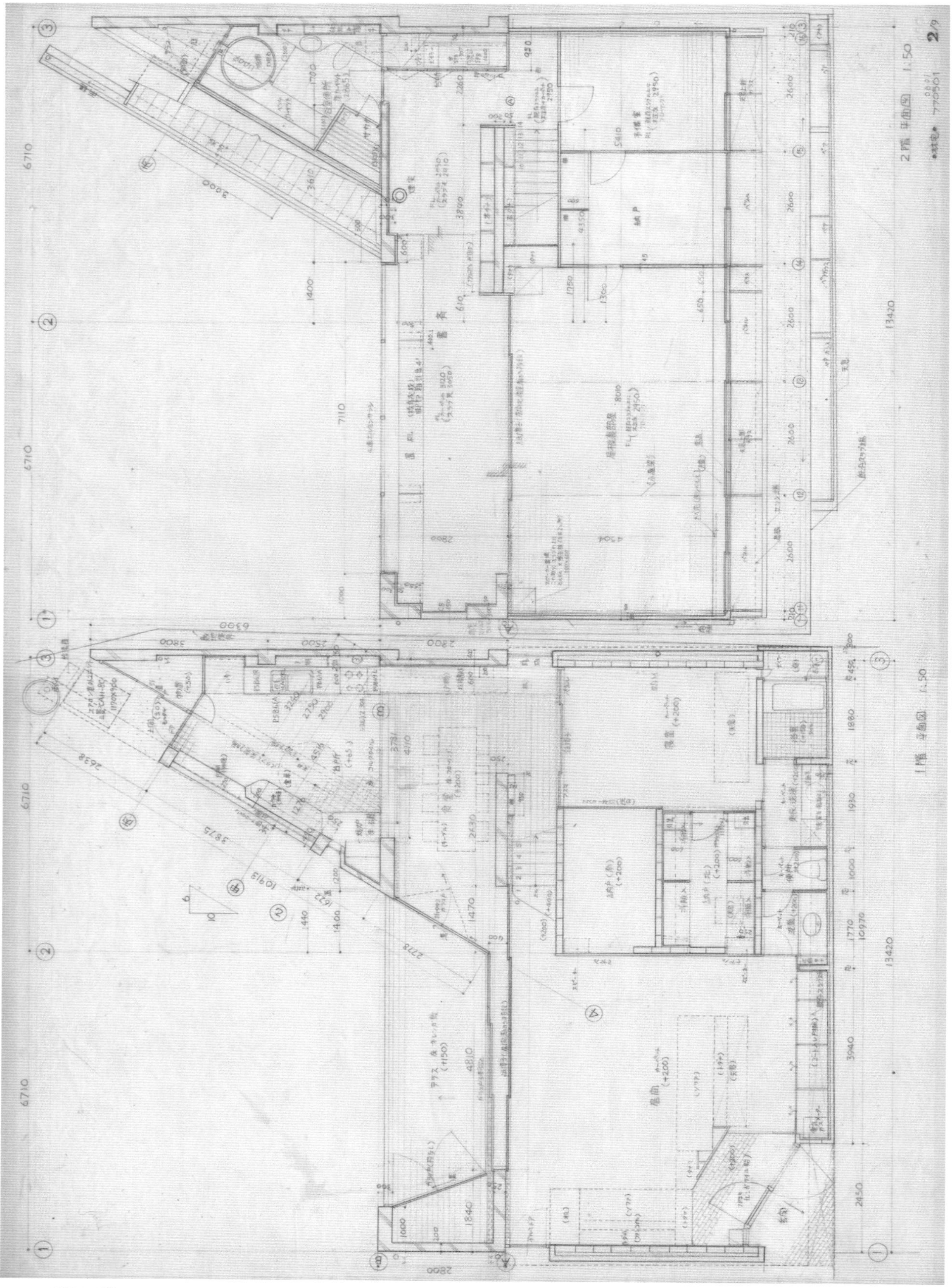

1,2階平面詳細図原図　S:1/125　居間の二重窓は、新規構造壁の両面に建具を引き込むために離れており、新旧を結ぶ絶妙な距離感を保っている。

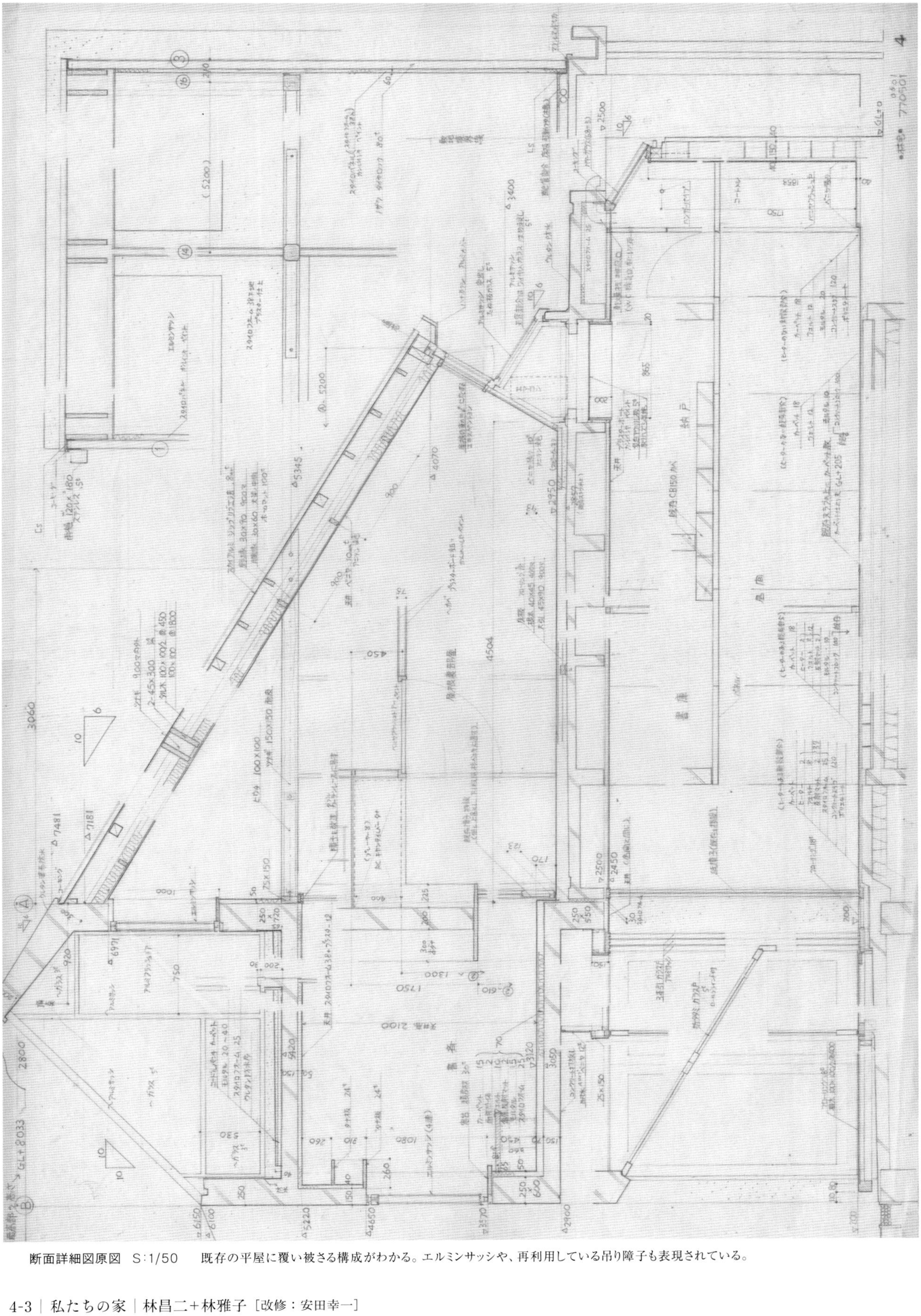

断面詳細図原図　S:1/50　既存の平屋に覆い被さる構成がわかる。エルミンサッシや、再利用している吊り障子も表現されている。

ZIG HOUSE/ZAG HOUSE ‖ 古谷誠章

——壁と同化させた開きつつ遮る「間戸」

世田谷の住宅街とは思えない豊かな林の残る敷地に建つ、設計者の自邸を含む2世帯住宅である。親世帯がジグハウス、設計者家族の住む子世帯がザグハウスであり、2つの棟をひとつながりのジグザグの形にした建築である。

設計者の古谷誠章は著書『「マド」の思想』の中で、さまざまな戦後の名作住宅に見られる、「何かを上手に遮ろうとする窓のことを〝window〟に対して〝間戸〟と呼んでいる」[1]。開いている状態としての「間」と、遮るものを表す「戸」を掛け合わせて、「間戸」として両義的な開口部のはたらきを見出している。そしてZIG HOUSE/ZAG HOUSEを「間戸」を体現する建築として、同書においても取り上げている。

この住宅は、構造体と床・壁・屋根、そして開口部だけでほとんど構成されている。梁間4500㎜・桁行1800㎜ピッチの連続した門型フレーム、および2階床と屋根には奥多摩の間伐材を利用した編成材が用いられている。その中で、特徴的なのは「間戸」となる開口部だ。枠はスチール、框はステンレスの製作サッシで、低いもので2・5m、高いところで上下階連続した6m近くの、住宅とは思えないスケールのサッシが実現され、内部では門型フレームの連続性が際立っている。

見どころは、外壁面とフラットに納まるように、框と一体でつくられたステンレス削り出しのヒンジや、框の見込みを抑えるために8㎜厚の強化ガラスを構造シール止めで仕上げるなど、非常に高い施工精度を要求するサッシワークが行われている点である。上下階のサッシが連続するように、水切りと霧除けを兼ねた枠や、開閉用のカムラッチハンドルの納まりも考え抜かれている。これらはまさに「間戸」として、構造体そして壁の間に穿たれた「間」と、内部と外部を仕切る境界面としての「戸」が、寸分の狂いも許さないディテールによって生み出されている。

年に一度開く店「あわいもん」開催時の風景。

1 古谷誠章編著『「マド」の思想　名住宅を原図で読む』彰国社（2010）[p.8]

床から天井まで全面ガラス張りで、構造と床・天井のみの「がらんどう」の内部空間となっている。

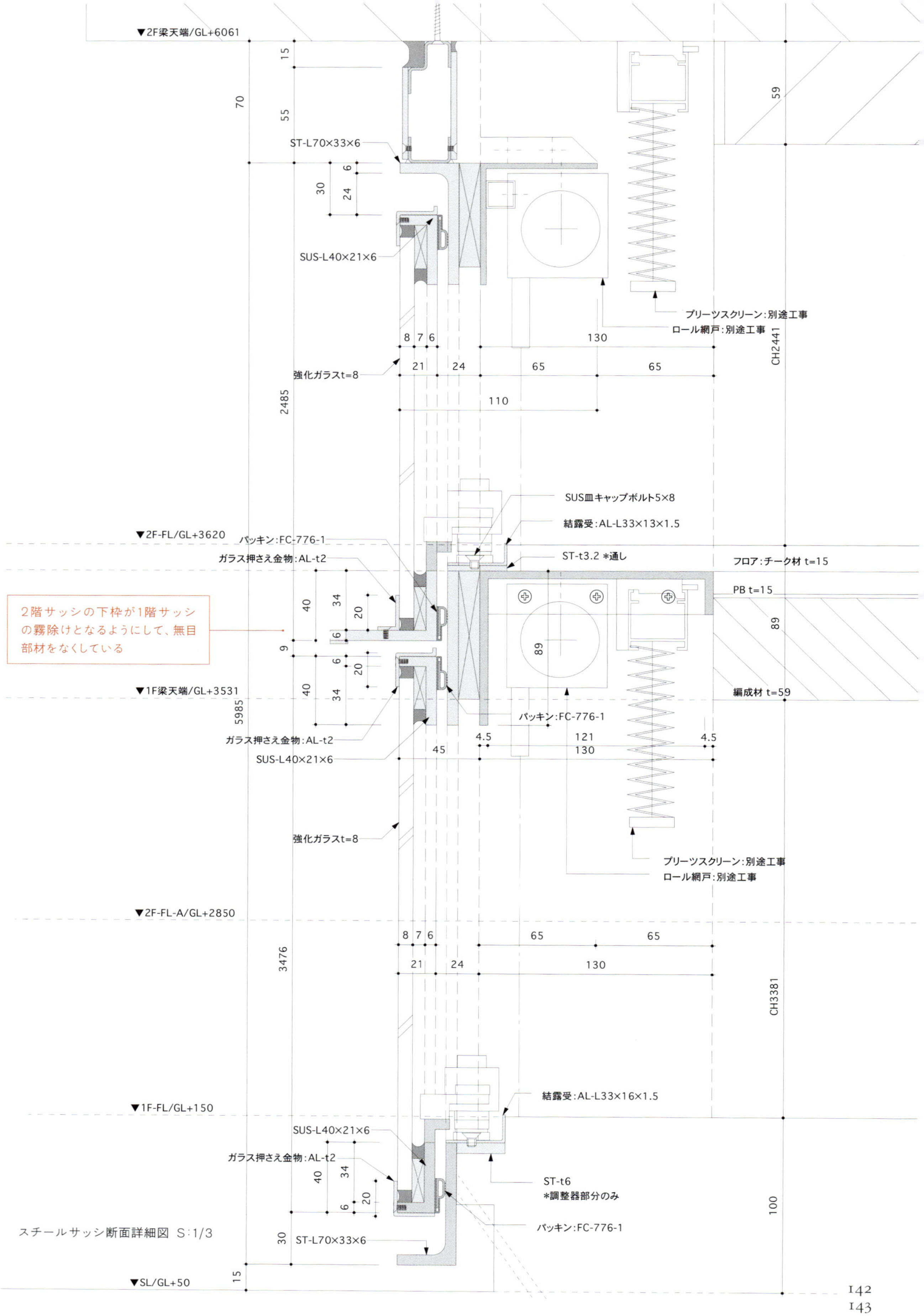

スチールサッシ断面詳細図 S:1/3

〈左写真〉個人住宅ではあまり見られないスケール感のスチールサッシだが、それに反して華奢な部材で構成されている。
〈右写真〉スチールサッシは外壁面と揃えるために、極めて高い精度を要求した設計となっている。ヒンジは家具製作をした小坂博信氏の発案で、フラットに納まるようステンレスを削り出して製作したものである。

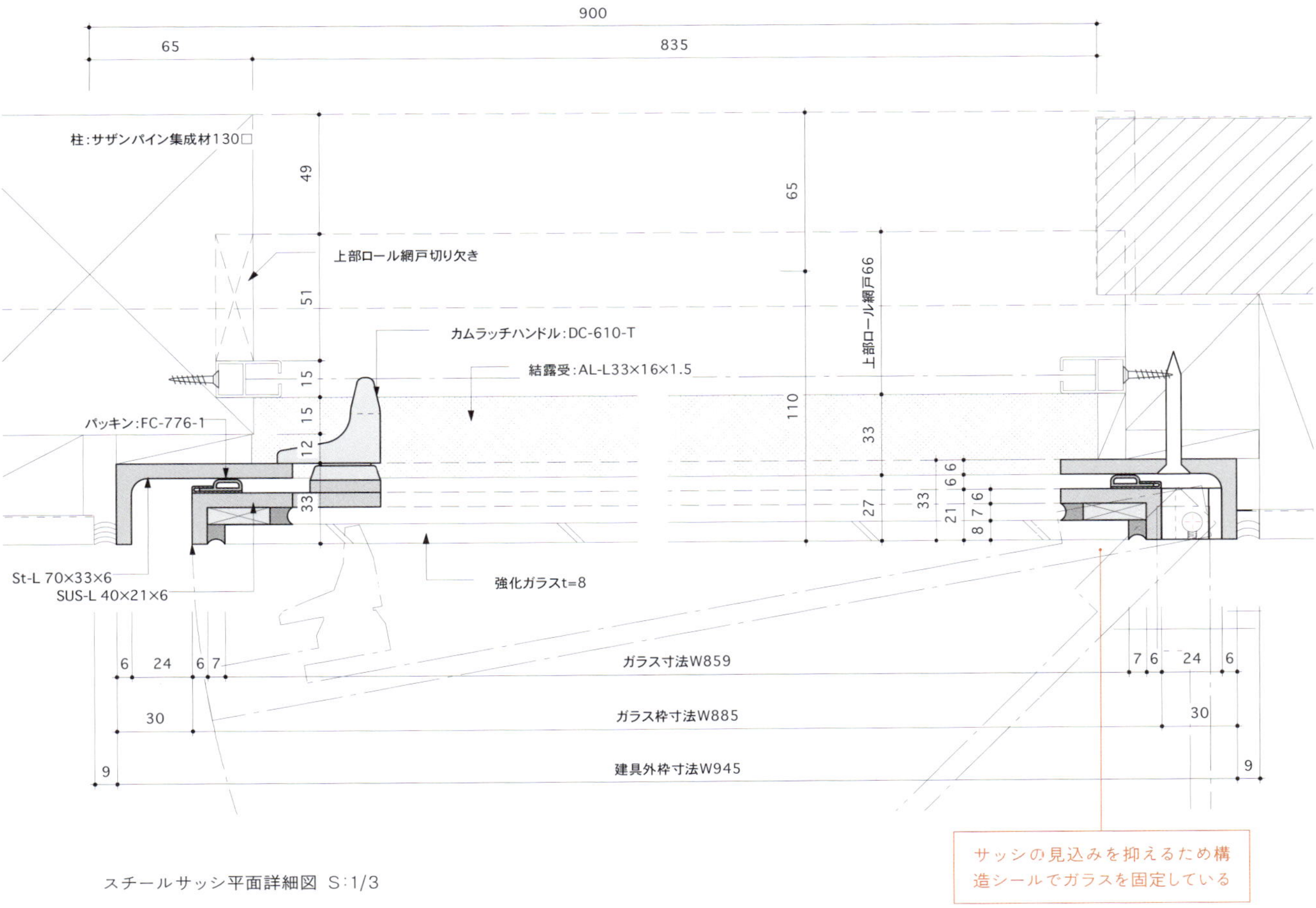

スチールサッシ平面詳細図 S:1/3

小石川の家〃手嶋保

――「道理」に沿った建具と建築の一体化

　手嶋保の建築は、精緻で美しいディテールの集積でできている。さらに敷地の環境を捉えながら、その土地らしさをまとっているので、それぞれの建築には豊かなバリエーションがあるが、いずれもディテールの美しさから手嶋の建築であることが一目でわかる。しかし、手嶋の納まりは、単に綺麗に整える設計とは異なる質を備えている。そこには「道理」があり、マテリアル同士があるべき状態で形をなしている。

　手嶋の建築において、最も「道理」を感じるのが建具まわりである。隙なく描き込まれた詳細図には、施工者任せの部分などなく、チリの寸法から枠を留めるビスやフィニッシュの位置まで非常に詳細に記載されている。物質ひとつひとつの組み合わせ方を、すみずみまで伝えているのだ。手嶋の建具には、素材の特性に応じた適材適所の選択がなされている。例えば、ガラスの押縁と水切りを兼ねたステンレスのアングルや、外部に露出する敷居はコンクリートに真鍮レールを埋め込み、鴨居はスチールを曲げて、いずれも雨風に対する耐久性を持たせている。それは「道理」に沿ったマテリアルの組み合わせであり、奇をてらったディテールではない。

　今回取り上げる「小石川の家」は、都内の閑静な住宅街に建つ。広々とした豊かな庭と、それに向かって軒や袖壁が伸びる方向性の強い建築である。だが内部の印象は大きく変わり、家の内側に意識が向いていくような構成になっている。主室は2階に配されており、無柱空間とするための、長手４２００㎜幅、短手は芯々６３００㎜を2分割した３１５０㎜スパンのＲＣのフレームが現れる。その傍らには、グリッドに沿うように均等に開口部が並ぶ。これらは、雨戸・木製ガラス引戸・木製格子網戸が三重になった開口部であり、枠周りを含めて緻密で美しいディテールの集積となっている。

　また、2階の空間で印象的なのは屋根面から落ちる光である。手嶋のトップライトは、代

表作「伊部の家」や「勝田の家」などでもたびたび現れるが、単に屋根面に開口部を設けるトップライトとは全く異なるタイプのものである。屋根面の開口に加えて、角度や大きさを慎重に設定したリフレクターが室内側に設けられており、まるで光に形を与えるかのように、息を呑むような美しい光をつくり出している。こうして見ると、手嶋はコンクリート・木・ガラスなどさまざまな素材と同じように、光もひとつの素材として扱っているように感じられる。その素材はどんな形になることを望んでいるか、光の道理を捉えようとしているのではないだろうか。手嶋は「建具を建築と一体的につくりたい」[1]と述べているように、既製品をアッセンブルして建築をつくるのではなく、建築ごとの理を見出し、建具と建築が固く結びついた無二の建築を生み出している。

1『ディテール』2024年7月号、彰国社[p.36]

〈参考文献〉
・手嶋保「三秋ホール」(『新建築』2017年6月号、新建築社[p.155])
・『新建築 住宅特集』2019年8月号、新建築社[pp.70〜77]

〈左写真〉リビングにトップライトからの光が注ぎ込む。屋根を除いてRC造でつくられており、屋根のみ木造となっている。
〈右写真〉トップライトは、夏は直射光が入りづらく冬は入射するように、CGシミュレーションを行った上で形状が決められている。

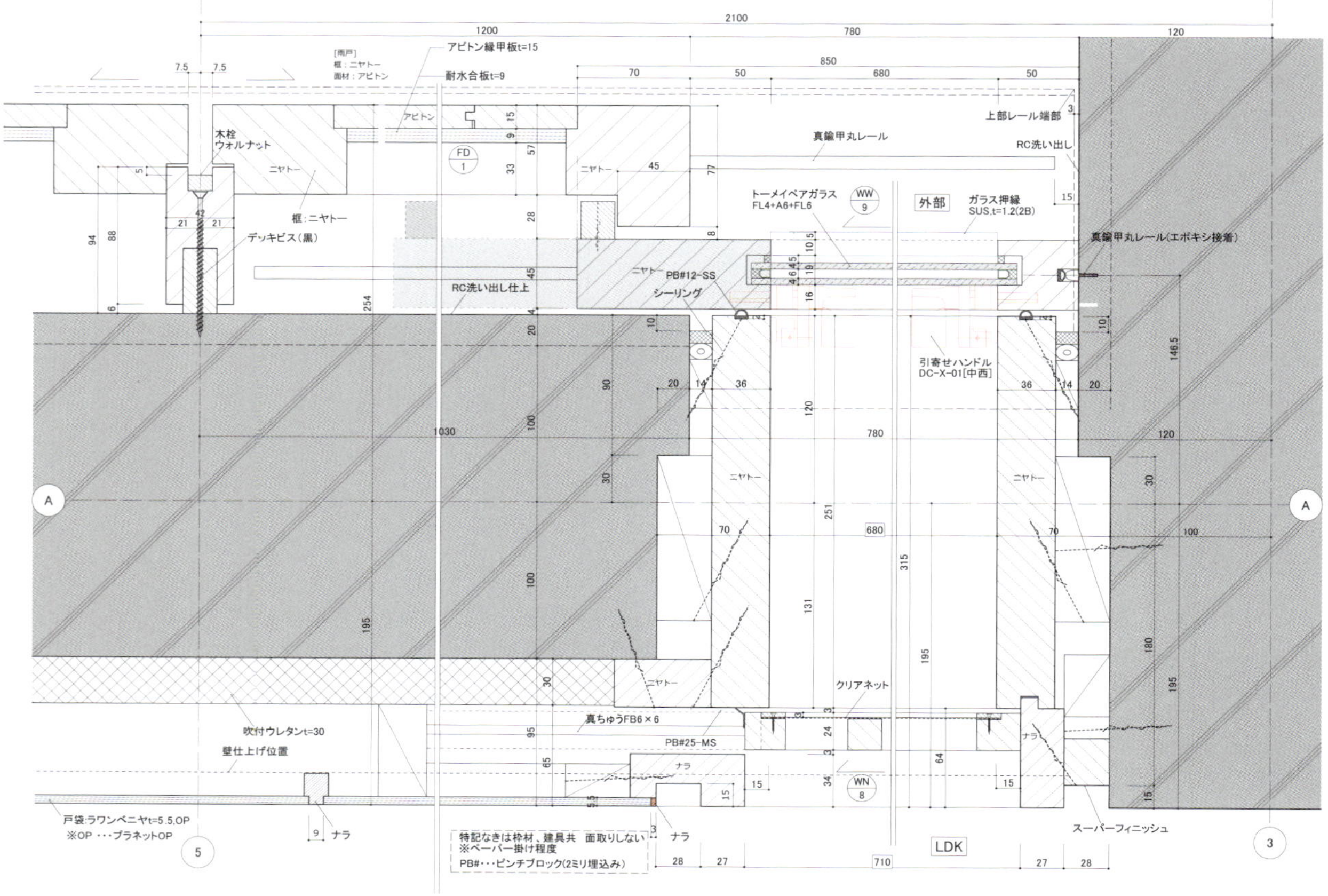

南面開口部平面詳細図 S:1/5

2階の南庭に面した開口部の平面詳細図。施工の手順まで含めて考えられた、緻密な詳細図になっている。

〈左写真〉LDKの庭に面した開口部を見る。細部まで詰められながらも、それぞれの部材が調和した美しいディテールとなっている。

〈右写真〉階段吹き抜けを介して、上下階を見る。庭に対しては開きすぎずに、適度な距離を保っているのが印象的である。

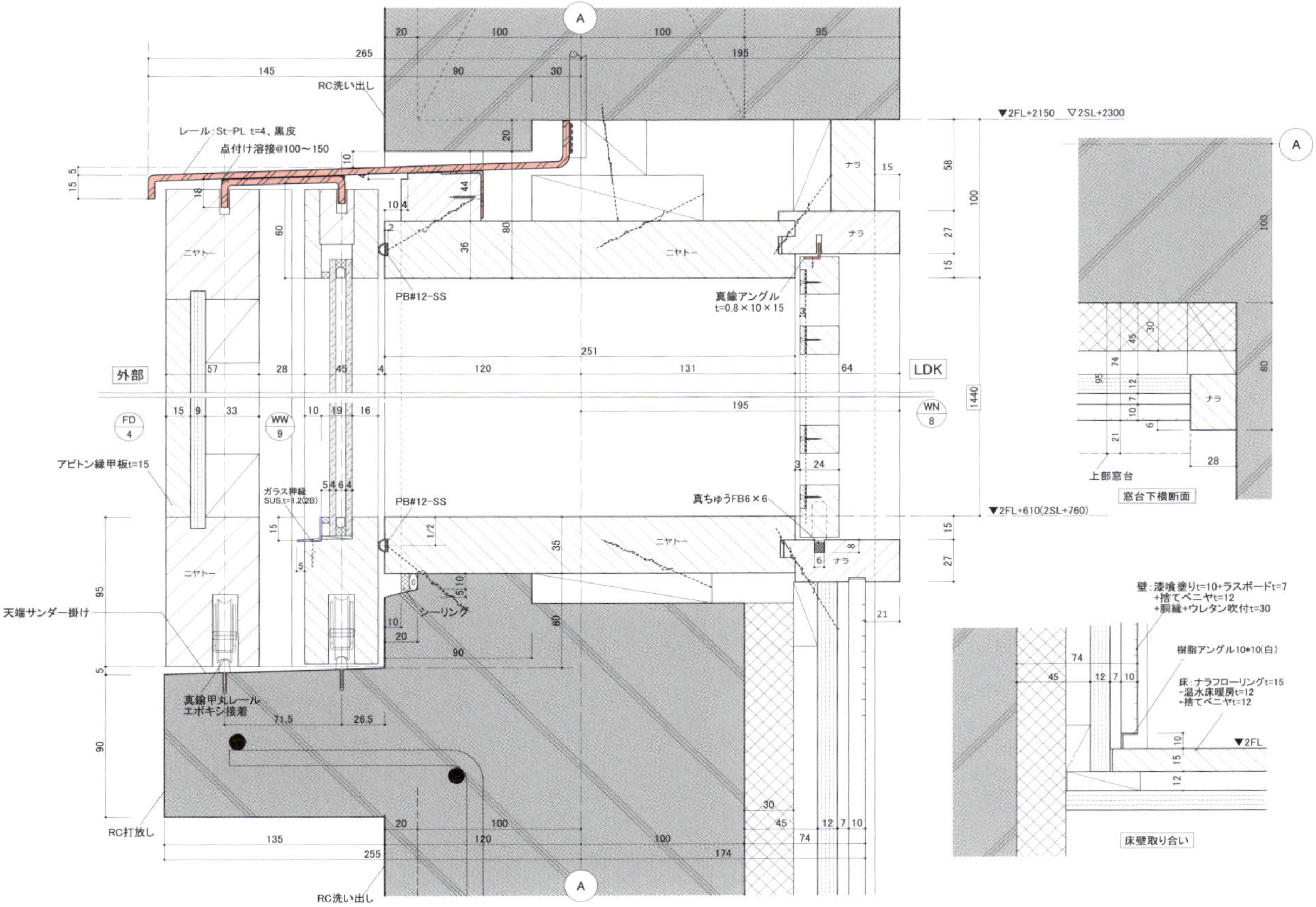

南面開口部断面詳細図 S:1/5

右ページ平面詳細図部分の断面詳細図。こちらでも部材同士の取り合いが隅々まで検討されている。

南庭から外観を眺める。軒と袖壁の奥行きが、家と庭の関係に深みを与えている。

著者事例

4-1

東松山の住宅

框の見付けと面材による境界面の諧調

以前の住人によって2戸1化されていた、鉄筋コンクリート造マンションの一室の改修である。つなげられていた2戸のうち、角部屋の方を主室と水回りなど、もう一方を寝室と納戸などにあてた。主室は、半屋外的なルームテラス・ランドリーテラスやソファースペースなど、タイプの違う場を外壁沿いに配置し、入れ子状の構成をとっている。これらの間には、透明ガラス・フロストガラス・シナ合板を鏡板にした木製框戸を入れ、各々の場との距離や視線などの調整を行っている。框は見付け30㎜で、木製建具としては非常に細いつくりになっている。これは中間層を設けたことによる、主室と外部の距離感を減じるためである。またこの框は、鴨居や欄間の枠とも同じ見付けであり、枠と框が一体的な透明性の高い境界面となる。さらに、主室の四方は建具の見込みや枚数の違いによる奥行きの異なる鴨居で囲まれており、ニッチとしてお気に入りの小物や植栽を飾ったり、奥行きの深い鴨居は籠などを載せて収納棚として使えるようになっている。寝室側は、シナ材によるフラッシュ戸と壁で統一している。主室側とは対照的に不透明な境界だが、開くたびに空間が展開していく奥性が生まれている。

框の見付けや面材によって、マンションの一室と内外の環境との豊かな諧調をつくり出している。

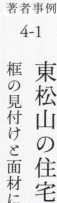

〈左写真〉主室と外部との距離が生まれ、遠ざかった印象にならないように、取り囲む境界面となる建具の見付けを通常より細い30㎜とした木枠建具を考案した。この建具は、現在も自社で運営する建具メーカー「戸戸」で販売している。

〈右写真〉既存のアルミサッシは共用部にあたり、交換するためには管理組合の承認を得る必要があるなど容易ではないため、既存サッシには手をつけずに中間層を設けたり、二重窓をつくることで、断熱性を向上させている。

建具姿図	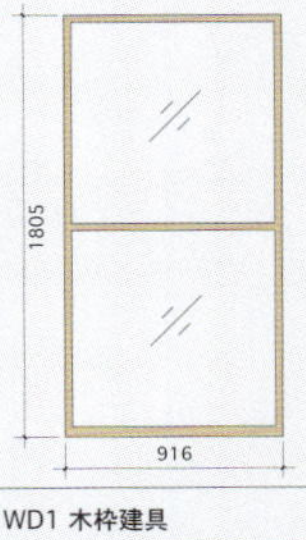	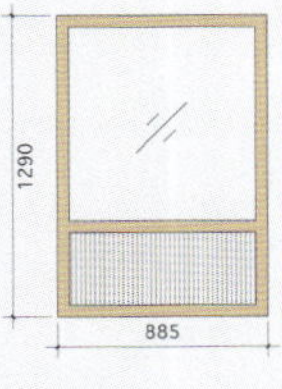	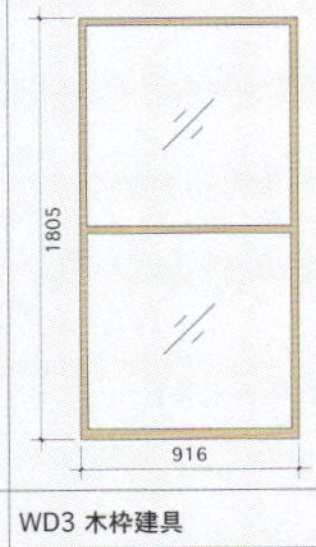	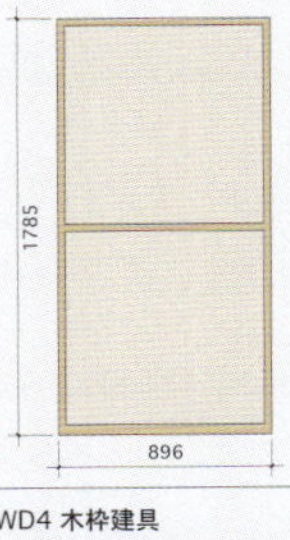	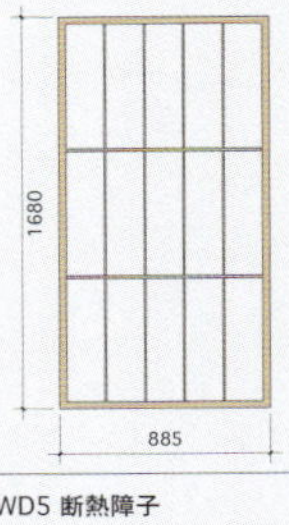	
建具番号	WD1 木枠建具	WD2 木製2重窓	WD3 木枠建具	WD4 木枠建具	WD5 断熱障子	WD6 シナフラッシュ戸
框	スプルス ワトコ塗装	スプルス ワトコ塗装	スプルス ワトコ塗装	スプルス ワトコ塗装	スプルス	シナ合板 ワトコ塗装
見付・見込	30mm・60mm	50mm・30mm	30mm・60mm	30mm・30mm	30mm・30mm	30mm
鏡板	フロストガラス t=4mm	ポリカーボネート板 上:クリア t=2mm 下:フロスト t=2mm	透明ガラス t=4mm	シナ合板 t=4mm	ワーロンシート 無地 t=0.03mm 太鼓貼り	-

室内建具一覧表

〈上左写真〉建具の見込みの深さに応じて、鴨居も奥行きが出てくるため、単に建具の鴨居の域をこえて、棚板のような存在になる。場所によっては籠を置けるほどの奥行きになる。
〈上右写真〉見付けを細くしている代わりに、見込みは60mmと深くしている。見込み45mmのものもある。
〈下写真〉建具の見込みは深いが見付けが細ければ、透明感のある境界面をつくることができる。

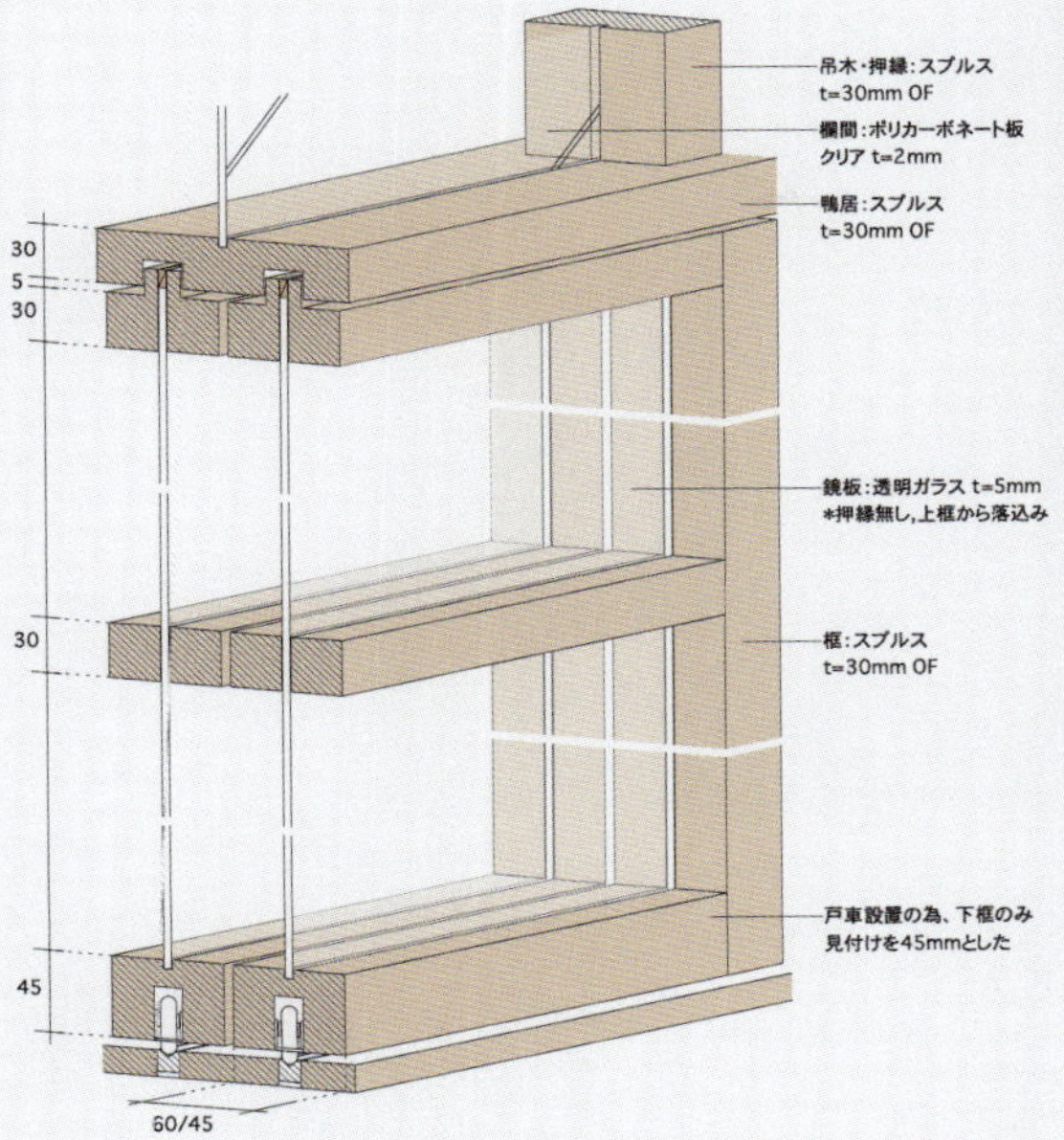

寝室では、カーテンの代わりにもなる太鼓張りの障子を入れている。

〈左図〉木枠建具は鴨居や吊り木なども、建具まわりの枠の見付け寸法に合わせている。建具の表裏ができるため押縁を設けず、ガラスは落とし込みとしている。

〈下図〉ペリメーターゾーンとなるエリアに、半屋外的なテラスを設けたり水回りを配置している。また、既存構造上の理由から、窓を取れない浴室には、テラス沿いに小窓を設けて、通風を確保できるようにしている。その他、西側のエリアは、夫婦それぞれの寝室を設けたり、広々とした収納スペースを用意している。

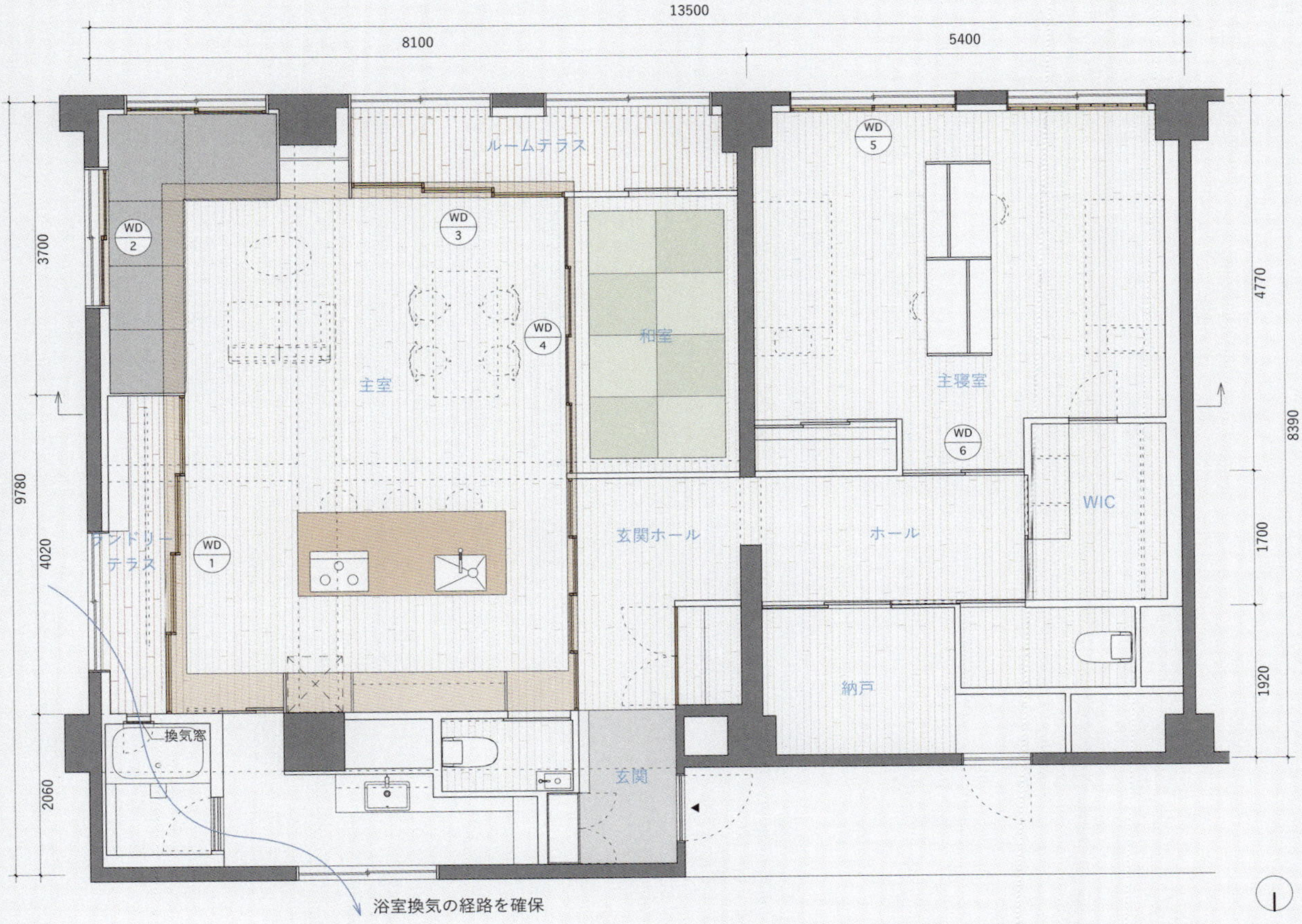

平面図 S:1/100

著者事例
4-2

白と黒の家

必要な要素だけがある家と建具

築40年を過ぎた団地の一室のリノベーションである。壁式RC造のため間取りの変更は難しく、躯体に仕切られた4つのスペースの中でいかに生活を更新するかを考えた。広さが十分でないスペースもあるが、日常的な使いやすさよりも、生活の要素が少ないことで得られる気持ち良さを優先したいという施主の希望を重視し、与えられたスペースの中でそれぞれの機能を再構成していった。

建具においての特徴としては、まず玄関ホールとキッチンの間に入れた布框戸［p.178］がある。これには、施主が選んだ黒いインド綿の布を張っており、柔らかな質感と透過性を与えつつ、空間に緊張感をもたらしている。また、枠が見えない納まりにより、建具の存在が浮き立って見える。リビング収納やトイレ・浴室の扉でも、同様の納まりを採用している。これらは壁・天井と一体化して見えるフラッシュ戸になっており、室内に溶け込んでいる。南側バルコニーに面したアルミサッシの内部側には、ニヤトー材の枠と框による木製ガラス引き戸と布框戸を設けており、断熱性を高めつつ室内のアクセントとなっている。

本当に必要と思われる要素だけがある、この家らしい空間と建具の納まりになっている。

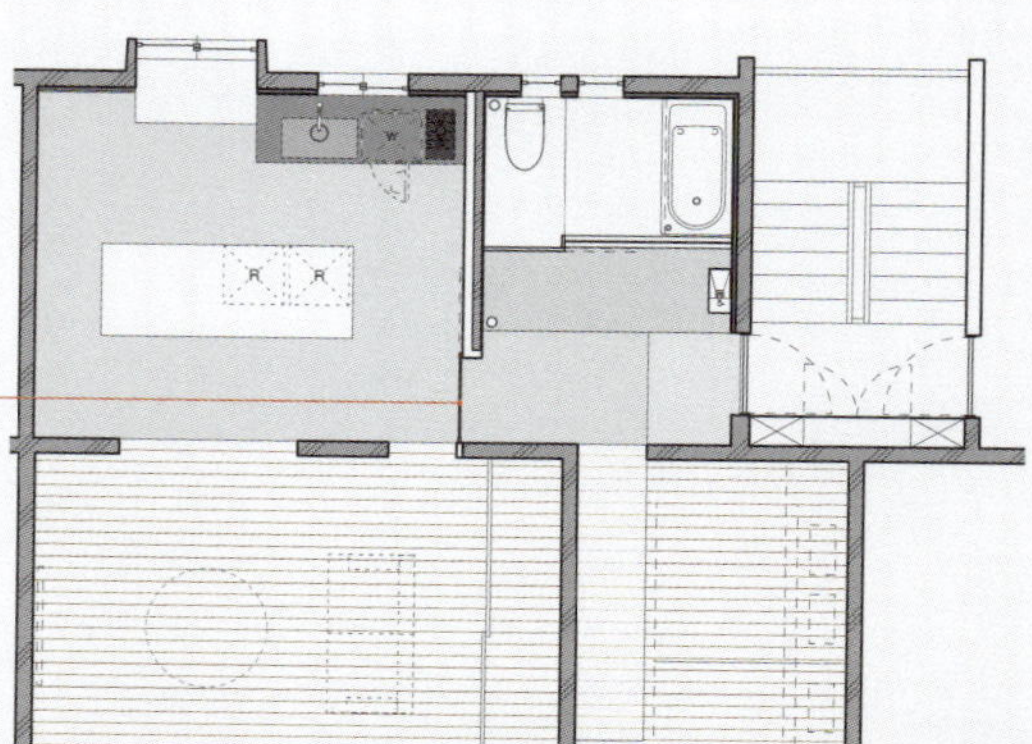

4つのスペースはそれぞれ、水回り・寝室・キッチン・リビングに当てがわれることになり、限られたスペースの中でそれぞれの諸機能を再構成していった。建具も必要な場所にしか入っておらず、内部の間仕切りとしては3か所のみである。その他バルコニーに面した3か所のアルミサッシの内側に建具を加え、二重窓としている。

平面図　S:1/150

〈右頁写真〉トイレと浴室は一室となっており、トイレ用のフラッシュ戸はあるが、浴室はガラス張りの開放的な空間である。

〈上写真〉リビング収納の右側は子供用のデスクスペースとなっており、扉を閉めると壁・天井と同化した面となる。

〈中央写真〉キッチンと玄関側の間に設けた布框戸は、黒く透け感のある布を張っており、白が基調の空間に緊張感をもたらしている。

〈下写真〉建具枠の存在をなるべく感じさせない納め方を心掛けた。鴨居と敷居は、それぞれ天井と床に組み込み、戸当たりは合板を壁に仕込んでいる。

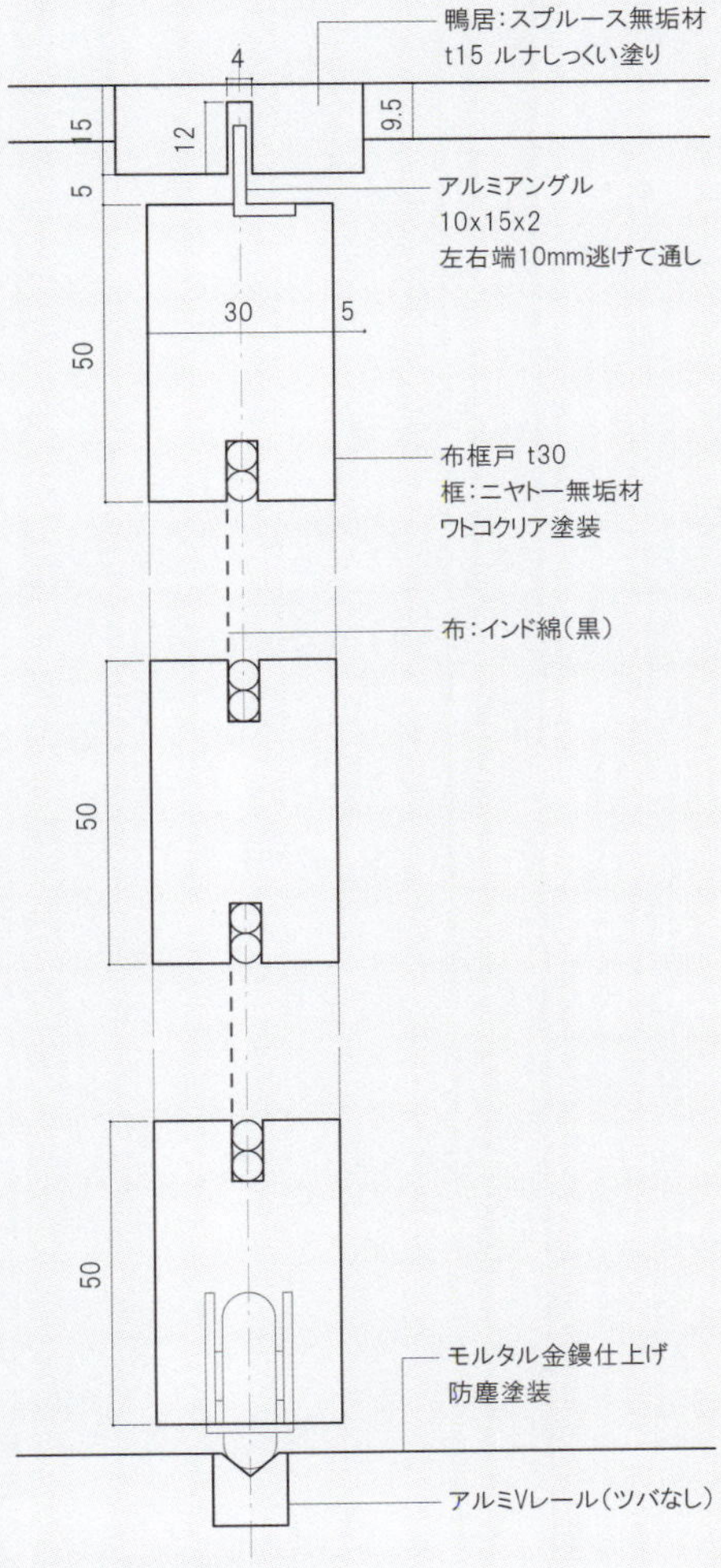

布框戸断面詳細図 S:1/2

著者事例

4-3

山手の住宅

「通り」と「路地」、それぞれの建具の設え

メゾネットタイプのマンション一室の改修。バルコニーからは山とともに海辺の街並みを眺められる部屋である。山側から海側へと偏西風の吹き抜ける地域のため、風が躯体の中を通り抜け、この地域特有の環境を実感できるプランにすることを考えた。また、玄関のある上階がＬＤＫのある主室になり、下階が寝室となる構成は改修前から決まっていたが、上下階で異なる世界が並存するように「通り」と「路地」というメタファーを据えた。

上階では、サッシが専有部に含まれる珍しい建物だったため、バルコニー沿いの既存サッシを取り払い、木製建具の4枚引きとして最大限の開口幅を取れるものにした。島状のキッチンとダイニングテーブルを中心に、居場所が点在している目抜き通りのような空間としている。

下階では、風呂・サニタリーを中央に2つの島となるよう配置している。この2つの島は、建具を閉じると各面の配色が異なる1つの箱となる。建具自体はシナフラッシュ戸だが、蝶番やドアノブが現れないように納め方を工夫している。躯体と2つの島の間に生まれた隙間は、風や光の抜けが良く、壁の配色によって明暗や空気感の変化があり、行き止まりのない歩き回りたくなる路地のような空間に仕立てている。

〈左写真〉浴室窓のある細い路地は、黄色く仕上げ明るくした。〈中央写真〉日常的な動線となる路地は落ち着きのあるグレーにした。
〈右上写真〉バルコニーに面したサニタリーの壁は明るめの緑色にした。〈右下写真〉寝室に面している壁は紺色で引き戸も統一している。

上階のバルコニーに面したサッシを、4枚引きの木製ガラス引き戸に交換している。外部に面したサッシとなるため、外部側はアルミアングルを四周にまわして耐水性を高め、室内側は木が出るように納めている。また、框同士の召し合わせを設けたり、ピンチブロックを用いてできる限り気密性を高めるように工夫した。

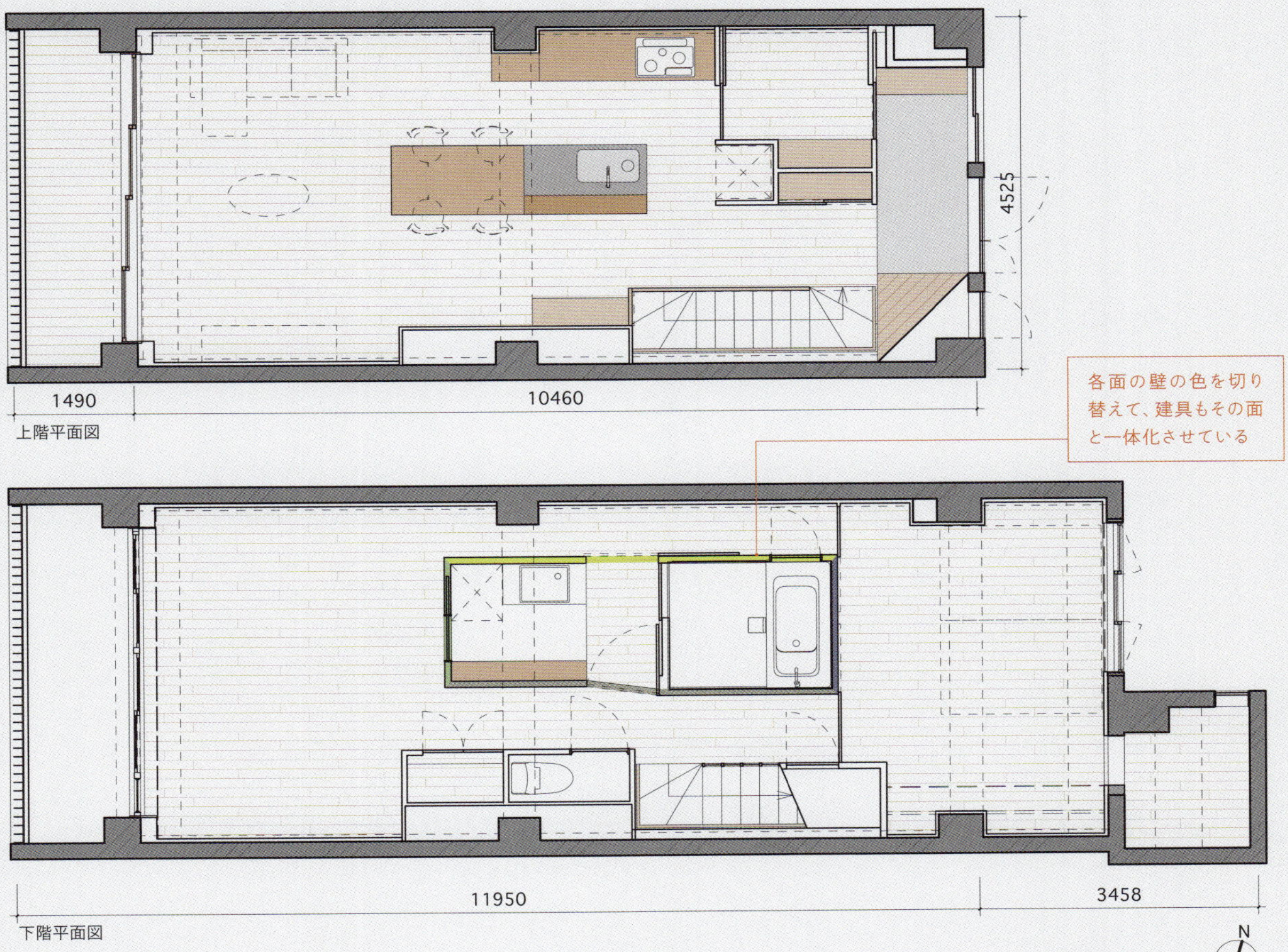

平面図　S:1/100

コラム4

工芸と建具

工芸と建築の関係は、いつから希薄になってしまったのだろうか。約1世紀前、バウハウスは建築と工芸、グラフィックや写真といったさまざまな芸術やデザインを、分野の垣根なく統合した運動体だった。その流れはアーツ・アンド・クラフツ運動を起点とし、そこから派生したのが、バウハウスでありドイツ工作連盟やウルム造形大学といった、複数の運動体だった。これらの精神は現代にも引き継がれてはいるが、同時に戦後の工業化と大量生産によって背景化している。しかし、北欧諸国だけは「彼らは豊富な天然資源を用いて『装飾的で、気高く、民衆的な芸術』というモリスの理想を実現した」[1]と言われるように、工芸と大量生産が調和したデザインを生み出してきた。アルヴァ・アアルトの建築では、要所要所に工芸的な要素が見られる。特にドアノブそして建具のバリエーションは豊富で、ひとつひとつの建築や状況に応じてデザインしているように見える。

日本建築の建具を見てみると、襖は工芸との関わりが深い。本書の序でも触れているが、特に引手はそれ自体が工芸品としてつくられ、さまざまな素材や仕上げや形状があった。現在も多少つくられてはいるが、この半世紀でかなり減ったのではないだろうか。また、襖紙もそれ自体が美しい工芸である。京都の唐長《からちょう》は、創業400年の唐紙屋で、今も美しい唐紙をつくり続けている。村野藤吾もたびたびここの襖紙を使っていたという。その他に襖縁も、漆やカシュー（漆の代用となる塗料）で仕上げたものがある。こうして見ると、襖自体が工芸の集積となっているのだ。現代では、このように手の込んだ襖がつくられる機会はかなり少ないだろうが、伝統技術を受け継いでいくための手立てとして、建築と工芸の関係を取り戻すことに可能性があるのではないだろうか。

そんな状況もあり、筆者の運営する「戸戸」では建具と工芸の接点を少しでも取り戻すべく、無垢材のつまみに漆や藍染を施したものを製品化している（写真）。漆は福井の職人に、藍染は久留米の職人にそれぞれ頼んでいる。伝統工芸は、後継者不足や需要の減少もあり厳しい状況だと思うが、それでも技術をつないでいる方々である。これらのつまみは、不思議なことに国内ではなく台湾からの注文の方が多い。これからの伝統工芸の活路は、国外にあるのかもしれない。

1 ジリアン・ネイラー著、川端康雄、菅靖子訳『アーツ・アンド・クラフツ運動』みすず書房（2013）

＜5章＞

再利用

——エレメントから空間を変え、広域と結びつく私が個人で活動を始めた２０１０年頃、リノベーションという言葉はあまり世の中に浸透していなかったと思う。だが、そこから数年で急速に一般化していき、今では誰しもが知る言葉となった。私自身も、マンションのリノベーションからキャリアをスタートし（本書「序」参照）、時を同じくして活動し始めた同世代の建築家も、小さい規模のリノベーションを手掛け始めていた。

リノベーションでは、建築の設計において根幹をなす構造に触ることは少なくなる。基本的には、既存で構造が用意されており、その中で何ができるか考えることになる。そうすると、部分に着目することになる。壁、天井、床、建具、下地など、これまで建築家の設計の対象にならず見過ごされてきた部分を、どう工夫するかによって独自性を提示する方向性が見出された。本章で取り上げきれなかった中では、403architecture［dajiba］の一連のプロジェクトは、建築の材料が別の場所で別の形に転用される、「マテリアルの流動」の中で、部分に着目しながら建築を捉える姿勢を提示した。さらに浜松という地方都市を拠点として、中心市街地の古びたビルを中心に、マテリアルを流動させながらリノベーションしていく活動のあり方も、リアリティを持っていた。増田信吾＋大坪克亘も、設計の対象を部分に集中させたプロジェクトを手掛けている。「躯体の窓」は、ハウススタジオというプログラムも相まって、建物本体のインテリアは基本的に施主に任せて、新たにつくる外付けのスチールサッシを主に設計したものだ。既存のサッシがあったところには、穿たれた開口が残り、その外側のサッシは2階建の既存建物よりも高く、屋上に突き出す高さになっていて、サッシ越しに外壁と開口が透けて見える。ハウススタジオは自然光の入り方が重要になることから、主にこの巨大なサッシを設計することに専念したという。このような、部分を設計の主対象にした建築は、リノベーションだからこそ出てきたものと考えることができ、２０１０年代の建築の状況に変化をもたらした。門脇耕三は、若手建築家が建築の部位にフォーカスし設計する状況に対して、「エレメント」という語を用いて表現した。これは内田祥哉が展開した「ＢＥ論（ビルディング・エレメント論）」の変奏とも捉えられるし、モダニズムによって発明された抽象的な「空間」に対して、具体的な建築の構成部材にフォーカスすることによる「反―空間的な性格を備えている」[1]。そして門脇は、「建物のエレメントのひとつの様態である『部位』を切り口として、これが時に建築全体をも挑発し、空間創造の方向性を決定づけるもの」[2]だと位置付けている。私自身も、この状況の中にいた1人だと思うが、ほとんど建具だけに絞った設計を重ねてきた。

2020年代に近づいていくと、エレメント自体を再利用した作品も多く見られるようになる。この動きは、気候変動の問題にともなう温室効果ガスを減らすための建築的な取り組みのひとつとして考えられる。建築は、解体・廃棄する際に膨大なゴミを生み出す。そのため、なるべく分解・修理・再利用しやすい構法や材料を用いることが重要になる。特に伝統的な木造軸組構法は、分解・修理しやすい建築であり、古くて新しい構法として再評価されている。材料の再利用としては、中古建材市場が急速な広がりを見せている。その中でも、建具は再利用に適している部材である。特に木製建具は以前より古材のひとつとして流通しており、取り外して新たな場所に設置できるので再利用しやすい。枠も既存を踏襲すれば専門知識なくつくることができる。

建築家によるプロジェクトでも、建具を再利用したものが見られる。6lines studio + 小さな地球による「滴滴庵」は、東京工業大学塚本由晴研究室の修士学生6人が、自ら設計施工した9㎡の小さな建築である。千葉県釜沼にある棚田集落の里山再生の一環で、ここでの仕事と資源のマテリアルフローから生み出されたものである。竹林整備で出た竹を屋根や壁の下地に用いるなど、里山の整備に関わる仕事とマテリアルとの連関から建築が建ち上がっている。そしてこの建築の顔となっている古建具も、周辺の古民家から譲り受けたものである。古い建具には、今ではつくられていない模様の型板ガラスが使われていたり、形や開閉方法もさまざまで個性がある。これらを上手くレイアウトし、山裾に向かって開いている。また古建具は建てつけが悪いことから、二重窓にして気密性と断熱性を確保している。[3] 本章の事例では、真鶴出版2号店 [5-4] も地域の古建具を活用しながら地域の拠点をつくった例である。

このように、2010年代以降のリノベーションや部材再利用の流れの中で、建具は床・壁・天井・開口部などに並ぶ建築の代表的なエレメントのひとつとして、たびたび着目されてきた。本章では、伝統的な建具の再利用の仕方を踏襲した事例 [5-1, 5-2] や、解体によって残された建具から意味性を見出す事例 [5-3]、木製建具に限らない再利用の事例 [5-5] など、幅広いリノベーション・再利用事例を紹介していく。

1「特集　構築へ向かうエレメント　構法と建築家の言葉」『SD 2012』鹿島出版会（2012）[p.66]

2 門脇耕三「反–空間としてのエレメント」『10+1 website』2015年2月号、LIXIL出版 [https://www.10plus1.jp/monthly/2015/02/issue-01.php]

3『新建築 住宅特集』2023年12月号、新建築社 [pp.14～25]

豊崎長屋＝大阪市立大学 竹原・小池研究室＋ウズラボ

——都市の規範が編み出すフレキシブルな境界の操作

江戸時代、大阪では借家住まいが大半だった。そこでは「裸貸（はだかがし）」という、外部に面した最低限の建具だけある状態で貸す賃貸方式が取られていた。内部の設えである畳や間仕切りの建具は、住み手が自分で持ち込むというものである。当時の大阪の中心部は長屋が主流で、ほぼすべてが木造軸組構法だった。そして、柱間の寸法規格は京間の畳寸法（1910㎜×955㎜）に倣っていたため、畳や建具を引越しのたびに持っていけば新しい家でも使えるようになっていた。

豊崎長屋は大阪の中心部に奇跡的に残っていた、「裸貸」が行われていた長屋群を改修・耐震補強したプロジェクトである。大阪市立大学（現・大阪公立大学）の竹原義二、小池志保子と学生たちが中心となり、断続的に改修を進めている。改修においては、裸貸の文化を残すことが考えられてきた。改修後の建具は、長屋の建具に共通する寸法（幅960㎜×高さ1730㎜）で新たにつくられたものもあるが、以前あった建具に手を入れて使っているものも多い。木製ガラス引戸や襖や障子など、建具の種類はさまざまだ。建具を入れ替えるための工夫は、建具の寸法以外にもある。異なる種類の建具を同じ枠に入れ替える場合、特に敷居に対してどういう形で合わせていくかが問題となる。ここでは、木製ガラス引戸には戸車をつけて、襖や障子には溝にはまるジョイントを取り付けている。

現代では、木造の他に鉄骨造や鉄筋コンクリート造と構造形式が多様化しており、住宅内の寸法規格はバラバラである。また、家具や家電は現代でも引越しの際に持っていくが、裸貸では建具や畳といった直接的に設えに関わるエレメントを持ち込むことになるので、住む場所は変われど家の室内風景は大きく変わらないことになる。一方で、暮らしの変化に応じて柔軟に間取り＝室内の境界を変えることもできた。当時の都市に住む感覚は、現代とかなり異なるものだったのではないかと想像できる。現代では建具は建築の一部という印象が強いが、この時代では、生活に欠かせない家族とともにあるエレメントだったのではないだろうか。

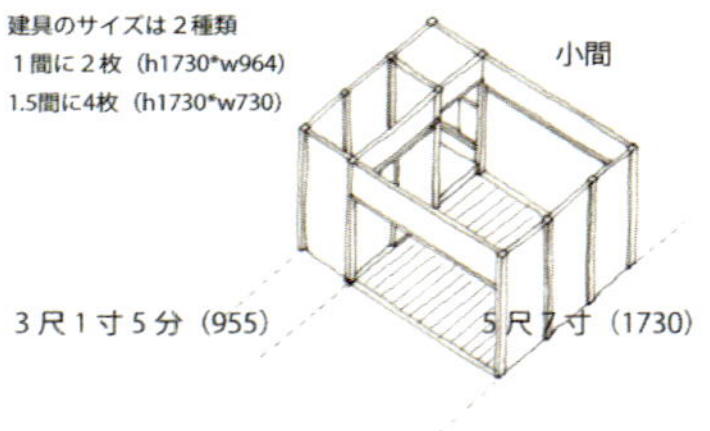

外室と内部の境界となる建具は，既存建具をカスタマイズして再利用しているが，改修に際して，建具を江戸時代のように柱間に同じモジュールのまま使うことは，厳密には行われてはいない。例えば風西長屋においては，水回りスペースの確保のために，柱間からズラした場所に建具のラインを動かすなどしている。
対して，風東長屋では柱間に建具を用いており，いずれの改修においても，既存の軸組の存在は尊重されて設計されている。

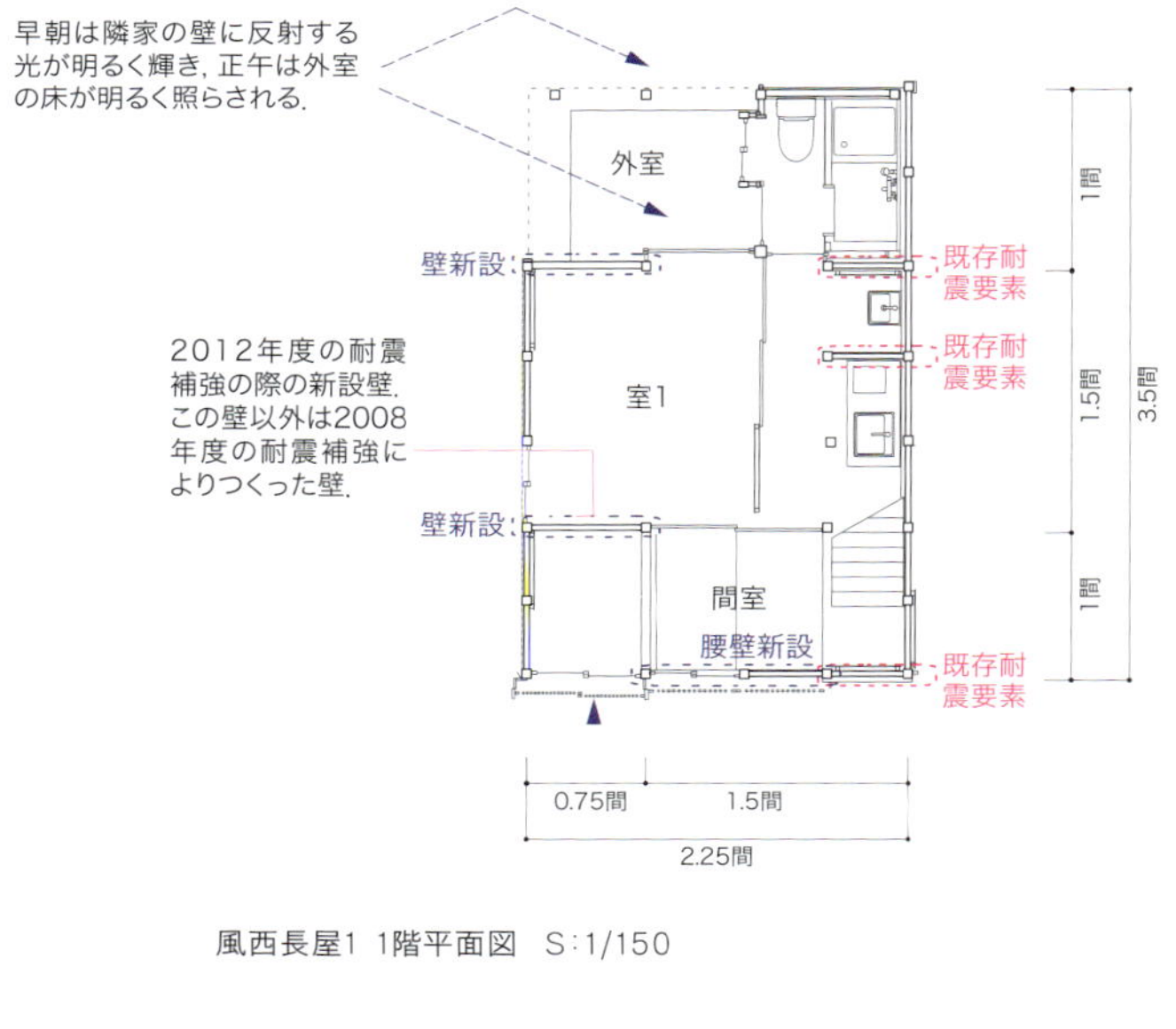

風西長屋1 1階平面図 S:1/150

〈左上写真〉風西長屋1の内部。建具は元の場所から移して再利用している。〈左下写真〉外室から内部を見る。内部建具に框を足して再利用している。〈右上・右下写真〉「裸貸」だけでなく、家の中で同じモジュールの柱間に、建具を入れ替えて間取りを変えることもできる。

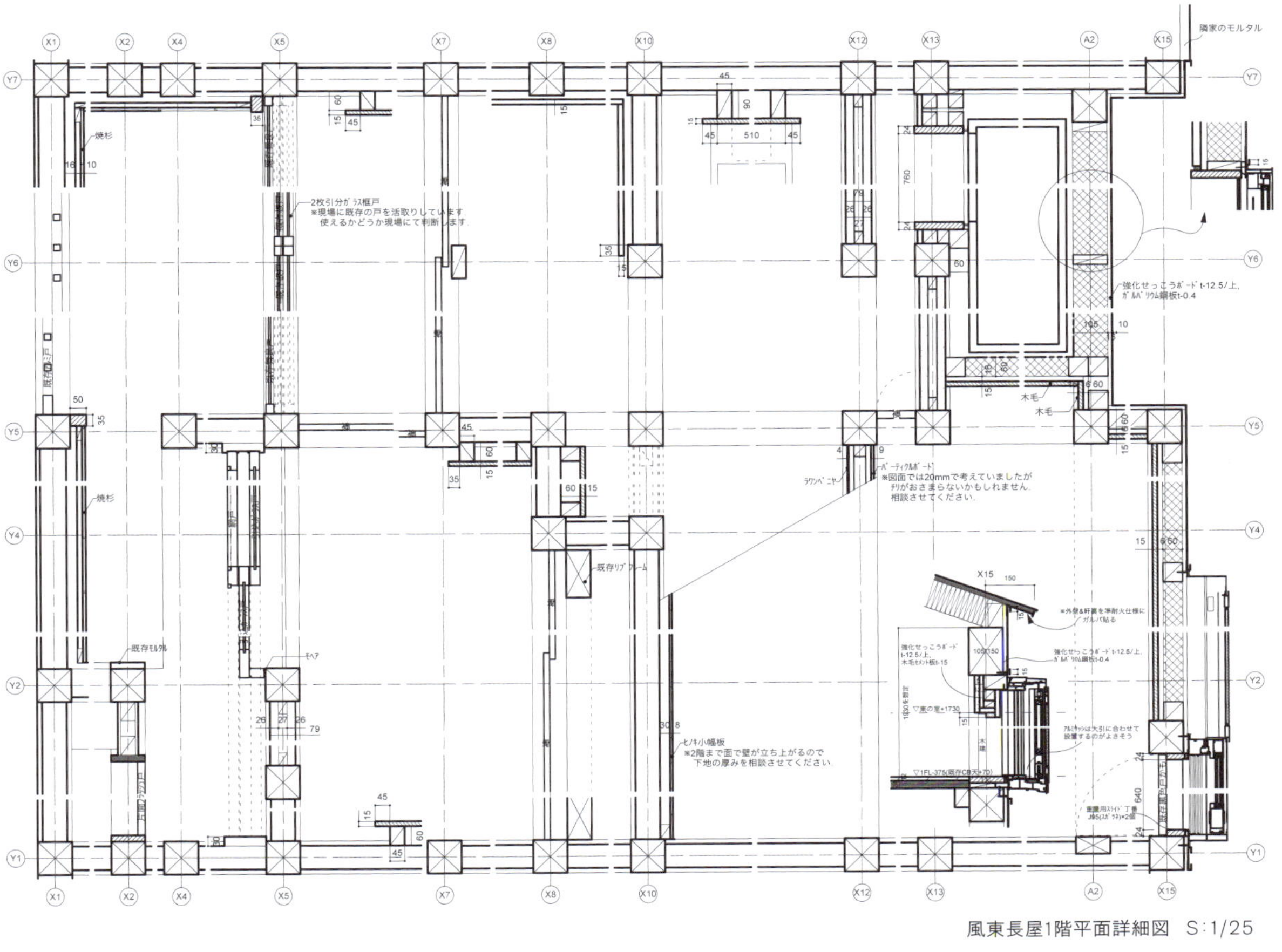

風東長屋1階平面詳細図　S:1/25

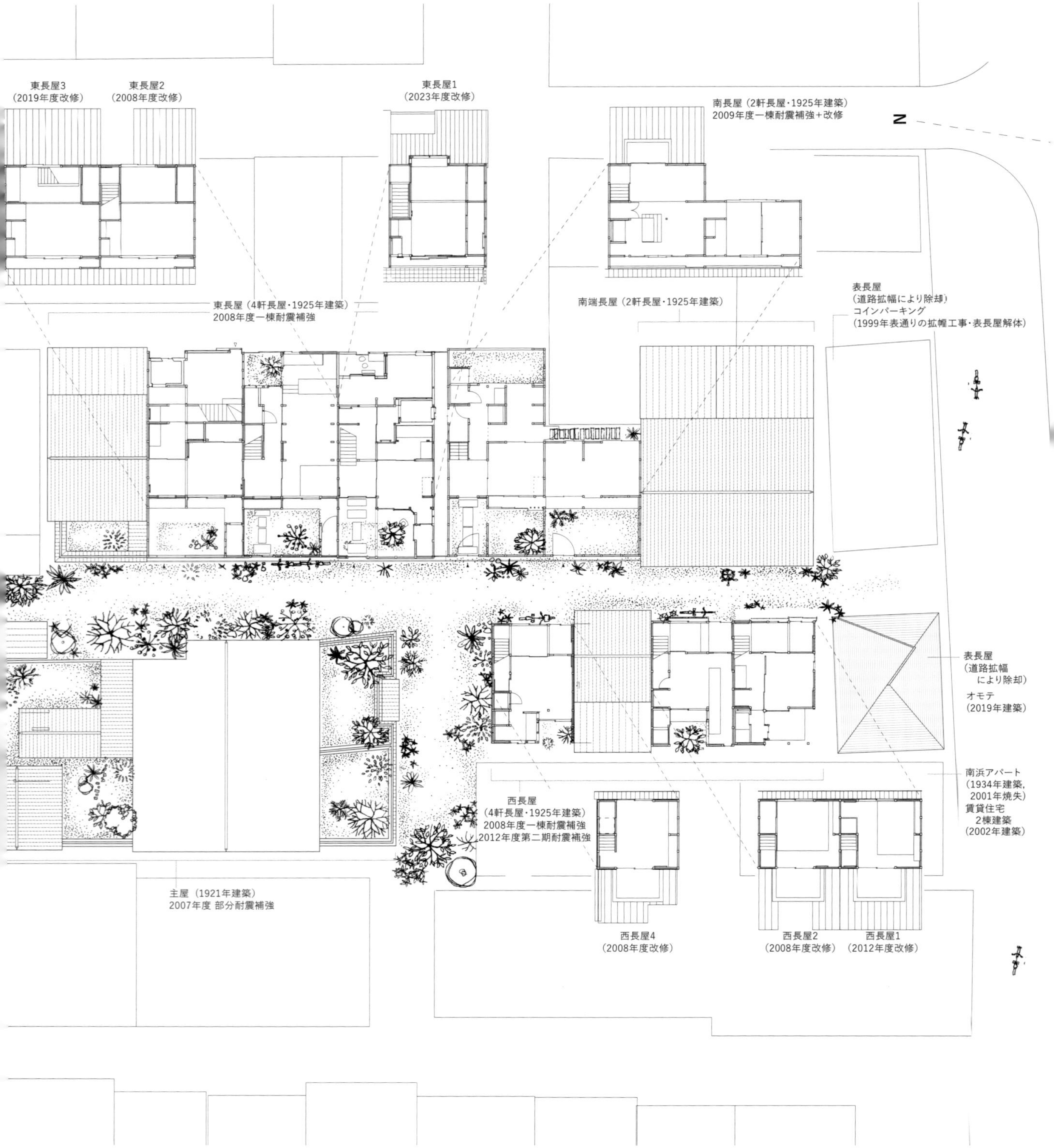

全体配置図　S:1/300

この一帯の長屋群は、すべて同モジュールでつくられていたことから、「裸貸」の文化が根付いていた。その中に暮らす人々は、建具や畳と一緒に転々とし、都市での自由な生活を楽しんだのだろう。群としての建築が持つ豊かさが、この配置図から想像できる。

改修において、外観の印象はほとんど変わらないように手が入れられている。周囲は都市化が進み、現代的な建物が建ち並んでいるが、長屋群の中に入るとタイムスリップした感覚になる。

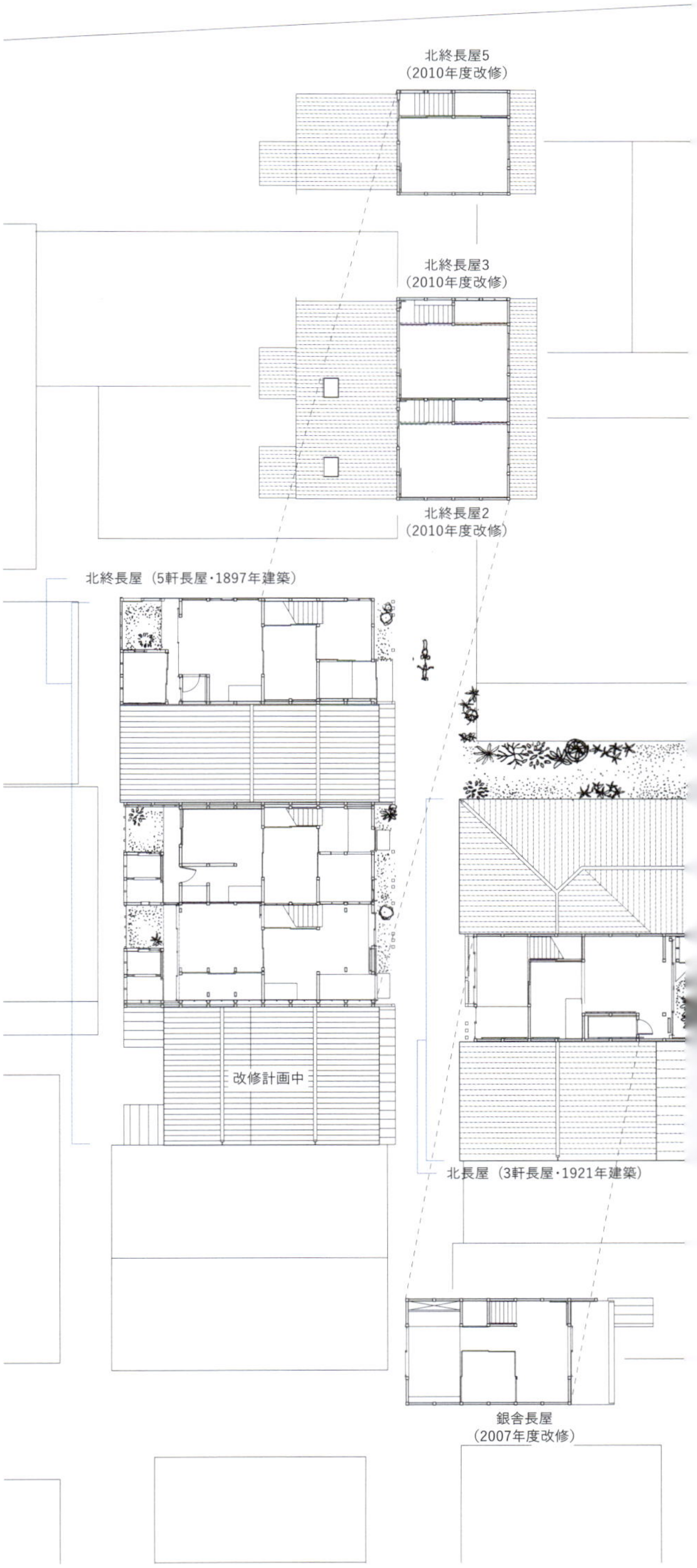

須栄広長屋〟大阪市立大学 小池研究室＋ウズラボ

――境界面の移動によって街との関わりしろをつくる

建具の位置による境界面の操作として、大阪市立大学（現・大阪公立大学）小池志保子研究室＋ウズラボによって改修された須栄広長屋も興味深い。豊崎長屋から車で20分ほどの地域に残る築80年ほどの長屋群である。ここでは耐震改修に加えて、連棟の長屋を内部でつないでシェアハウス化したり、店舗併用住宅にするなど、大家さんも一緒になり、街に開くための試みが行われている。

特に興味深いのは、外部との境界面をセットバックさせて、街や庭との間を取りながら、それらとの接続を試みている点である。道路に面して並んだ奥に庭がある長屋形式であるが、もともと前庭だった1・5間分を道路側の外壁だけ残し、隣り合う棟同士の壁は取り払い、つないで共有化している。奥の庭側では、室内側に外部建具の境界をセットバックして、軒下空間を設けている。こちらは住戸ごとの専有のスペースとなっている。

長屋の特性を読み取り、境界面をスライドさせ外部との関わりしろを増やした、シンプルだが長屋改修ならではの境界操作である。

平面図 S:1/150

〈上写真〉第2期改修部分の前庭から道を眺める。広さもあり縁台もあるため、店舗などの利用に適している。〈下左写真〉第1期改修部分の前庭。以前は室内だったスペースを、半外部化して、さらに4棟分を貫通させ共用の通路としている。〈下右上写真〉道を挟んで左に第2期、右に第1期改修の外観。〈下右下写真〉道と逆側の南庭に面して設けられた板間。奥行きが深く、この住戸では自転車を置いたり、半屋外を楽しむ空間として活用していた。

SAYAMA FLAT ‖ 長坂常

——残された建具が予期させる向こう側

社宅を賃貸住宅に用途変更しリノベーションしたプロジェクトである。1室100万円ほどで改修する必要があったため、図面を描いて模型をつくりクライアントに確認するような進め方が難しいことから、「一切図面をひかない」「事前に確認を取らない」「4室だけ先行して実施する」ことを条件に計画がスタートした。設計者の長坂常は、スタッフらとともにハンマーとバールを持って現場に行き、実際に解体しながら既存図に計画内容をメモして、セルフビルドと施工者による工事を混ぜながら進めていった。

このプロジェクトは、引き算の操作だけで建築的な効果を生み出せることを示したエポックメイキングな作品である。そのため新たに建具をつくっているわけではない。しかしここで着目したいのは、竣工写真を見ると襖や障子が残された部屋がとても多いことである。既存の要素が引き算されていく中で、襖や障子が壊されずに残されており、それらが重要な要素として選別されているように見えるのだ。それは、建具の持つ記号性が作用しているからではないだろうか。

担当スタッフだった建築家の畠中啓祐に計画時の話を聞いたところ、現場で解体して打ち合わせをする中で「障子が障子に見えなくなってきた」という話が出たという。例えば、和室の一部が解体されて障子が残されたとき、障子本来の姿が鮮明になり記号性が強調される。ありきたりな部屋の要素を削っていった先に、ありきたりな建具が特別なものに見えてくるという、価値の転倒が起きているのは興味深い。またある部屋では、押入れが解体されて残った襖と欄間、そして壁が解体され背面があらわれたキッチンが並んでいる。残されたのがクロス貼りの壁でなく襖と欄間だったのは、仕切られる2つの領域を分けながらも、向こう側とこちら側の関係を結ぶことができるためではないか。そして残された建具は、向こう側にある（かもしれない）場の存在を予期させ、部屋に不思議な奥行きを与えている。

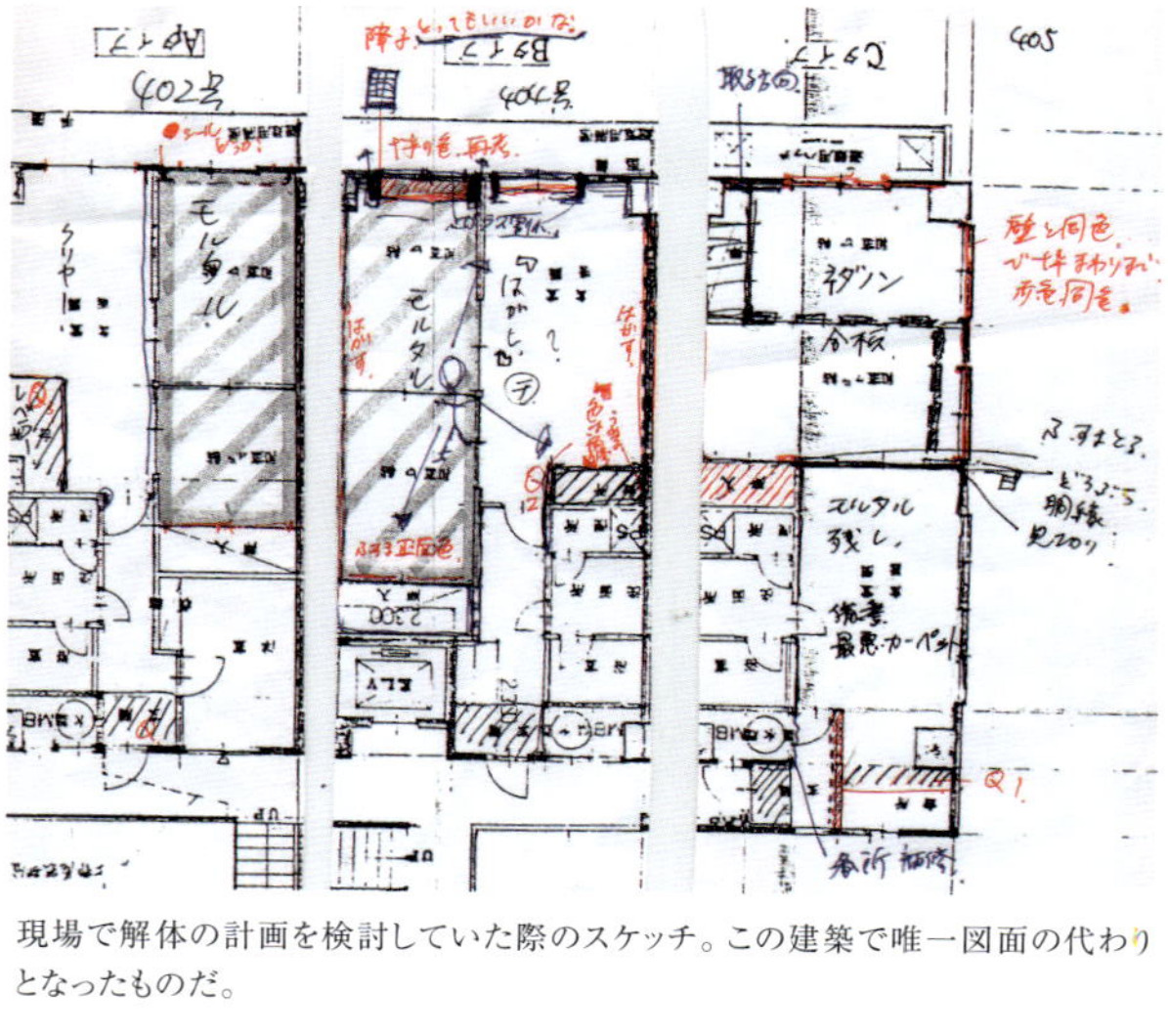

現場で解体の計画を検討していた際のスケッチ。この建築で唯一図面の代わりとなったものだ。

〈参考文献〉
・長坂常『半建築』フィルムアート社（2022）
・長坂常『B面がA面にかわるとき（増補版）』鹿島出版会（2016）

押入れの襖と欄間が残され、キッチン背面壁が解体された部屋。残った襖と欄間は、壁の代わりの間仕切りと言えるのかどうか、機能と意味が宙吊りになりながら、普通ではありえない状態で残されており、その光景に新鮮さを覚える。

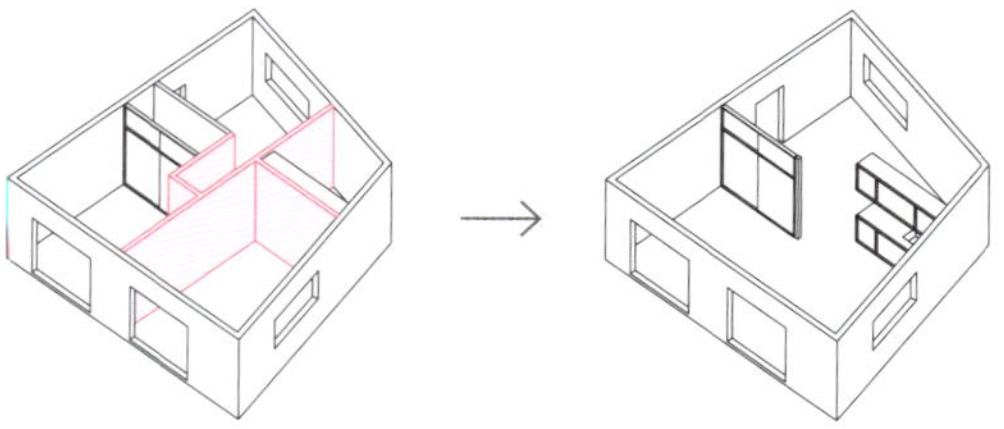

元は細かく部屋が分けられていたが、押入れの枠と建具、そしてキッチンのみが残されている。ほとんどすべての間仕切り壁が解体され、キッチンと襖だけが微かに領域をつくっている。

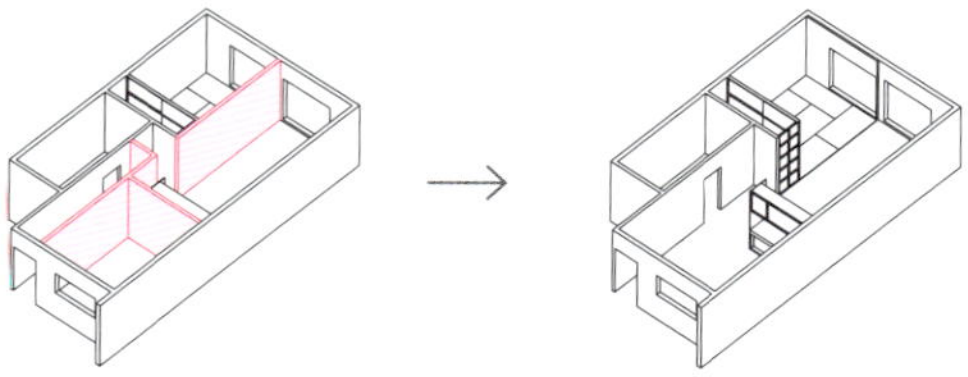

和室だけ床・壁・天井が残されているが、手前の主室と思われる部屋との境界は解体されており、スケルトンの中に和室だけが保存されている唐突さが、却って新鮮に見える。

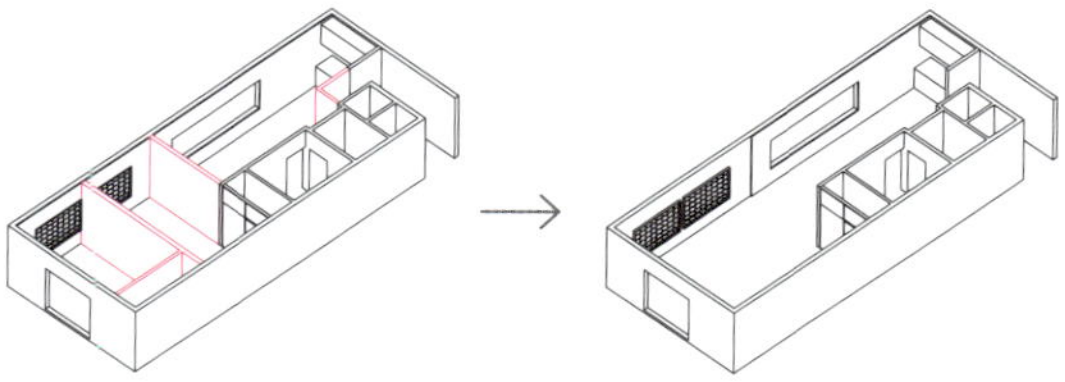

部屋をまたがるようにあった開口部に面した障子を残し、その間の間仕切り壁を解体したことで、障子がまるで横長の連窓に見える。2つの部屋に分け隔てられていた障子が連なることで、その記号性が強調されている。

真鶴出版2号店＝冨永美保＋伊藤孝仁

——建築と場所を縫い合わせる建具

編集室と広間の空間。右手の引き違い戸と左手の片引き戸が、カフェ「蛸の机」から譲り受けた建具のうちの3枚。

神奈川県の太平洋沿いにある港町・真鶴にあるこの建築は、「泊まれる出版社」をコンセプトに掲げている「真鶴出版」の宿であり出版社であり店舗である。ここを営む川口瞬・來住友美の夫婦は、設計を頼む上で「真鶴に調和するようなリノベーション」を一緒に考えてくれそうな建築家を探したという。設計を行ったのは若手建築家ユニット・トミトアーキテクチャの冨永美保と伊藤孝仁（現在、AMP／PAM主宰）である。

この建築はパッと見ただけでは捉えどころがなく、リノベーションとして何が行われたのか見えにくい。それは新しい要素が、既存に対して浮かないように慎重に加えられているからだろう。そのため、よく目を凝らしていくと、すみずみまで考えられた情報量の多い建築であることが徐々にわかってくる。設計段階から川口・來住と冨永・伊藤の間で幾度も対話が繰り返されてきたという。その対話は現場に入ってからも、職人を巻き込んで続いた。ときには、現場での職人の一言がデザインを変えることも往々にして起こった。そ

エントランス外観。既存の外壁ラインから凹ませており、背戸道との間に小さな溜まり場が生まれている。なお、ピンクの外壁は既存のトタンの色味に合わせて塗装されたものである。右手のサッシが、郵便局から引き継いだアルミサッシである。

ういう意味で「真鶴出版2号店」は、メンバーシップによる対話が生み出した建築といえる。

中でも興味深いのは、再利用された建具たちである。これは当初案の見積りが大幅にオーバーしたことから、さまざまな減額案を検討する中で導き出された方法であるが、結果として建具が持つ媒介性により、この建築と真鶴という場所を縫い合わせる重要な要素となっている。そのひとつは、エントランス横とその並びのゲストリビングに取り付けられたアルミサッシである。これは、近所の郵便局の建て替えにあたり、無償でもらえることになったものである。エントランスは、真鶴の家々の間を縫うように通っている「背戸道」と呼ばれる路地に面している。ひっそりとした道なので、そこに面して大きく開くことは基本的にない。しかし、冨永と伊藤は郵便局から引き継いだ大きめのアルミサッシを、背戸道に面して設置することこそが、この建築と背戸道の関係性を変える上で重要であると主張した。サッシとしてはごくありふれたものだが、サッシ越しに見える背戸道の風景と、道から感じられる建築の視覚的・感覚的に開かれた印象が、アルミサッシを用いた効果を確かなものにしている。

もうひとつは、川口と來住が初めて真鶴を訪れたときに行ったカフェ「蛸の机」が残念ながら閉店することになり、廃材として出た4枚の木製ガラス引戸である。これらはエントランスの逆側の出入口、そして共用スペースに面した1階客室とトイレの扉として再利用された。元々、客室とトイレの扉は開き戸と考えていたが、左官屋さんの「引き戸にしたらいいんじゃない?」の一言で、使い方が宙に浮いていた引戸たちの行き先が決まった。これもまた、現場での対話から生まれたもののひとつである。

真鶴出版2号店の印象的な要素は、その多くが「真鶴という場所」から発見されている。エントランス扉のハンドルは彫刻家・橘智哉さんによるものだが、これは橘さんのアイデアで真鶴の港に落ちている錨を加工したものである。真鶴で発見されたモノが、境界の一部として再利用されていることは、この建築が真鶴と心理的にも身体的にもつながっている感覚に深く関係しているように思う。建具の媒介性が、場所をつなぐ大きな役割を果たしている。

〈参考文献〉
・川口瞬、來住友美編著『小さな泊まれる出版社』真鶴出版(2019)

〈上左写真〉「蛸の机」から譲り受けた建具の残りの1枚が、トイレの扉に使われている。中が見えないように布が張られている。
〈上右写真〉ゲストリビングにも郵便局から引き継いだアルミサッシが設けられた。笠木は、大工さんが解体時に出た廃材を再利用してつくってくれたもの。
〈下左写真〉真鶴出版2号店は「背戸道」と呼ばれる路地の途中にある。右手には石材産業が盛んだった町・真鶴ならではの、多種多様な石垣が見られる。
〈下中央・右写真〉真鶴在住の彫刻家・橘智哉さんによるエントランス扉のドアハンドル。扉自体は、ラワンフラッシュの表面を彫刻刀で名栗加工している。中央写真が外部側で、右写真が内部側のもの。

平面図 S:1/100

周辺環境を詳細に描き込んだ平面配置図。細く入り組んだ背戸道に面し、真鶴の暮らしに密接に結びついた建築であることがわかる。6か所の出入口のほか開口も多く、随所に地域とつながる建具が見られる。

&Form スタジオ兼ギャラリー〃中村竜治

――間仕切りとしてのアルミサッシが生み出す「外」

デザインスタジオでありギャラリーでもあるスペースの内装設計である。このプロジェクトは、写真を一見するだけでは、何をしているのか読み取るのは難しい。既存の仕上げを、ほぼすべて剥がしただけの内装のようにも見える。実際に私が訪れたのは、ちょうどスイスのグラフィックデザインの展示「Form SWISS」（会場構成＝中村竜治建築設計事務所）が行われているときだったので、ギャラリーとして使われている様子を見つつ、内部の仕上げを詳しく見始めると、実はとても不可思議なことが起きていることに、ようやく気づくことができた。

部屋はマンションの1階だが、道から少し上がったところにある。道に向かって、大きめの掃き出しや腰窓のアルミサッシがあり光を取り込んでいる。さらに室内を見渡してみると、それらの窓にとても似たアルミサッシが部屋同士の境目に並んでいる。つまり、スペース1の二面は外部に面したアルミサッシ、もう一面はスペース2に面した間仕切りがアルミサッシとなっている。さらに詳しく見てみると、間仕切りとしてのアルミサッシには外部用アルミサッシと同じ網入りガラス（しかも懐かしいタイプの網が入ったもの）が嵌められている。これによって、どれが外部に面したアルミサッシなのか、一瞬わからなくなる。そのままスペース2からスペース1を見ると、間仕切りとしてのアルミサッシがまるで外部に面したサッシのようにも見える。そして、スペース1は道の一部のように見えてくる。外のようだけれど、向こう側にも同じようなアルミサッシがあり、そこは実は室内である、という転倒が起きている。この空間では、2つのスペースのどちらがギャラリーでどちらがデザインスタジオかは決められていない。そのため、それぞれの使い方が入れ替わることも起こり得るのだ。

間仕切りとしてアルミサッシを使ったのは、低コストで遮音性もあり要素を増やさないで済むためだということだが、そういった実利的なこととは異なるレベルで大きな効果をもたらしている。それはアルミサッシ＝外に面する場所に用いるもの、という認識がもたらす転倒であり、それによってこの部屋に新たな「外」が生み出されている。

間仕切りとしてのアルミサッシも、外部用と同じような跨ぎのある納め方になっている。

〈上写真〉スペース1の掃き出し窓は道路の延長のように外部と室内をつなぐ。〈下写真〉アルミサッシ越しにスペース2からスペース1を見る。

〈上写真〉「FormSWISS」の展示風景。スペース1にコンクリートブロックの動線が敷かれ、その囲いの間にポスターなどの展示物が並べられている。動線はスペース2に出入りしやすいように配置されている。

〈下写真〉「FormSWISS」の展示風景。スペース2 から間仕切りのアルミサッシ越しにスペース1を見る。

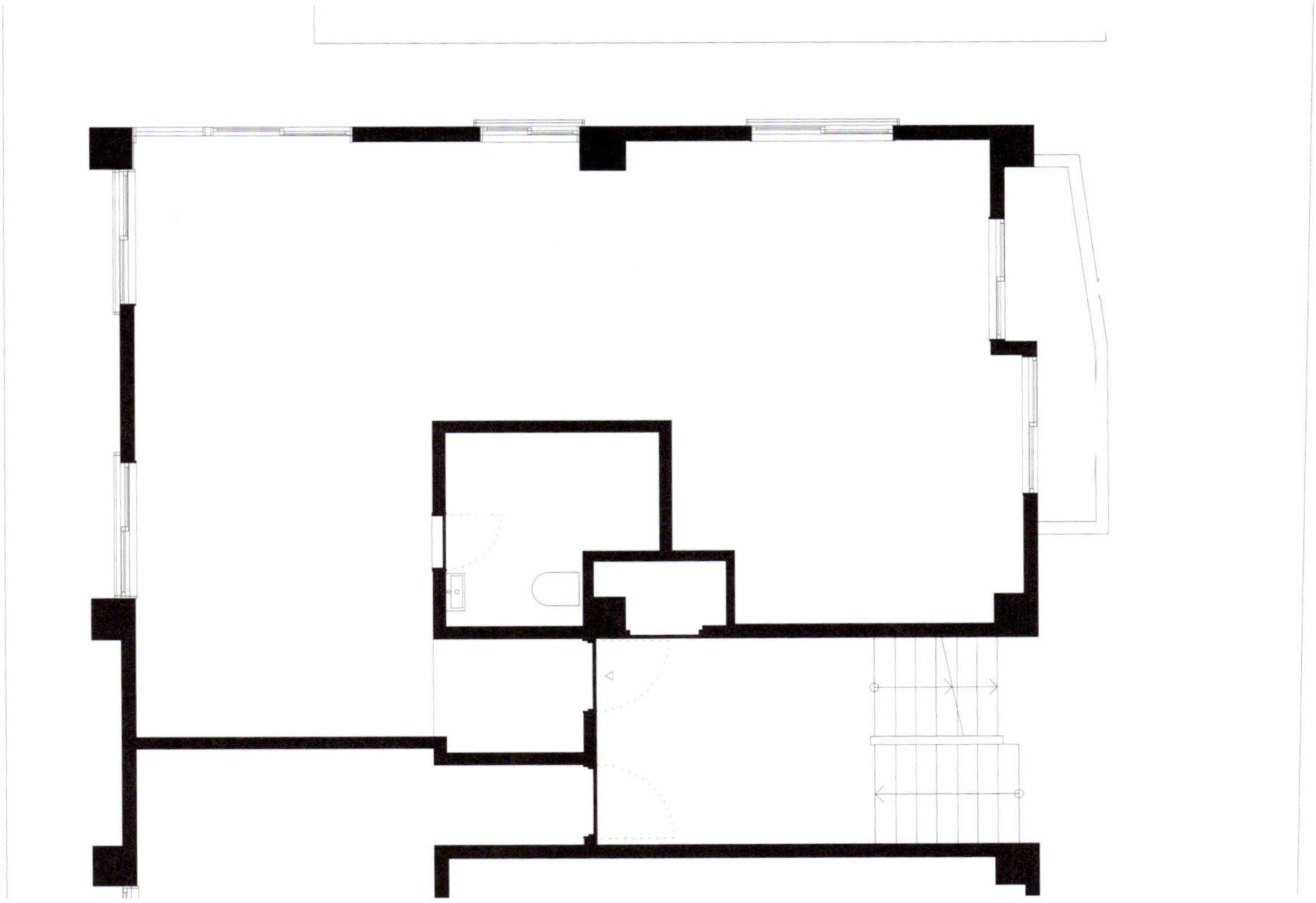

改修前平面図 S:1/100

間仕切りとしてのアルミサッシを並べて設け、スペース1と2に分けている
スペース1
スペース2

改修後平面図 S:1/100

著者事例

5-1

芦花公園の住宅

空間の連続性と可変性を取り戻す布框戸

柱間装置によるフレームの間に、多種多様な建具をあてがうことで、周辺環境や部屋同士の関係性を調整する。このような日本建築の特質である外部環境との連続性や空間の可変性は、柱間装置によって生み出されてきたとも言える。注目したいのは、木造ではなくRC造の団地等のインテリアにおいても柱間装置が採用されてきたことだ。形骸化されながらも用いられてきたのは、柱間装置が生み出す場所性が日本人にとって拠りどころとなってきたからだろう。そうしたことから、柱間装置を再構成して現代の団地で応用しようと考えた。

この建物は、築44年の分譲化された団地である。改修した住戸は約50㎡で、一般的な団地同様に柱間装置としての襖や壁で仕切られていた。しかしプランニングの問題からか、柱間装置により生まれる空間の連続性や可変性は感じられない状態だった。そのため、柱間装置によるプランを整理して、新たに柱を落として田の字プランをつくり、柱間には布框戸という建具を考案し導入した。これは障子のような透過性と襖のような軽やかさを併せ持っている。さらに、コツを掴めば布の張り替えを誰でもできるつくりになっており、お気に入りの布に張り替えて襖のように部屋を彩ることもできる。障子と襖の間の閾となる建具である。

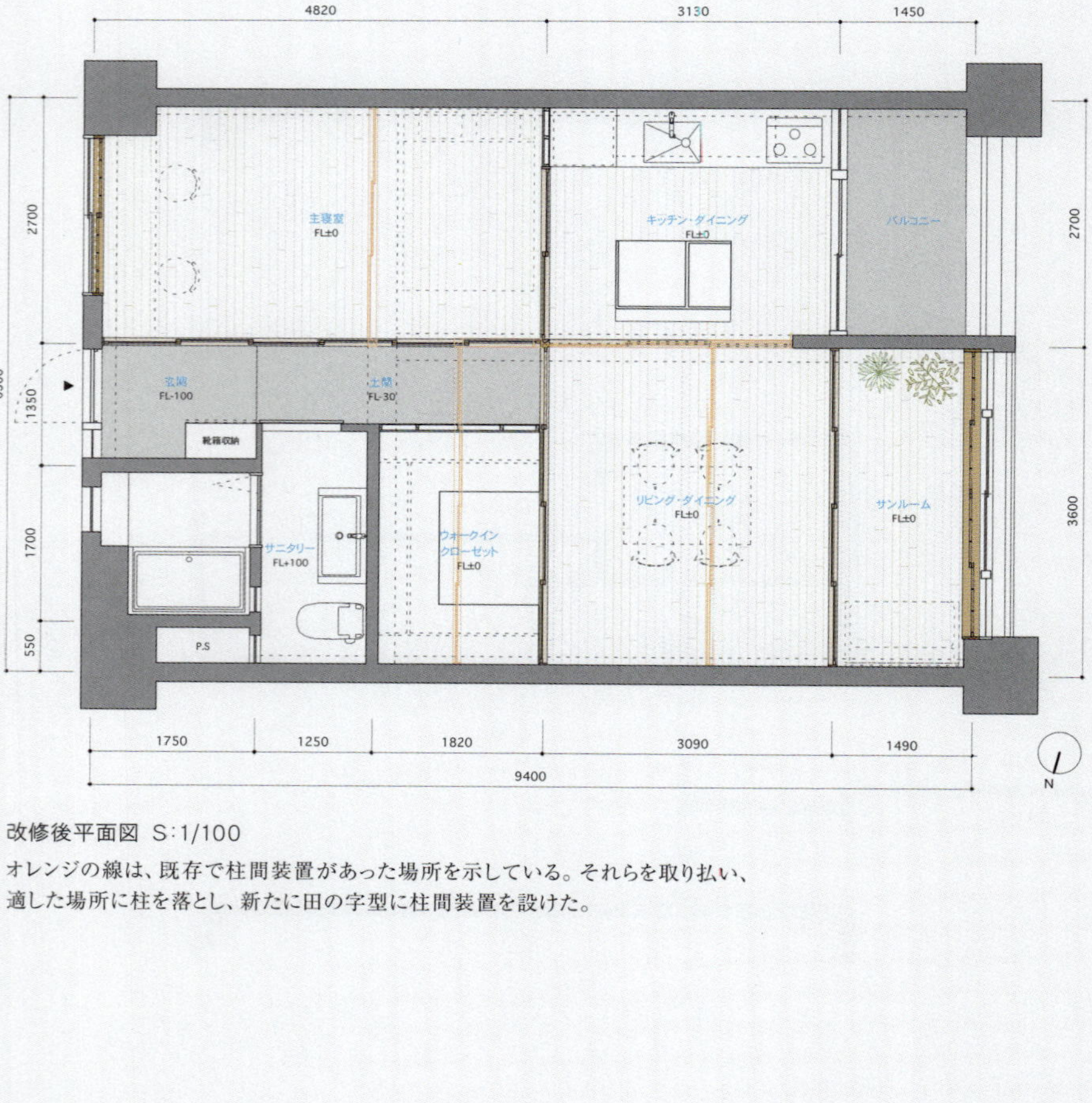

改修後平面図 S:1/100

オレンジの線は、既存で柱間装置があった場所を示している。それらを取り払い、適した場所に柱を落とし、新たに田の字型に柱間装置を設けた。

〈上写真〉新たに設置した柱間装置。欄間部分は基本的に抜いており、風通しの良い室内空間となっている。

〈中央写真〉玄関土間を長く取り外部を引き込んでいる。建具に張られているパッチワークは施主の自作の布である。

〈下写真〉バルコニーと並列するスペースは、木製ガラス引き戸で仕切ることでサンルームとしている。

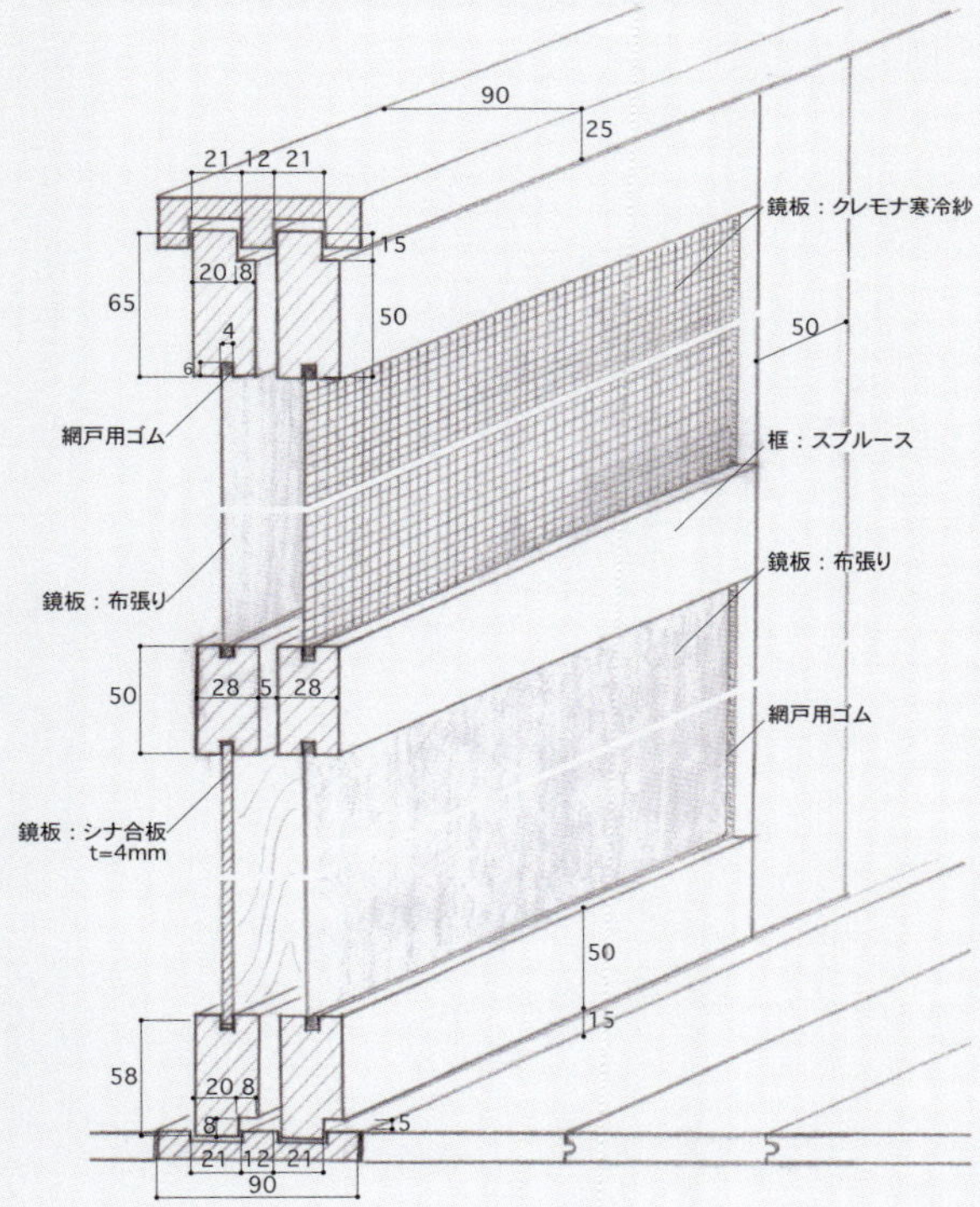

布框戸アクソノメトリック

框の間に好きな布を張ったり、寒冷紗を張って網戸にしたり、自らカスタマイズできる仕様になっている。既製の障子や襖の枠は、溝7分（21mm）・溝同士の間隔は3〜5分（9〜15mm）と規格化されている場合が多く、布框戸もこれに合わせて製作し、その後製品化している。

著者事例

5-2

糸帳《いとばり》

建具の小さな改修から生まれる、街との適度な関係性

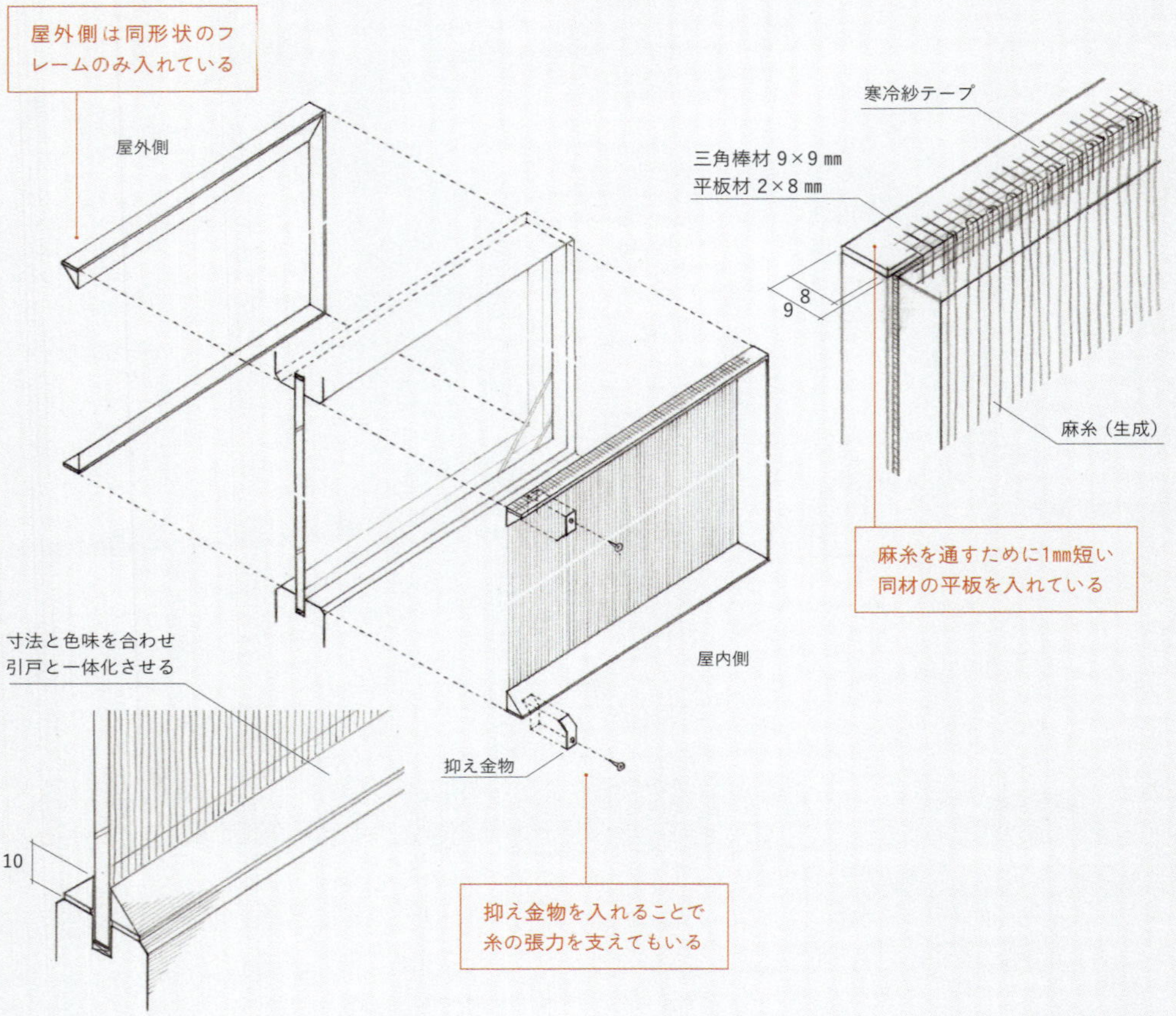
屋外側は同形状のフレームのみ入れている
屋外側
寒冷紗テープ
三角棒材 9×9 ㎜
平板材 2×8 ㎜
9
8
麻糸（生成）
麻糸を通すために1㎜短い同材の平板を入れている
寸法と色味を合わせ引戸と一体化させる
屋内側
抑え金物
10
抑え金物を入れることで糸の張力を支えてもいる

下町情緒溢れるエリアの古い木造建築をギャラリー兼帽子工房としたスペースがあり、その目印となるものをデザインした。単に看板的なサインを設けるのは、建物の印象を損なうことと、車通りの多い道からの視線が気になるという話があったため、エントランスの建具自体に手を加えることを考えた。

そこで既存引き戸のガラスが嵌まっている部分に入れられる、糸の格子のフレームを設けることにした。このフレームは、9×9㎜の角材を組んでつくっている。建具の両面に糸格子を設けるとモアレが起こる可能性があるので、内部側のみ糸格子を張ったフレームを入れている。格子のガイドとして、フレームの裏側に塗装のパテ処理で用いられる寒冷紗を使い、ここに針に引っかけた麻糸を通していった。さらに、展示などの際に取り外し可能にしたいという話があり、抑え金物を使ってフレームの固定と取り外しをできるようにした。

建物自体に手を入れるのではなく、建具のみに手を入れるという非常に小さな部分へのアプローチを試みた。それによって、建物の印象を損なうことなく、糸の帳《とばり》によって視線を遮りつつ、この場所と街に適度な関係をつくり出した。

〈上左写真〉糸の帳は、手づくりによる糸のヨレも相まって、独特の質感をもたらしている。
〈上右写真〉夜になると、内部からの光を受けて、糸の格子が帳（とばり）として外部との適度な距離感をつくり出している。
〈下左写真〉刺繍針を使ってフレームに麻糸を通している。
〈下右写真〉既存建具と同化するように、塗装で色味を合わせた。

著者事例

5-3

野縁の家

野縁を再構成した光天井と木枠建具による明るい部屋

既存家屋の形状を維持した戸建て住宅のリノベーション。全面的な耐震補強を行い、耐震・環境性能を新築同等まで引き上げている。

周辺が建て込んだ場所であるため、特に2階の採光を確保することがポイントとなった。かろうじて西側は駐車場でひらけていることからハイサイドライトを設けて、さらにトップライトを入れて上部から光を取り込んでいる。しかし、それだけでは局所的な明るさを得るだけになるので、天井面に建具的な存在として、半透明ポリカーボネート板を用いた光天井を設け、部屋全体に光が行き渡るようにしている。

光天井は、野縁組の構成を組み替えてつくっている。野縁受けの下に野縁を流して天井材を張る一般的な構成に対して、野縁受けと野縁の間に天井材を挟んでいる。また2階を中央で仕切る木製ガラス戸は、野縁材と同等の細い材で組んだ框戸にしている。これは我々が製品化している、框の見付け30㎜、見込み45～60㎜の「木枠建具」の見付けをより華奢にして野縁材に近い寸法にしたものである。この極限まで細い框戸により、2階は仕切りつつも透明感のある空間になる。野縁を再構成した光天井も、ガラス戸と一体化した建具のひとつとして考えられる。垂直的な建具と水平的な建具の組み合わせにより、光に満たされる家へと生まれ変わった。

光天井は30×40㎜の下地材を、半透明ポリカーボネート板を間に挟むように格子状に組んでいる。

光天井の上の、ハイサイドライトとトップライトにより、
光の落ち方にムラが生まれている。

〈上写真〉建具の框は見付け30㎜、見込み36㎜と非常に細い。
〈下写真〉光天井のポリカ上の部材は白塗装し抽象化している。

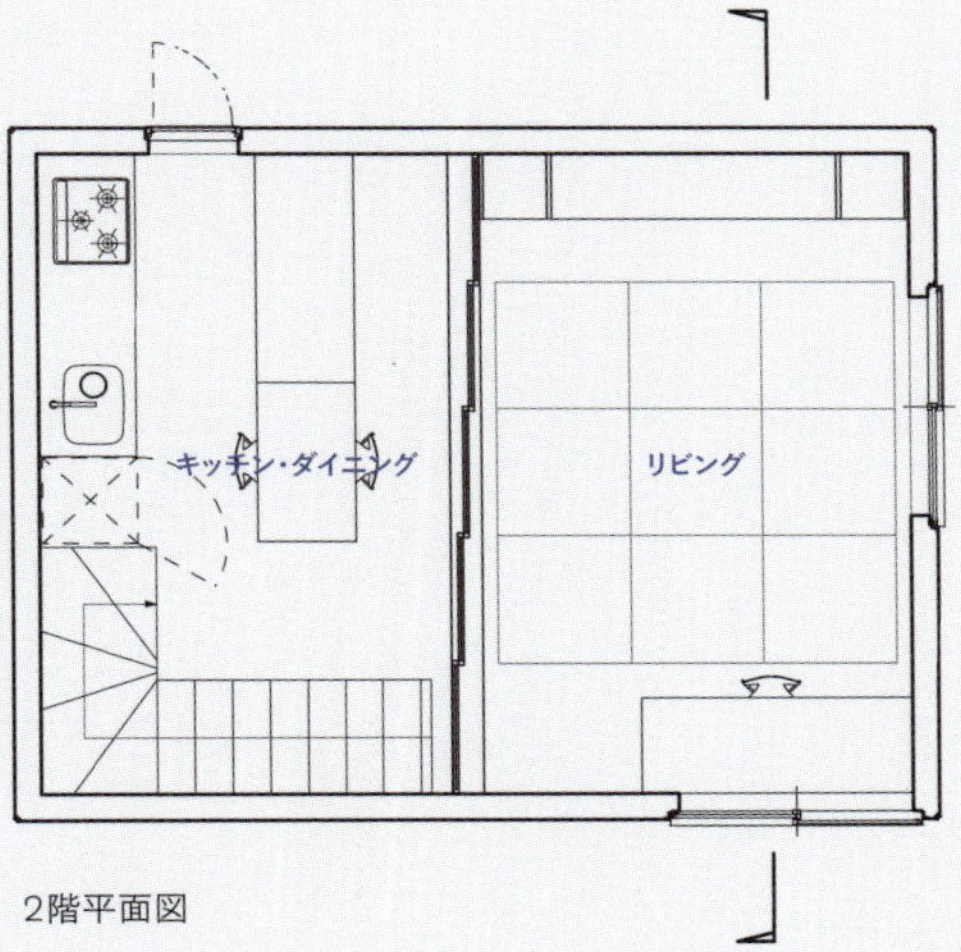

2階平面図

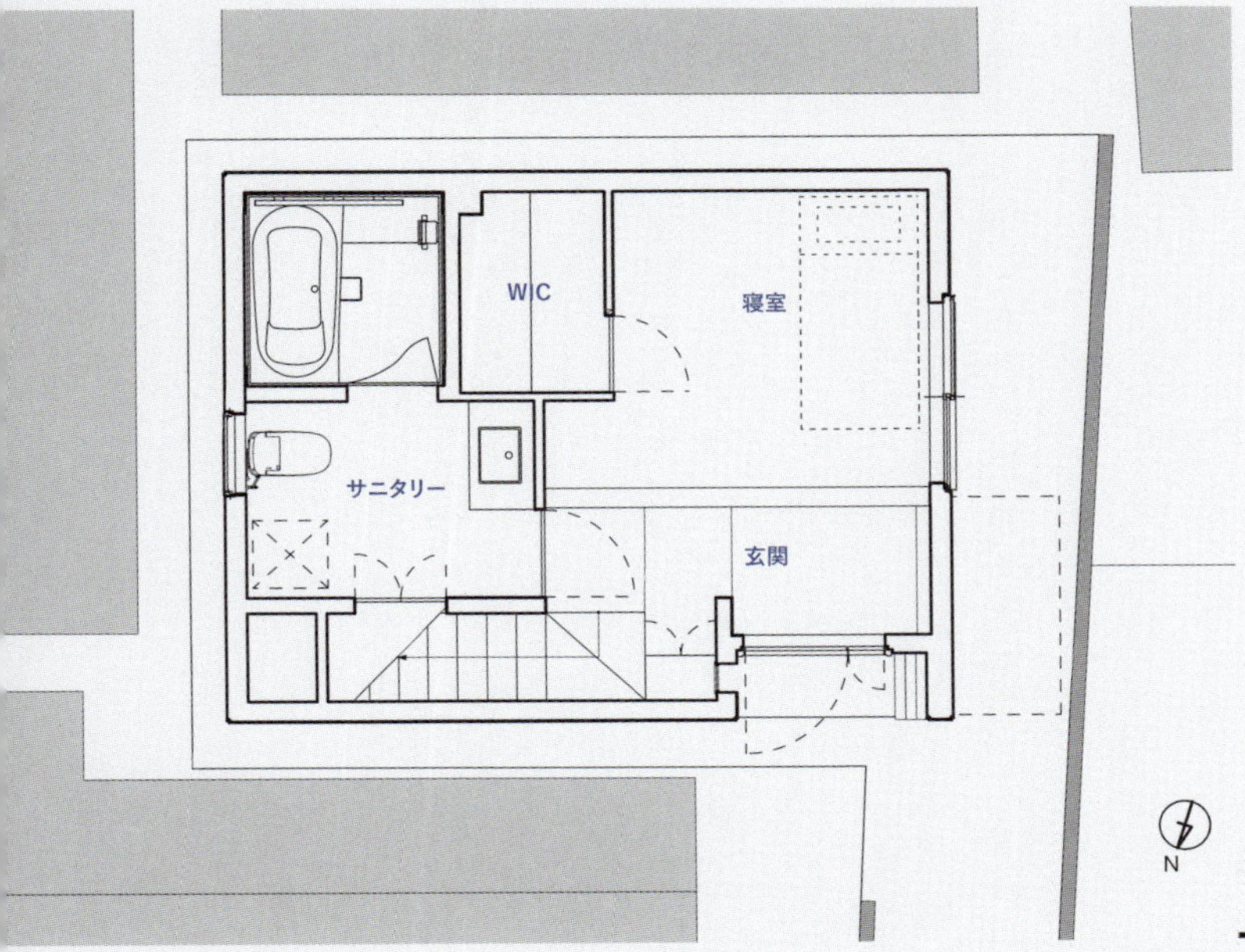

1階平面図 S:1/100

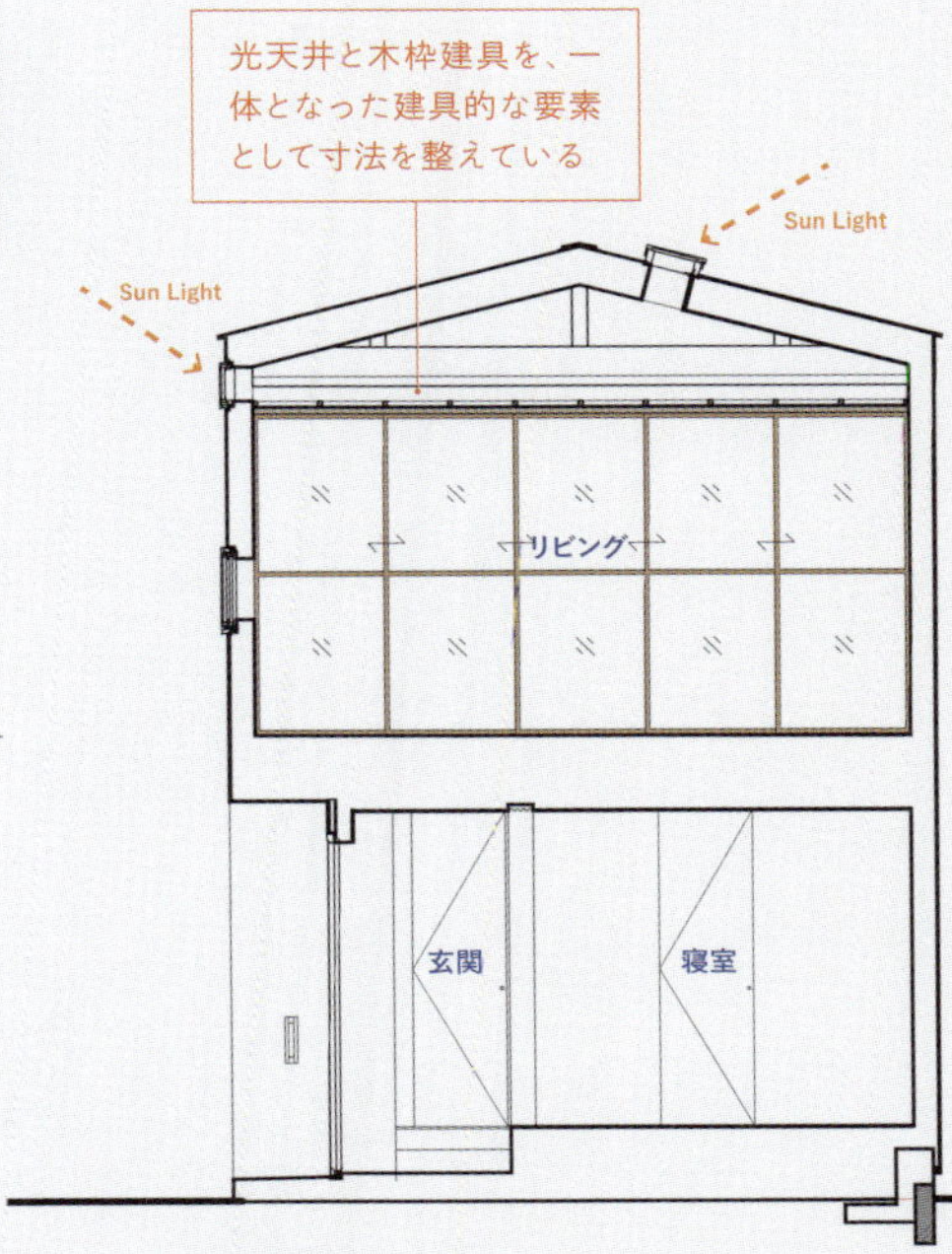

断面図 S:1/100

あとがき

　改めてメールを見返すと、本書の企画がスタートしてから丸4年が経っていた。この4年の間に、新型コロナウィルスが世界中に広がり、在宅ワークやキャッシュレス化が一気に進み、我々の生活環境は一変した。特に人と人の関わり方には、大きなパラダイムシフトがあったように思う。建築の世界においては、ウッドショックに始まり建築工事費の高騰があり、現在もジリジリと上がり続けている。建築をつくることが、本当に難しい時代になってしまった。そんな激動の4年間だが、本書の執筆を通してさまざまな建築について研究し、私のライフワークである建具についての思考を深める貴重な時間でもあった。

　特に本書の執筆を進める中で、建具というエレメントを通して建築を見ていくと、よく知られている名建築であっても新たな視点を見出せることに気付けたのは大きな収穫だった。そしてこれは、建具に限らずに他の部分にも展開可能な視点ではないだろうか。エレメントごとに別の見方が提示できれば、より多角的な建築の解釈が可能になるだろう。まずは本書にて、建具を通した建築の新たな視点を感じ取ってもらいたい。

　本書をつくる上で、本当に多くの方々にお世話になった。まず事例として取り上げさせていただいた作品を設計しつくり上げた、建築家や関係者の皆さまの仕事がなければ当然ながら本書をつくることができなかった。さらに、多大なる作業の上にでき上がった価値ある図面をご提供いただいた、建築家ならびに担当者の皆さま、また掲載をご承諾いただいた写真家の皆さまに、この場を借りて御礼申し上げたい。さらに、事例のテキストを執筆するにあたり、できる限り実物を拝見させていただいた。多くの建築の所有者ならびに関係者の皆さまとは初対面であったが、快く取材を受け入れてくださったことに感謝の意を述べたい。

　そして、本書は学芸出版社の神谷彬大さんからのお声掛けとご尽力がなければ、つくり上げることはできなかった。遅々として進まない執筆にも、忍耐強く付き合っていただき、時に本書を進める上での重要な視点を提供していただいた。この場を借りて御礼申し上げたい。本書のデザイナーの飯田将平さんは、我々が運営している建具専門メーカー「戸戸」のデザインをしてもらった方である。その延長として本書もお願いできたことは感慨深い。飯田さんならびに担当の佐々木晴さん、下岡由季さんに御礼申し上げたい。また、これまでの我々のクライアントの皆さまに感謝の意を伝えたい。それぞれの建築を設計していく中で建具の可能性を知ったことが、本書を執筆する大きなキッカケになった。そして最後に、これまでと現在も事務所を支えてくれたメンバー、また両親や家族、そして何より日々支えてくれている妻の絵理に、この場を借りて感謝の気持ちを伝えたい。

２０２４年8月　藤田雄介

建築データ・図版クレジット

・特記なき写真、図面はすべて著者（藤田雄介）撮影・提供。
・取材事例の設計者名、所在地、竣工年は、主に竣工時の雑誌等の掲載内容を参考とした（本編の事例タイトル部分の設計者名は、雑誌等の掲載内容をもとに個人名とした）。

●取材事例

1-1 スカイハウス

設計 菊竹清訓＋菊竹紀枝｜**所在地** 東京都｜**竣工年** 1958年｜**写真** 川澄明男［pp.20-21, p.22右, p.25］、和木通［p.22左 提供＝彰国社］｜**図面提供** 文化庁国立近現代建築資料館

1-2 那須の山荘

設計 宮晶子／STUDIO 2A（miya akiko architecture atelier）｜**所在地** 栃木県｜**竣工年** 1998年｜**写真** 井出貴久（株式会社ツチ）［p.27］、miya akiko architecture atelier［p.28上・左・右上, p.29左］、小暮徹［p.28右下］、白鳥美雄［p.29右］｜**図面提供** miya akiko architecture atelier

1-3 T house

設計 藤本壮介建築設計事務所｜**所在地** 群馬県｜**竣工年** 2005年｜**写真** DAICI ANO［pp.30-31, p.32下］、藤本壮介建築設計事務所［p.32上左・上右］｜**図面提供** 藤本壮介建築設計事務所

1-4 ササハウス

設計 矢部達也建築設計事務所｜**所在地** 兵庫県｜**竣工年** 2020年｜**写真** 笹倉洋平（笹の倉舎）｜**図面提供** 矢部達也建築設計事務所

1-5 藤村記念堂

設計 谷口吉郎｜**所在地** 岐阜県中津川市｜**竣工年** 1947年｜**図面提供** 谷口建築設計研究所（同所資料、室名は著者加筆）

2-1 旧前川國男邸

設計 前川國男｜**所在地** 東京都小金井市（旧所在地＝東京都品川区）｜**竣工年** 1942年｜**図面提供** 前川建築設計事務所［出典＝p.56［平面図］…『JA 117 前川國男』新建築社（2020、p.34）｜p.59［南面開口部断面詳細図］…中田準一『前川さん、すべて自邸でやってたんですね』彰国社（2015、p.123）］｜**取材協力** 江戸東京たてもの園［https://www.tatemonoen.jp/］東京都小金井市桜町3-7-1（都立小金井公園内）｜開園時間〈4～9月〉9時30分～17時30分〈10～3月〉9時30分～16時30分｜休園日 毎週月曜日（祝日・振替休日の場合は翌日）、年末年始

2-2 Small House

設計 畝森泰行建築設計事務所｜**所在地** 東京都｜**竣工年** 2010年｜**写真** 傍島利浩｜**写真協力** TOTO（株）｜**図面提供** 畝森泰行建築設計事務所（橙色テキストは著者加筆）

2-3 SHAREyaraicho

設計 篠原聡子／空間研究所＋内村綾乃／A studio｜**所在地** 東京都新宿区｜**竣工年** 2012年｜**写真** 平野太呂［p.65, p.67右］｜**図面提供** 空間研究所＋A studio

2-4 家と道

設計 中山英之建築設計事務所｜**所在地** 東京都｜**竣工年** 2013年｜**写真** 坂口セイン（監督映画「家と道」より）｜**図面提供** 中山英之建築設計事務所（掲載にあたり断面図は50分の1を75分の1に縮小した）

2-5 KITAYON

設計 寳神尚史＋太田温子／日吉坂事務所｜**所在地** 東京都杉並区｜**竣工年** 2017年｜**写真** DAICI ANO｜**図面提供** 日吉坂事務所（橙色テキストは著者加筆）

2-6 house/studio O+U

設計 木村松本建築設計事務所｜**所在地** 京都府｜**竣工年** 2017年｜**写真** 市川靖史［p.77, p.78下右］｜**図面提供** 木村松本建築設計事務所

3-1 聴竹居

設計 藤井厚二｜**所在地** 京都府大山崎町｜**竣工年** 1928年｜**写真** 松隈章［p.95上］｜**図面出典** p.96上［客室開口部詳細図］…竹中工務店設計部編『環境と共生する住宅──「聴竹居」実測図集 増補版』彰国社（2018、p.57）｜p.96下［平面図］…同書（p.42の一部）｜p.97［縁側開口部展開図］…同書（p.66）（いずれも作図＝竹中工務店）

3-2 反住器

設計 毛綱モン太｜**所在地** 北海道釧路市｜**竣工年** 1972年｜**写真** 毛綱康三｜**図面出典**『建築』1972年11月号、中外出版（p.97）（掲載にあたり150分の1の図面を200分の1に縮小した）

3-3 牛久のギャラリー

設計 堀部安嗣建築設計事務所｜**所在地** 茨城県｜**竣工年** 2001年｜**図面提供** 堀部安嗣建築設計事務所

3-4 白馬の山荘

設計 仲俊治＋宇野悠里／仲建築設計スタジオ｜**所在地** 長野県白馬村｜**竣工年** 2011年｜**写真** 鳥村鋼一 [pp.106-108, p.109下]、仲建築設計スタジオ [p.109上]｜**図面提供** 仲建築設計スタジオ

3-5 小杉湯となり

設計 樋口耕介＋瀧翠 T/H｜**所在地** 東京都杉並区｜**竣工年** 2020年｜**写真** 木田勝久 [pp.110-112]｜**図面提供** T/H

4-1 旧猪股邸

設計 吉田五十八研究室｜**所在地** 東京都世田谷区｜**竣工年** 1967年｜**図面提供** 世田谷区 [p.127]（掲載にあたり200分の1の図面を300分の1に縮小し、敷地外の文字など一部を省略した）

4-2 井の頭の家

設計 吉村順三（増築設計＝日高章）｜**所在地** 東京都｜**竣工年** 1970年、2005年（増築）｜**写真** 平野太呂 [p.131]｜**図面出典** p.132上…彰国社編『時間を織り込む住宅設計術』（2016、p.93）｜p.132下…『JA59 吉村順三』新建築社（2005、p.47）（掲載にあたり60分の1の図面を75分の1に縮小した）｜p.133…彰国社編『時間を織り込む住宅設計術』（2016、p.92）

4-3 私たちの家

設計 林昌二＋林雅子（改修設計＝安田幸一）｜**所在地** 東京都｜**竣工年** 1955年（Ⅰ期＝平らな屋根の住まい）、1978年（Ⅱ期）、2013年（改修）｜**写真** 石黒守｜**図面提供** 安田幸一 [pp.138-139]（掲載にあたり平面詳細図は50分の1を125分の1に、断面詳細図は20分の1を50分の1に縮小した）｜玄関扉詳細図および開口部平面詳細図 [p.137] は下記などを参考に著者作成…『新建築』1981年2月号（pp.173-174）／青柳憲昌『建築家による「日本」のディテール』彰国社（2023、pp.66-67）

4-4 ZIG HOUSE/ZAG HOUSE

設計 古谷誠章＋NASCA｜**所在地** 東京都｜**竣工年** 2001年｜**写真** 土谷未央 [p.140, p.143右]、松岡満男 [p.141, p.143左]｜**図面提供** NASCA（橙色テキストは著者加筆）

4-5 小石川の家

設計 手嶋保建築事務所｜**所在地** 東京都｜**竣工年** 2019年｜**写真** 楠瀬友将｜**図面提供** 手嶋保建築事務所

5-1 豊崎長屋

設計 大阪市立大学 竹原・小池研究室＋ウズラボ｜**所在地** 大阪府｜**竣工年** 2007年（第一期）～｜**写真** 多田ユウコ [p.161, p.163上・中]｜**図面提供** 大阪市立大学竹原・小池研究室 [p.160]、ウズラボ [pp.161-163]

5-2 須栄広長屋

設計 大阪市立大学 小池研究室＋ウズラボ｜**所在地** 大阪府｜**竣工年** 2012年（第一期）～｜**写真** 多田ユウコ [p.165上・下右]｜**図面提供** ウズラボ

5-3 SAYAMA FLAT

設計 長坂常／スキーマ建築計画｜**所在地** 埼玉県｜**竣工年** 2008年｜**写真** 太田拓実｜**図面提供** スキーマ建築計画

5-4 真鶴出版2号店

設計 冨永美保＋伊藤孝仁／tomito architecture｜**所在地** 神奈川県真鶴町｜**竣工年** 2018年｜**写真** 小川重雄 [p.171]｜**図面提供** tomito architecture

5-5 &Form スタジオ兼ギャラリー

設計 中村竜治建築設計事務所｜**所在地** 東京都渋谷区｜**竣工年** 2019年｜**写真** Hidetaka Oohata [pp.174-175]、Ryuji Nakamura [p.176]｜**図面提供** 中村竜治建築設計事務所（橙色テキストは著者加筆）

●著者事例

1-1 ジャジャハウス

所在地 東京都｜**設計** 藤田雄介・伊藤茉莉子・寺澤宏亮／Camp Design inc.＋青井哲人・青井亭菲｜**施工** 水雅 三浦尚平・伊藤京子・浦野洋平（棟梁）｜**構造** 円酒構造設計 円酒昇・西江太成｜**環境計画アドバイス** 川島範久｜**外構調査** 明治大学 建築史・建築論研究室14、15期生｜**構造** 木造軸組構法｜**階数** 地上2階建｜**建築面積** 120.16㎡｜**延床面積** 194.84㎡｜**設計期間** 2021年9月～2023年4月｜**施工期間** 2022年7月～2023年4月

1-2 柱の間の家

所在地 東京都｜**デザイン監修** 藤田雄介・荒巻菜生子／Camp Design inc.｜**企画・事業主** リビタ｜**構造設計** 高橋建築工房｜**施工** 英建設｜**構造** 木造軸組工法｜**階数** 2階建て｜**敷地面積** 140.18㎡｜**建築面積** 59.62㎡｜**延床面積** 119.24㎡｜**設計期間** 2015年11月～2016年10月｜**施工期間** 2016年6月～2016年10月

2-1 花畑団地27号棟プロジェクト

所在地 東京都足立区｜**デザイン監修** 藤田雄介／Camp Design inc.｜**建築** 独立行政法人都市再生機構東日本賃貸住宅本部｜**実施設計** 山設計工房｜**施工** 江州建設｜**建築面積** 170.66㎡（EV棟・自転車置場含む）｜**延床面積** 669.92㎡（EV棟・自転車置場含む）｜**階数** 地上5階建て｜**戸数** 10戸（住戸面積＝39.07～40.95㎡）｜**構造** 住棟＝鉄筋コンクリート造　EV棟＝鉄骨造｜**建築築年** 1966年4月（EV棟増築＝2011年5月）｜**設計期間** 2012年5

月～2014年2月｜**施工期間** 2013年7月～2014年2月

2-2 傘と囲い

所在地 北陸｜**設計** 藤田雄介・辻佳菜子／Camp Design inc.｜**構造設計** 金田泰裕／yasuhirokaneda STRUCTURE｜**施工** 栗田工務店｜**設計期間** 2012年5月～2014年2月｜**施工期間** 2013年7月～2014年2月

3-1 AKO HAT

所在地 兵庫県｜**設計** 藤田雄介・尾崎琢弥／Camp Design inc.｜**構造設計** 金田泰裕／yasuhirokaneda STRUCTURE｜**環境シミュレーション** 谷口景一朗／スタジオノラ｜**施工** アトリエイト｜**構造** RC造｜**建築築年** 1979年｜**設計期間** 2015年12月～2018年12月｜**施工期間** 2018年5月～2018年12月

3-2 公園上の家

所在地 東京都｜**設計** 藤田雄介・寺澤宏亮／Camp Design inc.｜**施工** KITI 担当＝澤田大悟｜**構造** SRC造｜**階数** 地上14階建て9階部分｜**延床面積** 60.61㎡｜**設計期間** 2023年1月～2023年12月｜**施工期間** 2023年7月～2023年12月

3-3 羽根木の住宅

所在地 東京都｜**企画・事業主** リビタ｜**設計** 藤田雄介／Camp Design inc.｜**構造設計** 横尾真／OUVI｜**施工** 青木工務店｜**建具** 坪原木工｜**構造** 木造枠組壁構法｜**敷地面積** 142.24㎡｜**延床面積** 153.28㎡｜**建築築年** 1997年｜**設計期間** 2018年11月～2019年10月｜**施工期間** 2019年6月～2019年10月

4-1 東松山の住宅

所在地 埼玉県｜**設計** 藤田雄介・辻佳菜子／Camp Design inc.｜**施工** 山崎工務店・アトリエ淳｜**構造** RC造｜**階数** 地上10階建て6階部分｜**延床面積** 123㎡｜**設計期間** 2016年4月～2017年4月｜**施工期間** 2016年12月～2017年4月

4-2 白と黒の家

所在地 神奈川県｜**設計** 藤田雄介／Camp Design inc.｜**施工** デライトフル｜**協力** 末永友和｜**構造** RC造｜**階数** 地上5階｜**延床面積** 57.58㎡｜**設計期間** 2021年1月～2022年7月｜**施工期間** 2022年1月～2022年7月

4-3 山手の住宅

設計 藤田雄介／Camp Design inc.｜**施工** 伊田工務店｜**設計期間** 2021年1月～2022年7月｜**施工期間** 2022年1月～2022年7月

5-1 芦花公園の住宅

所在地 東京都｜**設計** 藤田雄介／Camp Design inc.｜**施工** 河行工務店｜**建具** 三村悠／retour｜**構造** SRC造｜**階数** 地上11階建2階部分｜**延床面積** 50.86㎡｜**設計期間** 2014年4月～2014年12月｜**施工期間** 2014年10月～2014年12月

5-2 糸帳《いとばり》

所在地 東京都｜**主用途** 工房、ギャラリー｜**設計** 藤田雄介／Camp Design inc.｜**設計施工期間** 2010年6月～2010年7月

5-3 野縁の家

所在地 東京都｜**設計** 藤田雄介・伊藤茉莉子・安斎幸太郎／Camp Design inc.｜**構造設計** 円酒構造設計 円酒昂｜**施工** 水雅三浦尚平｜**構造** 木造｜**階数** 地上2階｜**延床面積** 57.58㎡｜**設計期間** 2021年1月～2022年7月｜**施工期間** 2022年1月～2022年7月

写真 長谷川健太（下記を除く著者事例すべて）、HATTA［pp.180-181］｜**図版作成** yasuhirokaneda STRUCTURE［p.88］

●その他

序

写真 HATTA［写真1、3］、千葉元生［写真5］

表紙

図面提供 表1 左上…堀部安嗣建築設計事務所｜同 右上…miya akiko architecture atelier｜同右下…前川建築設計事務所［出典：中田準一『前川さん、すべて自邸でやってたんですね』彰国社（2015、p.123）］｜表4 左下…日吉坂事務所｜同 右下…堀部安嗣建築設計事務所｜（特記なきものは著者作成、カバー・帯については袖に記載）

上記の方々、および取材事例の設計者様ご本人に加え、取材・執筆・資料提供・内容確認などにあたり多くの関係者の方々にご協力をいただきました。心より感謝申し上げます。

藤田雄介（ふじた・ゆうすけ）

１９８１年兵庫県生まれ。２００５年日本大学生産工学部建築工学科卒業。２００７年東京都市大学大学院工学研究科修了。手塚建築研究所を経て２０１０年Camp Design設立。２０１５～１９年明治大学兼任講師。

現在、東京都市大学、日本大学、工学院大学、東京電機大学非常勤講師。明治大学大学院理工学研究科後期博士課程在籍。

主な受賞歴に「花畑団地27号棟プロジェクト」でUR団地再生デザインコンペ最優秀賞、アジアデザイン賞Bronze Award、住まいの環境デザインアワード優秀賞、グッドデザイン賞、「柱の間の家」でグッドデザイン賞、「ジャジャハウス」でSD Review 2022入選、「傘と囲い」で日本建築学会作品選集などがある。

建具の手がかり
境界を操作する39の手法

２０２４年９月25日　第１版第１刷発行
２０２４年12月30日　第１版第２刷発行

著　者　藤田雄介
発行者　井口夏実
発行所　株式会社学芸出版社
京都市下京区木津屋橋通西洞院東入
〒六〇〇－八二一六
電話＝〇七五－三四三－〇八一一
http://www.gakugei-pub.jp/
info@gakugei-pub.jp

編集担当　神谷彬大
装　丁　飯田将平＋佐々木晴（ido）
印刷・製本　シナノパブリッシングプレス

ISBN 978-4-7615-2904-8